W0366214

VOUS N'ÊTES PAS BINAIRE

VOUS N'ÊTES PAS BINAIRE

ALEX IANTAFFI & MEG-JOHN BARKER

VOUS N'ÊTES PAS BINAIRE

(Personne ne l'est !)

VOIR LE MONDE **AU-DELÀ DES NORMES** DE GENRES, SEXUALITÉS ET RELATIONS

TRADUCTION DE MICHÈLE GODART

AMÉTHYSTE ÉDITIONS
2021

Améthyste Éditions
10, rue de Vidailhan
31130 Balma
France

www.amethyste-editions.com

Retrouvez-nous sur les réseaux sociaux
Facebook @AmethysteEditions
Twitter @AllianceMagique
Instagram @amethyste.editions

Le code de la propriété intellectuelle n'autorisant, aux termes des paragraphes 2 et 3 de l'article L 122-5, d'une part, que les « copies ou reproductions strictement réservées à l'usage privé du copiste et non destinées à une utilisation collective » et, d'autre part, sous réserve du nom de l'auteur et de la source, que « les analyses et les courtes citations justifiées par le caractère critique, polémique, pédagogique, scientifique ou d'information », toute représentation ou reproduction intégrale ou partielle, faite sans consentement de l'auteur ou de ses ayants droit, est illicite (art. L122-4).
Toute représentation ou reproduction, par quelque procédé que ce soit, notamment par téléchargement ou sortie imprimante, constituerait donc une contrefaçon sanctionnée par les articles L 335-2 et suivants du Code de la propriété intellectuelle.

Direction éditoriale : Céline Morange
Traductrice : Michèle Godart
Couverture : Pauline Riché
Création graphique : Mandy Vila
Correction : Anne Rastoll et Mandy Vila

Titre original : *Life isn't binary: On Being Both, Beyond and In-Between*
© 2019 par Jessica Kingsley Publishers
73 Collier Street, London N1 9BE, UK
et 400 Market Street, Suite 400
Philadelphia, PA 19106, USA

© Améthyste Éditions, tous droits réservés.
Un Label des Éditions Alliance Magique
ISBN : 979-10-97154-79-0
Dépôt légal : 2e trimestre 2021
Impression & brochage SEPEC - France
Numéro d'impression : 20954210476

PEFC 10-31-1470 / Certifié PEFC / Ce produit est issu de forêts gérées durablement et de sources contrôlées. / pefc-france.org

En remerciement
à nos ancêtres
qui ont vécu
entre les mondes
et à la croisée
des chemins
bien avant nous.

À PROPOS DES AUTEUR·E·S

MEG-JOHN BARKER est un·e auteur·e mondialement reconnu·e et extrêmement influent·e. Iel est également théoricien·ne et thérapeute dans les domaines du genre, de la sexualité, des relations et de la santé mentale.

Universitaire et conférencier·ère de renommée internationale, **ALEX IANTAFFI** est également l'auteur·e de plusieurs publications sur le genr·e, le handicap, la sexualité et la santé mentale. Iel est également thérapeute de couple, thérapeute familial·e, conseiller·ère conjugal·e, sexologue, animateur·rice et praticien·ne certifié·e en Somatic Experiencing®.

SOMMAIRE

PRÉFACE

Face aux réactions violentes et autoritaires auxquelles elles sont confrontées, les personnes marginalisées se sont vues contraintes d'adopter une position de défense. L'hostilité à l'égard de celleux d'entre nous qui remettent en cause la binarité de la société est fréquente : elle est inévitable dans les lieux publics, dans le milieu professionnel, dans la vie privée et à l'école. Cette hostilité se transforme trop souvent en violence pure et simple : la violence immédiate des attaques personnelles et la violence cumulative du rejet, de l'exclusion et de la persécution.

Face à ces réactions violentes, nous sommes fréquemment contraint·e·s de nous présenter comme des individus singuliers et malheureux : « Pourquoi choisirais-je d'être ainsi s'il pouvait en être autrement ? », « À votre avis, n'aimerais-je pas être différent·e ? » Comme notre sécurité est en jeu, il nous semble parfois que c'est là la seule façon de nous faire entendre. Lorsque nous la répétons encore et encore, il nous arrive de finir par croire nous-mêmes à cette histoire que nous racontons aux autres.

Il existe toutefois d'autres manières d'appréhender la vie. Le présent ouvrage vous permettra d'acquérir facilement des techniques et des connaissances approfondies. Le fait de vivre au-delà de toute binarité de genre, de sexualité, de corps et d'esprit peut conduire à de nouvelles sources de savoir et de bonheur. La souffrance à laquelle nous sommes confronté·e·s ne nous empêche nullement de vivre autrement ni de gagner en sagesse. Pour acquérir cette sagesse, nous devons impérativement prendre conscience que des éléments disparates et contrastés coexistent. Par ailleurs, cette sagesse ne se limite pas à une catégorie d'identités ni à un sous-ensemble d'individus ; nous pouvons tou·te·s y contribuer, en tirer des enseignements et la partager.

Soyons clair·e·s : ce problème ne concerne pas uniquement quelques personnes. Si certains aspects d'une forme de pensée et de sensibilité non binaire (les genres non-binaires[1], par exemple) semblent récents, la classification binaire rigide est un problème séculaire qui nous affecte tou·te·s. Le « nous » par opposition à « eux » et les mouvements politiques qui s'alimentent de la haine engendrée par cette division provoquent des **ravages à l'échelle mondiale**. L'étude de la binarité n'est pas un exercice académique ; il s'agit d'un sujet qui affecte notre identité en tant qu'individus et en tant que sociétés. Dans cet ouvrage, Meg-John Barker et Alex Iantaffi s'attaquent de plein fouet à cette classification binaire en nous aidant à mieux comprendre et en proposant des solutions potentielles.

1. NdT – Dans le présent ouvrage, lorsqu'il est fait référence au genre, le terme « non-binaire » est orthographié avec un trait d'union, conformément à l'usage.

Vous n'êtes pas binaire (Personne ne l'est !) met en pratique ce qu'il prône ; il ne s'agit pas uniquement d'un témoignage personnel, d'un livre de développement personnel ou d'une ressource universitaire. Dans cet ouvrage, Barker et Iantaffi cherchent plutôt à écarter l'exclusion (« l'un *ou* l'autre ») en faveur de l'inclusion (« l'un *et* l'autre »). L'ampleur des recherches qu'ils ont effectuées est exemplaire. Néanmoins, ce livre est bien plus qu'un simple manuel scolaire ou essai.

En plus d'aborder des problèmes de société importants tels que l'intersectionnalité, l'origine ethnique, le handicap, la sexualité et le genre, il invite les lecteur·rice·s à développer leur propre approche par le biais d'exercices, de pistes de réflexion, de sujets de rédaction et de méthodes de relaxation.

Ses auteur·e·s cassent les mythes, abordent les concepts les plus violents véhiculés par les références sarcastiques de la culture pop, s'appuient sur l'expérience et les connaissances de la communauté, exposent différents points de vue et parlent ouvertement de leur vie. Ce livre est empreint de générosité d'esprit et de légèreté ; même si le sujet est difficile, je n'ai à aucun moment eu l'impression d'être sermonné·e ni pris·e de haut.

Je vis publiquement une vie qui n'est pas binaire depuis vingt ans, à la fois sur le plan de ma sexualité, de mon genre et des maladies et troubles physiques et psychiques dont je souffre. Je pensais allègrement connaître tous les sujets abordés dans ce livre ; j'ai découvert avec enthousiasme et fascination que j'avais tort. Barker et Iantaffi s'intéressent à des concepts dont je n'avais jamais entendu parler auparavant (l'écosexualité, notamment) et revisitent des sujets dont je pensais tout savoir en les présentant sous un jour nouveau. Tout au long de ma lecture, je me suis tour à tour senti·e rassuré·e, stimulé·e, fasciné·e, dégoûté·e et excité·e. Je ne suis pas d'accord avec tout ce que j'ai pu lire – et ceci en soi est l'un des aspects les plus singuliers de *Vous n'êtes pas binaire (Personne ne l'est !)*. Cet ouvrage reconnaît et encense une variété d'expériences, d'opinions et de formes de savoir – y compris le fait que cette diversité implique inévitablement des conflits. Les auteur·e·s nous encouragent à envisager les émotions négatives (colère, tristesse, dégoût) comme une source de connaissances et de créativité. Cette approche a profondément résonné en moi et était nécessaire. **Ce livre n'est pas un ouvrage moralisateur et exclusif, bien au contraire.**

Il existe une idée répandue selon laquelle seules les personnes qui ne sont pas binaires s'intéressent aux problématiques liées à la non-binarité : que les théories queers ne concernent que les personnes queers et que seules les personnes de couleur doivent parler de racisme. **En plus d'être fausse, cette idée contraint celleux qui sont déjà les plus acculé·e·s à déployer d'énormes efforts.** J'ai été heureuxe de découvrir un ouvrage, en l'occurrence ce livre, qui part du postulat que ces problèmes concernent tout le monde. Je recommanderais sans hésiter *Vous n'êtes pas binaire (Personne ne l'est !)* à mes ami·e·s non-binaires. Néanmoins, je le conseillerais tout autant aux gens qui n'ont jamais envisagé pouvoir enrichir leur vie de ces expériences et idées. Les questions abordées ne se limitent pas uniquement à savoir si une personne pourrait être transgenre ou bisexuelle (si telle est votre préoccupation, poursuivez votre lecture, vous y trouverez vos réponses), mais comment elle se positionne par rapport aux autres et comment trouver un sens à toutes les injustices du monde. Cet ouvrage s'intéresse à la façon dont une personne souhaite se définir (ou non). Il vous invite également à envisager l'ampleur, la profondeur et l'étendue de ce monde.

La société évolue constamment. À l'heure actuelle, le nombre de personnes qui s'identifient comme non-binaires compte parmi les changements les plus importants et les plus manifestes de notre époque. Que nous fassions partie de ce mouvement ou en soyons les témoins dubitatifs, nous nous devons à nous-mêmes et aux autres de développer nos connaissances. Au-delà de cela, nous avons l'opportunité d'utiliser ces problématiques comme une invitation à mieux comprendre et nous ouvrir à d'autres possibilités. Barker et Iantaffi ont écrit le livre dont nous avons tou·te·s besoin à l'heure actuelle. Je les remercie de tout cœur.

CN Lester, auteur·e de *Trans Like Me*

VOUS N'ÊTES PAS BINAIRE

REMERCIEMENTS

Nous tenons tout d'abord à remercier les gardiens des terres où nous avons grandi, sur lesquelles nous vivons et avons écrit ce livre. Nous sommes particulièrement reconnaissant·e·s envers nos aînés indigènes ainsi qu'envers celleux qui ont aidé les identités, pratiques et systèmes non binaires à survivre, prospérer et résister. Nous remercions tou·te·s les pionnier·ère·s non-binaires, connu·e·s et inconnu·e·s, ainsi que celleux qui ont écrit sur ce sujet avant nous. Cet ouvrage n'aurait pas pu exister sans leur travail.

MJ

Je voudrais remercier toutes les formidables personnes non-binaires qui m'ont soutenu·e, en particulier les membres de notre incroyable groupe, H, Michael, Max et Arianne, ainsi que Rowan pour son amour et ses enseignements. Un grand merci à CN Lester, Ben Vincent, Jos Twist, Juno Roche, Sabah Choudrey, Kris Black,

Francis Ray White, Kat Gupta, Travis Alabanza, Fox Fisher, Ugla Stefania et bien d'autres pour être une source d'inspiration dans ma vie et mon travail. Un immense merci à Ed pour nos conversations à propos de ce livre, pour m'avoir encouragé·e à en faire mon prochain projet et pour avoir proposé ce super-titre en anglais. Merci à Alex – comme toujours – pour ton aide, ton inspiration et ta créativité. Merci de m'avoir accueilli·e dans ta famille de cœur et de préserver nos bulles d'écriture.

ALEX

J'aimerais remercier man fabuleuxe co-auteur·e MJ sans qui je n'aurais probablement pas trouvé le courage d'assumer mes opinions ni d'écrire sur les sujets qui me tiennent vraiment à cœur. Merci de faire partie de ma vie depuis quinze ans et de faire preuve de tant de gentillesse et de franchise dans le cadre de notre amitié, de notre famille et de notre partenariat professionnel. Je tiens également à remercier ma mère biologique – mais aussi de cœur – pour avoir évolué à mes côtés. Je n'aurais jamais rien pu écrire sans ma famille, où nous veillons les un·e·s sur les autres, ni sans mes communautés. Vous vous reconnaîtrez (si ce n'est pas le cas, lisez la section « Remerciements » de notre livre *How to Understand Your Gender* ; votre nom y figure certainement) ! À Root, qui est entré·e dans ma vie alors que je préparais ce livre et qui a rapidement trouvé la voie de mon cœur ; merci pour ton amour, pour ton soutien et pour avoir géré mes sentiments à chaque instant. Enfin, je tiens à remercier mes enfants, Melissa et Will, qui me poussent jour après jour à penser par-delà les systèmes binaires de toutes les manières possibles.

INTRODUCTION

QUEL EST L'OBJET DE CE LIVRE ?

Au cours des dernières années, nous avons assisté à une explosion de l'intérêt porté aux sexualités et aux genres autres que hétéro/gay et homme/femme. D'après les sondages, presque la moitié des jeunes se situent quelque part entre l'homosexualité et l'hétérosexualité sur le spectre de la sexualité. **D'autres études ont révélé que plus d'un tiers des individus s'identifient - dans une certaine mesure - comme faisant partie de l'« autre » genre, des « deux » genres et/ou d'« aucun » genre.** *Vous n'êtes pas binaire (Personne ne l'est !)* s'appuie sur l'expérience des personnes bisexuelles et des personnes ayant un genre non-binaire pour envisager différents aspects de nos vies au-delà d'une conception binaire.

Nous avons toujours eu l'impression que les personnes qui n'ont pas un point de vue binaire avaient bien plus à nous offrir qu'une simple manière différente d'appréhender le genre et les identités sexuelles. En réalité, quand nous nous surprenons à penser qu'il n'y a que deux options possibles, nous en venons souvent à nous demander si une troisième option (voire plus) est envisageable. Il arrive souvent que la pensée polarisée soit une réaction à un traumatisme. Nous avons découvert que le fait de remettre les systèmes binaires en cause dans tous les aspects de notre vie nous ouvrait des perspectives dont nous n'aurions pas pris conscience autrement. Dans ce livre, vous remarquerez que nous vous demandons souvent de remettre les choses en question. Envisager la vie d'un point de vue non binaire, c'est modifier notre système de pensée pour favoriser l'inclusion, le paradoxe et l'incertitude au détriment de l'exclusion.

Lorsque nous observons le monde, nous remarquons que **le mode de pensée est majoritairement binaire**. Les politiciens et journalistes ont tendance à tout considérer comme un « débat » entre deux partis opposés. Lors d'un conflit, qu'il soit individuel ou collectif, les gens se positionnent par rapport à « l'autre ». Des frontières sont dressées entre les pays, entre l'extérieur et l'intérieur. Tout au long de ce livre, nous examinerons l'origine de ces oppositions et dans quelle mesure elles limitent souvent notre rapport aux autres et à nous-mêmes, ainsi que notre compréhension.

QUI SOMMES-NOUS ?

Mais qui sommes-nous pour écrire un ouvrage tel que celui-ci ? Lors de sa rédaction, nous avons souvent adopté une pensée binaire en nous demandant s'il s'agissait d'un bon ou d'un mauvais livre, et si nous disposions de suffisamment de connaissances ou non pour l'écrire. Bien entendu, personne ne peut tout savoir sur un sujet donné. Nous avons bien conscience qu'il existe dans le monde de nombreux ouvrages sur l'histoire des philosophies non binaires ou la pensée non binaire, par exemple, dont nous ignorons trop de choses pour les apprécier à leur juste valeur. D'une certaine manière, il s'agit d'un jeu de dupes puisque **même l'opposition entre binaire et non binaire est binaire en soi** ! Nous y reviendrons bien évidemment plus loin dans ce livre. Toutefois, nous espérons que ce condensé de points de vue d'universitaires, d'activistes, de thérapeutes et de guides spirituels vous donnera matière à réfléchir.

Alex nous livre ici ses propres identités et histoires personnelles et professionnelles. Iel s'identifie comme une personne masculine transgenre non-binaire et s'implique dans l'activisme bi et queer. Originaire d'Italie, Alex a émigré dans un premier temps au Royaume-Uni avant d'emménager aux États-Unis, et a donc franchi les frontières géographiques, culturelles et sociales à bien des égards. En tant que personne souffrant de handicaps invisibles, Alex aborde également ce sujet dans le livre : ce que cela implique de se présenter la plupart du temps comme une personne qui ne « semble » pas handicapée, mais dont le handicap impacte la vie au quotidien. Alex a également franchi les frontières professionnelles. Après avoir bénéficié d'une bourse d'étude universitaire et mené des travaux cliniques en tant que thérapeute, iel a enseigné à l'université et dans les communautés activistes et païennes. Plus récemment, Alex a commencé à écrire pour le grand public. Toutes ces expériences et identités l'ont conduit·e à appréhender le monde sous un angle inclusif.

Meg-John (MJ) nous fait part de sa propre expérience en tant que personne queer non-binaire. Iel s'implique dans l'activisme bisexuel et de genre, et a mené des recherches sur le sujet dans un contexte universitaire. Pour MJ, cette expérience s'ajoute à un intérêt de longue date pour le bouddhisme, principalement pour les œuvres de Pema Chödrön et de Martine et Stephen Batchelor. L'idée de trouver « une troisième voie » et d'accepter l'incertitude a toujours trouvé écho dans son expérience en tant que personne non-binaire. Enfin, en tant que thérapeute, MJ s'inspire des idées existentielles et humanistes qui considèrent le soi comme pluriel, dans un état constant de devenir – une forme de fluidité qui est aussi une forme de pensée non binaire.

Tout au long de ce livre, nous aborderons nos expériences non binaires plus en détail et vous ferons part des témoignages d'autres personnes. L'objectif de ce livre est en partie de donner une suite au dernier ouvrage que nous avions écrit ensemble, *How to Understand Your Gender*. Dans ce livre, nous nous intéressions aux identités de genre courantes, notamment homme/femme, masculin/féminin et transgenre/cisgenre. Le présent ouvrage va plus loin dans l'analyse (au chapitre 2) et applique le même mode de raisonnement à de nombreux autres domaines où un point de vue non binaire peut s'avérer utile.

À QUI CE LIVRE S'ADRESSE-T-IL ?

Nous espérons que ce livre présentera un certain intérêt pour tout le monde. Nous vivons tou·te·s dans ce monde binaire et avons tou·te·s de bonnes raisons d'envisager d'autres manières de vivre et d'apprendre. Nous imaginons toutefois que cet ouvrage intéressera particulièrement celleux qui ne vivent pas de façon binaire – qu'il s'agisse d'une non-binarité de genre, de sexualité ou de spiritualité – et souhaitent approfondir le sujet.

Bien que ce livre ait été écrit pour le grand public, nous pensons qu'il sera également utile à de nombreux professionnels de tous horizons, en particulier s'ils n'ont pas encore développé leur réflexion sur les expériences non binaires. Que vous soyez thérapeute, éducateur·rice, conseiller·ère, délégué·e à la jeunesse, professionnel·le de santé, coach, parent ou enseignant·e, il est possible que le fait ne pas envisager les choses sous un angle binaire vous aide à l'avenir dans le cadre de votre vie professionnelle.

COMMENT UTILISER CE LIVRE ?

Nous avons essayé d'ouvrir ce livre avec des sujets plus connus en termes d'approche non binaire : la sexualité et le genre. Nous avons ensuite abordé des sujets où ce type de point de vue est généralement moins fréquent : les relations, le corps, les émotions et la pensée. C'est pour cette raison qu'il est préférable de lire les chapitres dans l'ordre si ces notions ne vous sont pas familières. Néanmoins, chaque chapitre – et chaque section de chaque chapitre – est indépendant des autres. Vous pouvez donc consulter le sommaire et vous plonger dans le sujet qui vous semble le plus pertinent pour vous en cet instant. Certaines sections comportent beaucoup d'informations. Par conséquent, vous pouvez décider de ne lire qu'une section – voire une partie de section – et de prendre le temps de la réflexion avant de poursuivre votre lecture.

Pour vous aider à appréhender toutes les informations, chaque section comporte les encarts suivants :

- **Piste de réflexion :** sujet qui mérite réflexion et/ou une prise de notes, par exemple votre propre expérience sur un sujet précis.

- **Exercice de réflexion** : invitation à réaliser une activité.

- **Expériences diverses** : condensé de propos que nous avons entendus à maintes reprises chez différentes personnes au fil des ans (il s'agit d'un recueil d'anecdotes plutôt que de citations à proprement parler).

- **Encarts « L'instant pause »** : invitations à faire une pause et à pratiquer l'introspection, ou à prêter attention à la façon dont vous réagissez face à ce que vous lisez, afin de faire appel à votre corps mais aussi à votre esprit, et de faire preuve de bienveillance envers vous-même.

Vous pouvez utiliser ces outils à votre guise et lire ce livre seul ou parallèlement à d'autres. Nous espérons que ces outils agrémenteront positivement votre lecture et vous donneront matière à débat si vous lisez ce livre à plusieurs, par exemple au sein d'un club de lecture ou en classe.

QUELS SONT LES SUJETS ABORDÉS DANS CET OUVRAGE ?

Les deux premiers chapitres de ce livre s'intéressent aux sexualités et genres non-binaires, notamment à la bisexualité. Ils abordent également des binarités de genre et de sexualité supplémentaires telles que normal·le/anormal·le, sexuel·le/asexuel·le, cisgenre/transgenre et même binaire/non-binaire !

Cet ouvrage s'intéresse ensuite à certaines des principales oppositions que la société au sens large associe aux relations (monogame/non monogame et ami·e/conjoint·e) ainsi qu'aux fondements des relations humaines (eux/nous, familier/étranger).

Pour ce qui est du corps, nous nous sommes appuyé·e·s sur le concept d'intersectionnalité abordé dans les premiers chapitres pour examiner d'autres expériences qui revisitent, estompent ou mettent fin aux oppositions binaires, notamment l'expérience d'immigrés, de métis et de personnes dont les parents sont issus de classes sociales différentes. Lorsque l'on pense aux expériences d'une vie, nous remarquons que beaucoup d'entre elles ne sont pas binaires, car elles évoluent entre et par-delà les oppositions tout au long de notre existence. Ce livre s'intéresse ensuite à d'autres systèmes binaires qui ont une réelle incidence sur notre vie et qui opposent les personnes valides à celles en situation de handicap, les personnes malades à celles qui sont en bonne santé, et les personnes attirantes à celles qui ne sont pas considérées comme telles.

En fin d'ouvrage, nous nous sommes demandé s'il était possible de ne pas envisager nos sentiments et notre pensée de façon binaire. Nous avons analysé les émotions et les répartitions binaires qui opposent le rationnel à l'émotionnel, les sentiments positifs aux sentiments négatifs et la santé mentale aux troubles psychiques. Nous nous sommes demandé dans quelle mesure ces oppositions structurent nos expériences et à quoi ressemblerait notre vie si nous envisagions notre bien-être émotionnel de façon moins binaire.

Enfin, le dernier chapitre s'intéresse à notre pensée et à son mode de fonctionnement principalement binaire qui nous incite à opposer le bien au mal, le bon au mauvais, la réussite à l'échec, etc. Nous avons examiné les limites d'un tel mode de pensée et son implication dans de nombreux aspects de la souffrance humaine tels que le conflit et les difficultés psychologiques. Pour nous aider à réfléchir de façon moins binaire, plus inclusive et avec moins de certitudes, nous proposons une série d'exercices qui se basent, entre autres, sur les exercices de pleine conscience du bouddhisme, les rituels païens et l'activisme queer.

Tout au long de ce livre, nous nous sommes appuyé·e·s sur nos propres expériences entre et par-delà les oppositions, ainsi que sur l'expérience des membres de notre communauté. Nous avons également voulu vous encourager à réfléchir à votre propre vie et aux différentes façons d'appréhender les choses.

Commençons donc sans plus tarder à ne plus réfléchir de manière binaire…

CHAPITRE 1

LA SEXUALITÉ

S'il est un domaine où il est admis qu'une chose présumée binaire ne l'est en réalité pas, c'est bien la sexualité. Même si, par défaut, les gens parlent souvent de l'« orientation » sexuelle de façon binaire en opposant gay à hétéro, un terme au moins désigne une sexualité non binaire : la bisexualité. De nombreuses personnes s'identifient comme bisexuelles. D'après les dernières statistiques, elles seraient plus nombreuses que celles qui s'identifient comme lesbiennes ou gays.

Malgré cela, **la bisexualité est toujours passée sous silence - ou invisible - dans la culture populaire.** Les médias qualifient immédiatement d'« homosexuels » les individus qui se déclarent attirés par des personnes du même genre, tandis que les personnages de fiction bisexuels sont victimes de stéréotypes et perçus comme diaboliques, pathétiques ou douteux parce qu'ils ne correspondent pas au modèle binaire. Fort heureusement, les choses ont récemment évolué de manière positive. Nous y reviendrons plus tard.

Ce chapitre s'intéresse au modèle binaire gay/hétéro qui reste prédominant dans la culture populaire, ainsi qu'à la façon dont il exclut les sexualités non binaires et la fluidité sexuelle. Il aborde également la façon dont le poids accordé à l'« orientation » sexuelle éclipse de nombreux aspects de notre sexualité tout aussi importants que les genres qui nous attirent. De nombreuses autres oppositions problématiques entretiennent ce système sexuel, notamment celles entre inné et acquis, et entre normal et anormal.

1.1 LA BISEXUALITÉ : UNE SEXUALITÉ INVISIBLE

Heureusement, la bisexualité est de plus en plus représentée depuis quelques années. Au Royaume-Uni et aux États-Unis, par exemple, des émissions télévisées telles que *Brooklyn Nine-Nine*, *Grey's Anatomy* et *Torchwood* présentent de plus en plus de personnages bisexuels sous un meilleur jour. **Dans *Torchwood*, le protagoniste bisexuel affiche toujours des caractéristiques que la culture populaire associe souvent à la bisexualité comme, par exemple, une tendance à avoir des mœurs légères et à être hypersexualisé et aguicheur.** Malgré tout, le personnage de Captain Jack fait preuve de bien plus de compassion que les précédentes incarnations de la bisexualité dans la culture populaire.

Dans le domaine de la musique, Janelle Monáe, une icône queer noire contemporaine, a utilisé ce qu'on appelle l'« éclairage bisexuel » dans le clip de sa chanson *Make Me Feel* : un éclairage tout en nuances qui utilise les couleurs du drapeau de la fierté bisexuelle – **rose, violet et bleu**. L'éclairage bisexuel est devenu un mème sur Internet en 2018, quand certaines personnes ont montré la façon dont il était utilisé dans de nombreux films, par exemple dans *Atomic Blonde*.

LE DÉSIR DE REPRÉSENTATION ET DE SENTIMENT D'APPARTENANCE

L'éclairage bisexuel, entre autres choses, montre à quel point de nombreuses personnes ont soif de représentations ouvertement bisexuelles. En fait, certains mèmes mettent en scène des personnages qui auraient pu être secrètement présentés comme bisexuels, ce qui dénote un désir de mettre la bisexualité en avant de façon plus explicite dans les films et séries TV.

Bien qu'elles représentent l'un des groupes les plus importants de la communauté LGBTQIA+ (personnes lesbiennes, gays, bisexuelles, transgenres, queers, intersexes, asexuelles et plus), les personnes bisexuelles sont souvent invisibles dans la culture populaire. Les gens semblent déduire l'orientation sexuelle des individus des relations que ceux-ci entretiennent. Par exemple, par le passé, nous, auteur·e·s de ce livre, avons été considéré·e·s comme hétéros ou gays en fonction de la personne que nous fréquentions. Cela signifie que notre bisexualité était invisible, à moins que nous ne la révélions ou ne tentions de la présenter d'une autre façon, par exemple en affichant une identité de genre queer lorsque nous étions dans une relation avec une personne du « genre opposé ».

En tant qu'êtres humains, nous avons le désir - et le besoin neurobiologique - d'appartenir à un groupe et d'être intégrés. Il s'agit là d'une chose dont les personnes bisexuelles sont souvent dépourvues. L'impact de cette invisibilité est clair dans les statistiques sur l'état de santé des populations LGBTQIA+, où les personnes bisexuelles et transgenres sont systématiquement en moins bonne santé que leurs homologues gays et lesbiennes. En d'autres termes, les personnes bisexuelles, y compris les jeunes, ont davantage de chances d'avoir des pensées suicidaires ou de commettre des tentatives de suicide, mais aussi de souffrir de dépression et d'angoisse – des problèmes de santé fréquents parmi de nombreuses populations marginalisées. Elles sont également moins susceptibles de demander de l'aide ou de révéler leur sexualité aux professionnels de santé.

Lorsqu'il vous semble impossible d'exister dans la culture dominante, il est difficile de s'imaginer faire partie du monde. Même lorsqu'elles révèlent leur bisexualité, les personnes bisexuelles restent marginalisées et sont souvent persécutées dans les milieux gays et hétéros. Cela peut conduire à un sentiment d'insécurité et de manque d'appartenance, à moins qu'elles ne puissent intégrer une communauté queer ou bisexuelle.

PISTE DE RÉFLEXION

SE SENTIR SEUL·E/ SAVOIR QUE VOUS N'ÊTES PAS SEUL·E

Vous est-il déjà arrivé de penser que vous étiez la seule personne à ressentir certaines émotions ou à vouloir certaines choses, à avoir des pulsions ou à adopter un comportement précis, en particulier concernant votre sexualité ? Qu'avez-vous éprouvé ? Si, plus tard, vous avez découvert que d'autres personnes ressentaient les mêmes émotions, voulaient les mêmes choses, avaient des pulsions similaires ou adoptaient le même comportement que vous, qu'avez-vous éprouvé ? Cela a-t-il eu une incidence sur vos pensées et vos sentiments ? Quelle différence cela a-t-il fait (ou cela ferait-il) de savoir que vous n'êtes pas seul·e ?

STÉRÉOTYPES PRÉJUDICIABLES SUR LA BISEXUALITÉ

Comme indiqué précédemment, la bisexualité est désormais mieux représentée dans les médias populaires. Toutefois, cela ne signifie pas pour autant que les clichés et stéréotypes ont disparu. Par exemple, dans la culture dominante, beaucoup de personnes pensent encore que la bisexualité est une passade ; elle est souvent associée à une expérimentation et à la jeunesse. Brenda Howard, une femme juive américaine ouvertement bisexuelle, est dénommée la « Mère de la Fierté » pour avoir organisé la *Christopher Street Liberation Day March*. Cette marche commémorait le premier anniversaire des émeutes de Stonewall dirigées par des femmes transgenres de couleur comme Marsha P. Johnson et Sylvia Rivera. **Malgré cela, les personnes bisexuelles ne se sentent toujours pas les bienvenues aux marches des fiertés, en particulier si elles sont en couple avec une personne du « genre opposé ».** L'invisibilité de la bisexualité et sa mise à l'écart historique du mouvement de libération des gays et lesbiennes ont conduit à des croyances populaires erronées.

Par exemple, de nombreux membres des communautés gays et lesbiennes tiennent toujours des propos tels que « bi aujourd'hui, gay demain », ce qui sous-entend que la bisexualité est une phase avant de s'identifier comme gay ou lesbienne. **En d'autres termes, la bisexualité est souvent associée à de l'immaturité et à une incapacité à savoir ce que l'on veut.** Par ailleurs, les personnes bisexuelles sont souvent perçues comme insatiables ; d'après un stéréotype fréquent, elles « veulent le beurre et l'argent du beurre ». La majorité des gens semble penser qu'il est insensé de vouloir quelque chose en dehors du modèle binaire gay/hétéro. Les personnes bisexuelles sont considérées comme incapables d'opérer un choix, comme indécises ou, pire encore, comme réticentes à abandonner leur « privilège hétérosexuel ».

Alex, par exemple, s'est entendu dire qu'iel voulait juste une « vie d'hétéro confortable » le jour où iel a entamé une relation avec une personne du « genre opposé », et ce, malgré le fait qu'iel avait révélé son orientation à son entourage et qu'iel continuait à participer à des événements LGBTQIA+ et à être actif·ve dans la communauté locale. Cette situation était d'autant plus ironique que la personne qui l'accusait de vouloir mener une « vie d'hétéro » était une lesbienne qui n'avait pas fait son coming out.

Bien évidemment, les gens ne sont pas obligés de révéler leur sexualité s'ils s'y refusent ou ne sont pas à l'aise avec cette idée. En effet, révéler son orientation peut parfois s'avérer dangereux sur le plan physique ou émotionnel. Néanmoins, lorsqu'il s'agit de bisexualité, le coming out semble presque hors de propos, en particulier si la personne concernée est en couple avec une personne du « genre opposé ».
Peu importe qu'une personne bisexuelle révèle ou non son orientation : les gens autour d'elle ont tendance à la considérer comme hétéro ou gay en fonction de la relation dans laquelle elle est engagée, ou comme dénuée de toute sexualité si elle est célibataire ou ne « semble pas gay ». Bien entendu, le fait de « sembler gay » est souvent pour une personne une autre manière détournée d'indiquer qu'elle ne se conforme pas à la norme en matière de genre. Pour en revenir à la représentation des personnes bisexuelles dans la culture populaire, le film *Brokeback Mountain*, par exemple, est souvent qualifié de « film de cowboys gays », alors que la description « film de vachers bisexuels » serait plus appropriée. Oscar Wilde a toujours été représenté comme un homosexuel refoulé même s'il affichait ouvertement sa bisexualité et son amour pour son épouse. **Cela semble sous-entendre que la bisexualité est impossible** et, pour reprendre les termes d'un article du *New York Times* paru en 2005, que les personnes bisexuelles sont « des homos, des héteros ou des mythos[2] ».

2. www.nytimes.com/2005/07/05/health/straight-gay-or-lying-bisexuality-revisited.html

En fait, au cours des dix dernières années, les chercheurs en sexualité ont cherché à savoir si la bisexualité existait ou non. Ces études semblent vaines et hypocrites sachant que la plupart des sondages indiquent que les personnes bisexuelles représentent l'une des communautés LGBTQIA+ les plus importantes. Nous ne cherchons pas à prouver scientifiquement que les hétéros existent. Néanmoins, certains scientifiques semblent éprouver le besoin de démontrer que les personnes bisexuelles n'existent pas. Cela corrobore l'idée selon laquelle elles ne sont pas dignes de confiance car elles pourraient vous « allumer » et finir par devenir « hétéros ou homos ». Bien évidemment, les doutes des gens concernant la possibilité que les personnes bisexuelles « se convertissent » se vérifient si une personne qui entretenait auparavant une relation avec une personne du même genre commence à fréquenter quelqu'un du « genre opposé » après avoir rompu, ou inversement. Au lieu de considérer cela comme faisant partie intégrante de la bisexualité, leur orientation est considérée comme une menace.

LES PERSONNES BISEXUELLES AURAIENT DES MŒURS LÉGÈRES ET SERAIENT VECTRICES DE MALADIES

Le stéréotype préjudiciable selon lequel les personnes bisexuelles seraient une menace conduit souvent les gens à considérer les femmes bisexuelles comme sexuellement hyperactives et disponibles, et les hommes bisexuels comme vecteurs de maladies. La culture dominante ne tient pas compte de l'existence de personnes transgenres et/ou non-binaires dans ce paradigme en raison d'autres conceptions binaires. Nous y reviendrons au chapitre 2.

Les femmes bisexuelles sont souvent dépeintes comme des personnes « hors de contrôle », « insatiables » et « nymphomanes » qui n'en ont jamais assez. Lorsque ce cliché est associé aux stéréotypes raciaux, il devient particulièrement préjudiciable pour les femmes bisexuelles de couleur, qui sont déjà sexualisées à l'excès.

Ces stéréotypes sont dus au fait que, pendant l'esclavage, les femmes noires étaient considérées comme tellement « hypersexuelles » qu'elles en étaient « inviolables », ce qui légitimait les agressions sexuelles à leur encontre. Cela peut conduire les femmes bisexuelles noires à être plus réticentes à l'idée de révéler leur sexualité, car leur coming out les expose d'autant plus aux violences sexuelles et au harcèlement.

D'un autre côté, les hommes bisexuels sont souvent perçus comme une menace car ils seraient des « vecteurs potentiels de maladies », y compris le VIH. Étant donné que la masculinité est déjà associée à une sexualité hyperactive et à l'idée selon laquelle les hommes sont « toujours partants pour le sexe », leurs éventuelles « mœurs légères » ne sont pas nécessairement considérées comme un problème.

Toutefois, lorsqu'elles sont associées à l'homophobie, celles-ci conduisent souvent les hommes bisexuels à être considérés comme un « danger » pour les femmes hétéros, car le risque de transmission du VIH est perçu comme accru. Le mot « perçu » est important ici, car rien ne prouve que les personnes bisexuelles présentent un risque supérieur de séroconversion (c'est-à-dire le passage de séronégatif à séropositif) quand elles entretiennent une relation mixte comme c'est le cas, par exemple, lorsqu'un homme bisexuel est en couple avec une femme hétéro.

Ici aussi, les stéréotypes raciaux entrent en jeu puisqu'il existe une idée répandue selon laquelle les hommes de couleur révéleraient moins leur sexualité que les hommes blancs. Cela ne fait qu'entretenir le stéréotype particulièrement préjudiciable, et en réalité mortel, selon lequel les hommes noirs seraient sexuellement dangereux, en particulier pour les femmes blanches.

MAINTENANT QUE CE CONSTAT EST POSÉ, QUELLE EST LA VOIE À SUIVRE ?

Nous avons conscience qu'il ne s'agit pas de la plus joyeuse des façons de commencer notre livre ! Vous avez peut-être l'impression que tout cela est un peu déprimant. En effet, ça l'est. Parmi les nombreux modèles binaires de la culture dominante, l'opposition gay/hétéro nous a été préjudiciable à bien des égards. Cette binarité est également admise depuis longtemps et, malheureusement, les choses ont peu évolué malgré des dizaines d'années d'activisme et de sensibilisation. Le terme « bisexuel » n'est pas inhabituel en français ; néanmoins la bisexualité semble rester un « mystère » pour les chercheurs en sexualité, le grand public et les communautés gays et lesbiennes.

Nous vous dirons que la bisexualité n'est pas du tout un mystère lorsque l'on écoute les expériences des personnes bisexuelles. Toutefois, quand on demande aux gens de se détacher du modèle binaire gay/hétéro (ce qui est nécessaire pour appréhender la bisexualité), ceux-ci sont souvent envahis par le doute et la gêne, deux sentiments que nous, êtres humains, interprétons à tort comme du danger et de l'insécurité.

La fin du présent chapitre contient une série d'excellentes ressources sur la bisexualité que nous vous invitons à consulter. Dans l'intervalle, vous pouvez prendre le temps de réfléchir aux représentations de la bisexualité sur lesquelles vous êtes tombé·e par hasard, le cas échéant, et voir si elles correspondent ou non aux clichés et stéréotypes habituels décrits dans cette section. Vous pouvez également commencer à réfléchir aux mots que vous pourriez utiliser pour décrire votre sexualité. Si vous avez des doutes, ne vous inquiétez pas. La prochaine section devrait pouvoir vous aider.

1.2 SEXUALITÉS NON BINAIRES ET FLUIDITÉ SEXUELLE

Donc, pour appréhender la sexualité humaine dans son ensemble, il suffit d'ajouter une case « bisexuel·le » aux cases « gay » et « hétéro », n'est-ce pas ? Eh bien non. Tout d'abord, cela ne ferait que représenter notre identité sexuelle, c'est-à-dire l'étiquette que nous utilisons pour nous décrire. **Ces termes ne représentent pas notre comportement sexuel (c'est-à-dire nos actes sexuels) ni notre attirance sexuelle (c'est-à-dire les personnes qui nous intéressent sexuellement).**

SCHÉMA 1.1 : IDENTITÉ, COMPORTEMENT ET ATTIRANCE SEXUELLES

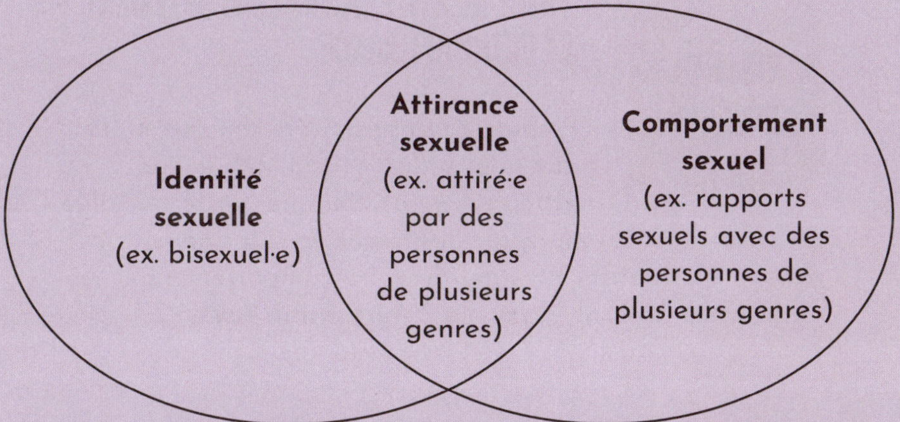

IDENTITÉ, COMPORTEMENT ET ATTIRANCE

Le schéma 1.1 illustre le problème. Si nous tentons d'estimer le nombre de personnes bisexuelles qui existent, par exemple, les réponses varient selon que l'on examine le pourcentage d'individus qui s'identifient comme bisexuels, que l'on analyse le pourcentage d'individus ayant eu des rapports sexuels avec des personnes de plusieurs genres, ou que l'on étudie le pourcentage d'individus ayant ressenti de l'attirance sexuelle pour des personnes de plusieurs genres.

Dans ce schéma, l'intersection correspond aux personnes qui s'identifient à une orientation sans forcément agir en conséquence (par exemple, les jeunes et les célibataires) ainsi qu'aux personnes dont le comportement ne correspond pas nécessairement à l'attirance sexuelle qu'elles ressentent (par exemple, certain·e·s acteur·rice·s, travailleur·se·s du sexe, personnes qui découvrent leur sexualité, etc.).

PISTE DE RÉFLEXION

VOTRE IDENTITÉ, VOTRE COMPORTEMENT ET VOTRE ATTIRANCE

Prenez le temps de réfléchir aux mots que vous utilisiez jusqu'ici - le cas échéant - pour identifier votre sexualité. En entendant ces mots, quelles hypothèses les gens peuvent-ils avancer au sujet de votre comportement sexuel et de votre attirance sexuelle ? Auraient-ils raison ?

LE SPECTRE DE LA SEXUALITÉ

Le modèle de la sexualité en « trois cases » (gay, hétéro, bisexuel·le) présente un autre problème : **comment savoir qui entre dans chaque case ?** Les gens partent souvent du principe que l'on est bisexuel si l'on fréquente des hommes et des femmes à proportions égales, ce qui signifie, par exemple, que sur Tinder, un·e véritable bisexuel·le sélectionnerait un nombre égal de femmes et d'hommes.

Cela nous amène à un autre problème : **dans quelle catégorie doit-on inclure les individus qui préfèrent davantage un genre que l'autre ?** Si l'on définit la bisexualité comme les personnes bisexuelles aiment la définir, c'est-à-dire comme le fait de ressentir de l'attirance pour plusieurs genres, ces individus doivent être pris en compte. Il faudrait un moyen de les distinguer des personnes bisexuelles n'ayant aucune préférence pour un genre ou un autre. C'est ici que la célèbre échelle de la sexualité d'Alfred Kinsey entre en jeu. Vous la découvrirez à la page suivante.

SCHÉMA 1.2 : ÉCHELLE DE L'ATTIRANCE SEXUELLE DE KINSEY

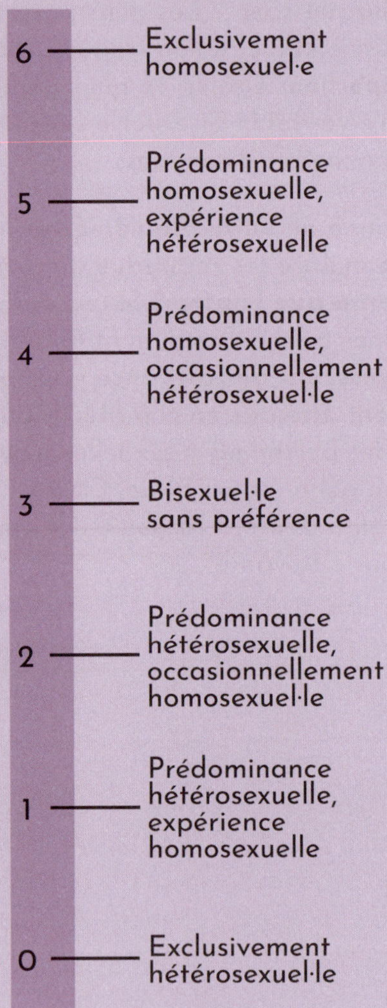

En réalité, les recherches de Kinsey se concentraient à l'origine sur le comportement plutôt que sur l'attirance. Néanmoins, à l'heure actuelle, cette échelle est généralement utilisée pour déterminer le type d'attirance que ressentent les individus, et non les personnes avec qui ils ont des rapports sexuels. Kinsey a également intégré une valeur « X » à l'extrémité de l'échelle pour désigner les personnes qui ne ressentent aucune attirance sexuelle pour autrui. N'ayez crainte ; nous y reviendrons plus tard.

EXERCICE DE RÉFLEXION : L'ÉCHELLE DE KINSEY ET VOUS

Où vous situeriez-vous sur l'échelle de Kinsey ? Selon vous, définit-elle mieux ou moins bien votre sexualité que les termes que vous utilisiez jusqu'à présent ? Voyez-vous un problème à évaluer la sexualité d'un individu de cette manière ?

D'après les dernières études utilisant ce modèle de spectre, près de la moitié des jeunes gens se situent quelque part entre l'homosexualité et l'hétérosexualité. À titre de comparaison, environ 2 à 3 % d'entre eux s'identifient effectivement comme bisexuels. La différence entre identité et attirance pourrait bien expliquer l'écart entre une petite *minorité* et une *majorité*. Les implications sont assez énormes.

LE SPECTRE NE SUFFIT PAS

Mais n'allons pas trop vite. Comme vous l'avez probablement déjà remarqué, ce type de spectre est assez restrictif pour déterminer notre sexualité. Tout d'abord, il suggère que l'attirance que nous ressentons pour les personnes du « genre opposé » augmente lorsque notre attirance pour les personnes du « même genre » diminue, et inversement.

Comparons notre attirance sexuelle à notre goût pour les boissons chaudes. Nous pourrions créer une échelle de Kinsey avec, à une extrémité, les personnes qui préfèrent le thé et, à l'autre extrémité, celles qui préfèrent le café. Au centre se trouveraient les personnes qui aiment le thé et le café. Évidemment, le fait que l'on apprécie davantage le thé ne nous conduit pas nécessairement à moins aimer le café. **Mais où situer les gens qui adorent boire du café le matin et du thé l'après-midi ? Et qu'en est-il de ceux qui ne sont pas particulièrement « fans » de café et de thé ? En fait, où situer les individus qui préféreraient une tasse de chocolat chaud ?** Ne vous inquiétez pas ; nous en parlerons à la section et au chapitre suivants... Ce modèle présente un autre problème en ce sens qu'il part du principe qu'un seul spectre suffit à mesurer notre sexualité. Néanmoins, comme indiqué précédemment, celle-ci peut également se définir en termes d'identité, d'attirance et de comportement sexuels.

Le chercheur bisexuel **Fritz Klein** a indiqué que nous pourrions nous situer différemment en fonction d'autres composantes de notre sexualité. Il a dressé la **liste des différents aspects de notre sexualité**, que nous pourrions placer sur une échelle semblable à celle de Kinsey :

- **Attirance sexuelle** : vers qui va votre attirance sexuelle ? (Valeurs de 1 = « Autre genre uniquement » à 7 = « Même genre uniquement »)

- **Comportement sexuel** : avec qui avez-vous effectivement eu des relations sexuelles ? (Valeurs de 1 = « Autre genre uniquement » à 7 = « Même genre uniquement »)

- **Fantasmes sexuels** : vers qui vont vos fantasmes sexuels ? (Valeurs de 1 = « Autre genre uniquement » à 7 = « Même genre uniquement »)

- **Préférence émotionnelle** : par qui vous sentez-vous le/la plus attiré·e ? (Valeurs de 1 = « Autre genre uniquement » à 7 = « Même genre uniquement »)

- **Préférence sociale** : avec les personnes de quel sexe nouez-vous des relations ? (Valeurs de 1 = « Autre genre uniquement » à 7 = « Même genre uniquement »)

- **Préférences de vie** : dans quelle communauté aimez-vous passer votre temps ? Dans laquelle êtes-vous le/la plus à l'aise ? (Valeurs de 1 = « Hétérosexuelle uniquement » à 7 = « Homosexuelle uniquement » en passant par 4 = « Bisexuelle uniquement »)

- **Identité sexuelle** : la façon dont vous vous identifiez. (Valeurs de 1 = « Hétérosexuel·le uniquement » à 7 = « Homosexuel·le uniquement » en passant par 4 = « Bisexuel·le uniquement »)

- **Identité politique** : à quelles personnes vous identifiez-vous ? (Valeurs de 1 = « Hétérosexuelles uniquement » à 7 = « Homosexuelles uniquement » en passant par 4 = « Bisexuelles uniquement »)

FLUIDITÉ SEXUELLE

Fritz Klein est allé plus loin dans son raisonnement. En plus de suggérer que nous pouvions mesurer notre sexualité - en termes de genre(s) des personnes qui nous attirent - par rapport à ces différents éléments et nous situer différemment au niveau des uns et des autres, il a également indiqué que notre positionnement pouvait évoluer au fil du temps…

EXERCICE DE RÉFLEXION : L'ÉCHELLE DE KLEIN ET VOUS

Essayez de vous situer sur chacun des éléments de l'échelle de Klein. Une fois que vous avez réalisé cet exercice pour la personne que vous êtes aujourd'hui, répétez-le pour la personne que vous étiez il y a dix ans, puis une nouvelle fois pour la personne que vous pensez devenir dans quelques années. Avez-vous remarqué des changements au niveau de certains éléments au fil du temps ?

Ces dernières années, les principes de Klein ont été repris par les chercheurs qui étudient la « fluidité sexuelle ». **La « fluidité sexuelle » est l'idée selon laquelle notre orientation sexuelle (à savoir un ou plusieurs de ces éléments, voire tous) peut changer avec le temps.**

Lisa Diamond, auteure du livre *Sexual Fluidity*, est l'un des principaux chercheurs dans ce domaine. Elle a mené des études auprès d'une centaine de femmes qui étaient attirées par d'autres femmes. Lisa a découvert que près de deux tiers des femmes changeaient d'identité sexuelle au moins une fois tous les dix ans. Ce changement a été observé dans tous les sens (passage de lesbienne à bisexuelle, de bisexuelle à hétérosexuelle, de sans étiquette à homosexuelle, etc.). Elle a remarqué que l'identité des femmes correspondait souvent au genre de leur partenaire romantique ou sexuel·le actuel·le, ce qui suggère que nous pouvons adapter l'attirance romantique et sexuelle que nous ressentons à une personne précise, plutôt qu'à une catégorie de genre globale.

Concernant les hommes, **Jane Ward** a publié un livre basé sur ses recherches, intitulé *Not Gay: Sex between Straight White Men*. Elle a découvert que les hommes blancs s'identifiant comme hétérosexuels avaient eux aussi assez souvent différents types de rapports sexuels avec d'autres hommes : rencontres *via* des applications et des petites annonces, masturbation avec d'autres hommes dans les toilettes publiques, bizutage dans les fraternités et à l'armée consistant, par exemple, à saisir le pénis ou doigter l'anus d'autres hommes.

Les travaux de Jane suggèrent que notre identité, notre attirance et nos comportements sexuels peuvent s'imbriquer

- ou non - de manière complexe et de multiples façons. Ils changent tous au fil du temps et en fonction des situations, par exemple selon que l'on est célibataire ou en couple, que l'on vit dans un environnement mixte ou dans une communauté plus ou moins permissive.

Dans son livre intitulé *Go the Way Your Blood Beats*, **Michael Amherst** établit un lien entre le passage sous silence de la bisexualité et la tendance de la société à rejeter la fluidité sexuelle. Il montre du doigt la résistance - et même les attaques - des personnes s'identifiant comme gays et hétéros à laquelle des spécialistes comme Klein, Diamond et Ward ont été confrontés. Au-delà de l'idée selon laquelle la sexualité serait binaire, il semblerait qu'elle devrait également être figée une bonne fois pour toutes. La bisexualité suscite la méfiance, car elle remet en question la binarité sexuelle, mais aussi parce qu'elle nous empêche d'attribuer une identité sexuelle définitive à une personne en fonction de son/sa partenaire actuel·le ou de son comportement sexuel.

DOIT-ON S'ATTRIBUER UNE ÉTIQUETTE ?

Michael Amherst cite des auteurs comme James Baldwin et Maggie Nelson qui ont refusé de porter une étiquette sexuelle : gay, hétéro ou bisexuel·le. Baldwin a déclaré : « J'ai aimé quelques personnes qui m'ont aimé aussi. Cela n'avait rien à voir avec ces étiquettes. Bien entendu, les gens utilisent toutes sortes de mots pour désigner les individus tels que nous. Mais c'est leur problème, pas le nôtre[3]. » Nelson a quant à elle déclaré :

> « Certains sont agacés par cette histoire qui veut que Djuna Barnes, plutôt que de s'identifier comme une lesbienne, préférait dire : "J'aimais simplement Thelma." Gertrude Stein aurait fait des déclarations similaires, mais pas exactement dans ces termes, à propos d'Alice. Je comprends pourquoi c'est politiquement exaspérant, mais j'ai aussi toujours pensé que c'était quand même romantique – la romance de laisser une expérience individuelle du désir prendre le pas sur une expérience catégorielle[4]. »

Voyons ce que déclarent d'autres personnes qui considèrent les étiquettes comme inutiles et pourquoi…

3. James Baldwin interviewé par Richard Goldstein, *The Village Voice*, 26 juin 1984.
4. NELSON (Maggie), *Les Argonautes*, Éditions du sous-sol, Paris, 2018.

EXPÉRIENCES DIVERSES

TERMES DÉSIGNANT L'IDENTITÉ SEXUELLE

- « **JE SUIS BISEXUEL·LE.** Pour moi, cela signifie que le genre est une caractéristique que je peux trouver attirante chez une personne, mais qui n'est pas plus importante que d'autres, comme la couleur de ses yeux ou de ses cheveux. »
- « **JE SUIS BISEXUEL·LE AUSSI, MAIS J'ATTACHE BEAUCOUP D'IMPORTANCE AU GENRE.** Je suis particulièrement attiré·e par les femmes féminines, les personnes androgynes et les hommes trapus. Je pourrais peut-être également utiliser l'étiquette "omnisexuel·le". »
- « **J'AIME LE TERME "HÉTÉROFLEXIBLE"**, qui me semble plus exact. À moins que nous ne récupérions le terme "bi-curieux·se". Pourquoi celui-ci est-il considéré comme négatif ? C'est ainsi que je me considère. »
- « **JE PRÉFÈRE LE TERME "PANSEXUEL·LE"** car, selon moi, il sous-entend que le genre n'a aucun rapport avec l'attirance que l'on ressent : l'attirance dépend de la personne. »
- « **J'UTILISE PLUTÔT LE TERME "BI" QUE "BISEXUEL·LE"**, car il englobe à la fois l'attirance romantique et l'attirance sexuelle que je ressens. De plus, il inclut davantage les personnes asexuelles. »

- « **LA PLUPART DU TEMPS, J'UTILISE LE MOT "LESBIENNE" POUR DÉSIGNER MA SEXUALITÉ**, car les gens connaissent ce mot. Toutefois, je m'identifie vraiment comme une gouine. J'aime me réapproprier un mot qui est utilisé comme une insulte. Pour moi, le mot "gouine" désigne également la façon dont je traverse la vie : en défiant les genres, en quelque sorte. »

- « **LE MOT "QUEER" EST CELUI QUI ME CORRESPOND.** Il remet en question cette idée problématique selon laquelle les gens devraient être identifiés par un unique aspect de leur sexualité. »

- « **J'AIME LE TERME "QUEER"**, surtout parce qu'il semble inclure la façon dont mon orientation peut évoluer entre différentes sexualités non hétérosexuelles au fil du temps. »

- « **JE PRÉFÈRE LE TERME "QUEER"** car, même si je suis un homme qui est uniquement attiré par les femmes, il illustre le fait que ma sexualité est loin de ressembler à la sexualité masculine standard puisque je suis sexuellement soumis. »

- « **LES GENS ME QUALIFIERAIENT DE "GAY"**, mais ce terme n'est pas suffisamment précis sachant que je suis exclusivement attiré par les ours câlins exprimant une douce forme de masculinité. »

Nous aborderons les autres dimensions de la sexualité auxquelles ces deux derniers témoignages font allusion dans la prochaine section. Mais avant cela, voici une dernière piste de réflexion…

PISTE DE RÉFLEXION

POUR EN REVENIR AUX MOTS

Arrivé·e à ce stade de votre lecture, quels sont, selon vous, les mots adéquats et inadéquats pour désigner certains aspects de votre sexualité ? Comment expliqueriez-vous votre préférence pour ces termes (même s'ils ne sont en rien obligatoires !) ?

L'INSTANT pause

Cela fait peut-être déjà beaucoup d'informations à assimiler… À moins que vous ne les connaissiez déjà ! Quoi qu'il en soit, le moment est venu d'interrompre votre lecture et de faire une pause.

Cet encart vous invite à vous détendre un moment. Vous pouvez vous asseoir ou rester debout, selon vos préférences et vos capacités. De la même manière, vous pouvez choisir d'être pieds nus ou de garder vos chaussures. Cette activité ne vous prendra que quelques minutes.

Si vous le pouvez, posez vos pieds par terre et concentrez votre attention sur le contact entre vos pieds et le sol. Sinon, vous pouvez vous asseoir et vous concentrer sur le contact entre vos fesses et votre siège/le sol, voire placer vos mains sur une surface stable, par exemple une table, et vous concentrer sur le contact entre vos mains et cette surface.

Pendant que vous respirez, concentrez-vous bien sur le contact entre votre corps et le support en dessous de vous. Si vous le souhaitez, vous pouvez bouger ou vous déplacer jusqu'à ce que vous trouviez un point de contact où vous vous sentez rassuré·e, concentré·e et serein·e. Une fois installé·e, prenez quelques inspirations. Si vous n'avez pas trouvé l'endroit qui vous convient, ce n'est pas grave. Vous pourrez réessayer plus tard, à moins que vous n'ayez votre propre façon d'établir ce contact entre vous et le monde.

Qu'éprouvez-vous en ce lieu précis ? Quelles sensations ou émotions ressentez-vous ? Sont-elles agréables, désagréables ou neutres ? Si elles sont désagréables, prenez un instant pour adopter une position plus confortable ou concentrez-vous sur un objet de votre environnement qui vous paraît apaisant ou neutre.

Ensuite, prenez une ou deux inspirations de plus avant de poursuivre votre lecture !

1.3 LA SEXUALITÉ AU-DELÀ DES GENRES (BINAIRES) QUI NOUS ATTIRENT

Nous avons déjà expliqué pourquoi les trois cases « gay », « hétéro » et « bisexuel·le » étaient insuffisantes pour décrire l'« orientation ». Cette section s'intéresse à l'idée selon laquelle **la sexualité ne se limite pas au genre des personnes qui nous attirent**. Bien entendu, le genre en soi n'est pas binaire non plus. Attention : spoiler ! Nous aborderons ce sujet dans le chapitre suivant.

Quelles autres dimensions la sexualité pourrait-elle bien englober ? Ce chapitre s'intéresse aux rôles sexuels que nous pouvons jouer et aux personnes avec lesquelles nous nous impliquons sexuellement : nous-mêmes, une autre personne, plusieurs autres personnes, voire le monde naturel qui nous entoure. Il aborde également l'« ampleur » des pulsions sexuelles que nous ressentons, le cas échéant, ainsi que les autres caractéristiques qui nous attirent chez les êtres humains.

Vous l'aurez peut-être déjà compris : **nous abordons à présent le sexe et la sexualité comme un paysage, et non comme un continuum**. Selon nous, cette métaphore offre davantage de possibilités d'envisager toutes les dimensions de notre sexualité. Bien entendu, il est possible que nous ayons omis certains aspects auxquels vous accordez de l'importance. Si c'est le cas, n'hésitez pas à nous en faire part ! Nous essayons d'être exhaustif·ve·s. Néanmoins, compte tenu de l'étendue de ce paysage, il est possible que nous passions à côté de territoires qui nous sont inconnus ou que nous n'avons pas explorés.

DE NOUVEAUX MODÈLES DE SEXUALITÉ

À propos des dimensions de la sexualité, l'intellectuelle queer nord-américaine **Eve Kosofsky Sedgwick** a déclaré :

> « Il est plutôt étonnant de constater que, parmi les très nombreuses dimensions par lesquelles l'activité génitale d'une personne peut être différenciée de celle d'une autre (dimensions qui incluent la préférence pour certains actes, certaines zones et certaines sensations, certains types physiques, une certaine fréquence, certains investissements symboliques, certaines relations d'âge ou de pouvoir, certaines espèces, un certain nombre de participant·e·s, etc., etc., etc.), un seul, le genre du choix d'objet, soit apparu au tournant du siècle et soit resté la dimension dénotée par la catégorie désormais omniprésente de l'"orientation sexuelle"[5]. »

Plus récemment, la scientifique féministe canadienne **Sari van Anders** a proposé une nouvelle théorie de la sexualité appelée **« théorie des configurations sexuelles »**. L'un de ses

5. Sedgwick (Eve Kosofsky), *Épistémologie du placard*, Éditions Amsterdam, Paris, 2008.

objectifs était de formuler une théorie sexuelle plus globale qui refléterait davantage l'éventail complet des expériences humaines. Elle cherchait également à **écarter le genre en tant qu'élément central de notre vision de la sexualité**. En effet, comme nous l'avons remarqué, le paysage est bien plus vaste que le seul territoire du genre. Nous avons eu le privilège de travailler avec Sari et son illustratrice, **Julia Scheele**, pour créer un fanzine qui explique cette théorie plus en détail. Vous trouverez le lien vers ce fanzine dans la section « Ressources supplémentaires » figurant à la fin de ce chapitre.

La nouvelle théorie de Sari et les études queers ont montré à quel point les dimensions de notre sexualité sont variées et à quel point il est essentiel d'accorder de la place à la multiplicité, la fluidité et l'ouverture. **Par exemple, quelle forme prend notre sexualité lorsque nous sommes seul·e·s et en compagnie d'autres personnes ? Tous les êtres humains sont-ils supposés ressentir de l'attirance sexuelle pour autrui ? Qu'en est-il si nous exprimons essentiellement notre sexualité au travers d'une relation sensuelle avec la nature ?**

SEXUALITÉ SOLO ET À PLUSIEURS

La sexualité solo consiste à entretenir une relation érotique avec soi-même. Il peut s'agir de la masturbation, mais aussi de toute autre expérience sensuelle vécue seul·e. Par exemple, vous pouvez considérer la préparation d'un plat exquis comme une expérience sensuelle, en particulier si vous aimez aussi le déguster et profiter de ses parfums, de ses saveurs et de ses textures. Certaines personnes considèrent la danse, le chant ou le fait de jouer d'un instrument comme des expériences sensuelles et/ou réconfortantes qui peuvent renforcer leurs liens avec elles-mêmes.

De tout temps et en tout lieu, beaucoup d'adeptes de différentes religions ont consigné leurs expériences de communion avec l'esprit ou le divin au travers de la prière, de l'adoration, de la méditation ou encore d'états alternatifs de conscience atteints par différents moyens tels que le recours aux plantes, à la chaleur ou à la privation des sens. Le récit de ces expériences sous-entend souvent **une forme d'érotisme et de réconfort**, l'individu en question ayant le sentiment profond et intense d'être lié à l'esprit ou au divin, voire de l'incarner. Beaucoup de personnes vivent cette expérience par l'intermédiaire de leur relation avec la nature. Nous aborderons ce sujet plus loin.

Bien entendu, le fait qu'on y voie une forme de sexualité solo ou à plusieurs dépend du système de croyance de chacun. La sexualité à plusieurs consiste à entretenir une relation sexuelle avec d'autres personnes. Elle peut impliquer deux personnes ou plus. Dans le cas où elle concerne plusieurs partenaires, la relation peut impliquer plusieurs personnes séparément au fil du temps, plusieurs personnes simultanément, ou une combinaison des deux possibilités. La monogamie, la non-monogamie, les rencontres et les jeux érotiques avec autrui sont des formes de sexualité à plusieurs. Le chapitre 3 s'intéresse à ce sujet.

La sexualité solo ou à plusieurs peut prendre différentes formes. Par exemple, nos échanges avec nous-mêmes et les autres peuvent se concentrer sur le réconfort ou d'autres aspects plus érotiques. Reprenons l'exemple du plat que l'on prépare. Pour certaines personnes, il peut s'agir d'une forme de réconfort, une façon de répondre à leurs besoins ; pour d'autres, il peut s'agir d'une expérience érotique axée sur le toucher, l'odorat, le goût et les textures ainsi que sur les sensations ressenties au moment de la dégustation.

Généralement, les aspects érotiques sont associés au plaisir, y compris à l'excitation, à l'envie, au désir sexuel et à l'orgasme. Le réconfort est généralement associé à l'amour, à la proximité et à l'intimité. Toute activité peut être plus ou moins érotique, plus ou moins réconfortante. Certaines expériences peuvent être à la fois érotiques et réconfortantes, et être vécues sur le plan physiologique ou psychologique, voire les deux. Parmi les expériences psychologiques, on peut notamment citer le fait de se préparer à un rituel religieux, de s'attendre à être touché·e par quelqu'un ou à manger un bon repas.

L'ASEXUALITÉ

Toutefois, que se passe-t-il quand une personne ne connaît jamais aucune expérience érotique ? Qu'en est-il si elle n'éprouve aucune forme d'excitation, d'envie ou de désir sexuel, que ce soit seule ou avec autrui ? **Beaucoup de personnes qui se reconnaissent dans cette description utilisent souvent le terme générique « asexuel·le ».** L'asexualité peut prendre de nombreuses formes. Par exemple, certaines personnes aiment se masturber, mais ne souhaitent pas avoir de relations sexuelles avec autrui ; d'autres non. Certaines personnes asexuelles ont des rapports sexuels avec leur partenaire ; d'autres non. Il existe de nombreuses manières d'être asexuel·le et aucune n'est ni bonne ni mauvaise en soi.

L'asexualité se distingue du célibat et de l'abstinence sexuelle, ces derniers étant des comportements, alors que l'asexualité est une identité sexuelle. Le mot « ace » est une abréviation que les gens utilisent souvent pour indiquer qu'ils sont asexuels. Autrefois, les chercheurs en sexualité et les thérapeutes considéraient l'asexualité comme une anomalie et un « problème ». Néanmoins, des chercheurs comme Lori Brotto ont clairement démontré que ce n'était pas le cas et que l'asexualité était juste un autre domaine du paysage de la sexualité humaine - ce que les membres de la communauté asexuelle revendiquent évidemment depuis bien longtemps !

Certaines personnes peuvent être sexuellement attirées par autrui mais éprouver peu de sentiments amoureux, voire aucun. Ces personnes s'identifient souvent comme aromantiques. **Les personnes aromantiques peuvent également être asexuelles, mais il s'agit là de deux identités distinctes.** En d'autres termes, certaines personnes peuvent être asexuelles et romantiques, tandis que d'autres peuvent être sexuelles et aromantiques.

PISTE DE RÉFLEXION

DE NOUVEAUX MODÈLES DE SEXUALITÉ

Que pensez-vous du fait que la sexualité englobe de nombreux domaines en dehors du genre des personnes qui nous attirent ? Comment percevez-vous le fait que le genre ne soit pas spécialement pertinent dans la vie sexuelle de nombreuses personnes ? Préférez-vous entretenir une relation sexuelle avec vous-même ou autrui ? Votre vie comporte-t-elle des aspects de la sexualité qui sont à la fois érotiques et réconfortants ? Si c'est le cas, quels sont-ils ? Éprouvez-vous des sentiments amoureux ou sexuels ? Si c'est le cas, comment les vivez-vous et les exprimez-vous ? Si ce n'est pas le cas, comment les personnes de votre entourage réagissent-elles ?

L'ÉCOSEXUALITÉ

Beaucoup de personnes entretiennent un lien profond, érotique et sensuel avec la Terre. Par exemple, certaines ont des expériences érotiques avec l'eau, la boue ou les arbres. **Cet aspect du paysage de la sexualité humaine est désigné sous le terme d'« écosexualité » ou de « sexécologie ».**

Ces termes relativement récents ont été inventés par l'artiste, activiste et professeure **Elizabeth Stephens**, ainsi que par l'artiste et sexologue **Annie Sprinkle**. L'écosexualité associe souvent l'art et l'activisme environnemental. Pour certaines personnes qui pratiquent une forme ou une autre de spiritualité associée à la Terre, l'écosexualité peut également inclure des aspects et pratiques spirituels. Comme les autres domaines de la sexualité, l'écosexualité peut davantage se concentrer sur l'érotisme ou sur le réconfort, voire sur les deux, selon diverses modalités.

LES RÔLES (SEXUELS)

Les aspects de la sexualité que sont l'**érotisme** et le **réconfort** soulignent également les différents rôles que nous pouvons jouer pour exprimer notre sexualité à différents moments. Certains rôles nous amènent à nous concentrer plus ou moins sur l'érotisme ou le réconfort. Par exemple, un rôle davantage axé sur le réconfort peut s'articuler autour de l'attention que l'on porte à son ou sa partenaire. Cette attention peut s'exprimer de nombreuses manières qui peuvent parfois être érotiques. Par exemple, le fait de se concentrer sur ses envies et fantasmes sexuels. Ce même désir de vouloir prendre soin de son ou sa partenaire peut également s'exprimer sans érotisme. Par exemple, le fait de lui préparer un repas ou de l'emmener en balade peut être réconfortant, mais pas érotique.

Quand nous nous impliquons auprès d'une personne, que ce soit sexuellement ou non, nous pouvons endosser un rôle actif ou passif. Nous pouvons donner ou recevoir, prendre des décisions ou laisser l'autre décider à notre place. Il arrive que ces rôles soient formalisés sous la forme de pratiques *kinky* ou BDSM. Le mot « *kinky* » est un terme générique qui désigne un large éventail de sexualités, notamment des pratiques qui vont au-delà de simples rapports sexuels. La fessée, le fétichisme, les jeux de rôle, le fait de jouer avec les sensations en utilisant des plumes ou en ayant recours au chaud et au froid sont tous des exemples de pratiques dites *kinky*. **L'acronyme BDSM est un terme générique plus spécifique qui désigne des pratiques et identités incluant le bondage et la discipline (BD), la domination et la soumission (DS) et/ou le sadisme et le masochisme (SM).**

Que nous décidions ou non d'avoir des pratiques *kinky* et/ou BDSM (qui peuvent inclure des rôles et des relations de pouvoir explicitement admis), nous jouons tou·te·s un rôle dans nos interactions avec autrui. Par exemple, au sein de nos relations, nous pouvons être plus à l'aise dans le rôle de décideur·se ou de suiveur·se, ou dans le rôle d'observateur·rice ou d'organisateur·rice.

Nous considérons souvent certains rôles comme plus « extrêmes » que d'autres. Par exemple, au sein d'une relation, la culture dominante considère généralement le fait d'endosser en permanence les rôles de dominant et de soumis comme une exception. Toutefois, d'autres formes de relations permanentes telles que le mariage, qui repose également sur un contrat social, culturel et juridique, sont perçues comme « normales ». De manière similaire, la culture dominante semble percevoir le fait de pénétrer et d'être pénétré·e sexuellement de manière très différente selon que la relation implique deux hommes ou un homme et une femme. Le premier cas de figure semble considéré comme « contre-nature », tandis que le second est perçu comme « naturel ». La dernière section de ce chapitre aborde ces types de binarité en détail. Mais avant cela, voici quelques témoignages illustrant le paysage de la sexualité.

EXPÉRIENCES DIVERSES

UN LARGE ÉVENTAIL DE SEXUALITÉS

- « **J'AIME ME MASTURBER**, mais je n'ai jamais ressenti d'attirance pour autrui. »

- « **JE ME CONSIDÈRE COMME SAPIOSEXUEL·LE.** C'est surtout l'intellect qui m'attire. »

- « **JE SUIS POLYAMOUREUX·SE** depuis environ trente ans. Aucune once de mon corps n'est monogame ! »

- « **J'AI VRAIMENT BESOIN DE CONNAÎTRE UNE PERSONNE AVANT DE RESSENTIR DE L'ATTIRANCE POUR ELLE.** Je me considère comme demisexuel·le. »

- « **IL DOIT Y AVOIR UNE SORTE DE DYNAMIQUE DU POUVOIR POUR QUE JE ME SENTE EXCITÉ·E.** Sans cela, il ne se passe rien. »

- « **EN TANT QUE NONNE LAÏQUE**, je suis mariée à Jésus depuis longtemps. Je trouve la paix et le soutien dans la prière. »

- « **J'AI DES SENTIMENTS AMOUREUX POUR LES GENS, MAIS JE NE RESSENS PAS D'ATTIRANCE SEXUELLE.** Mes partenaires et moi partageons beaucoup d'intimité émotionnelle et avons de nombreuses valeurs en commun, mais nous n'avons pas de rapports sexuels. »

- « **JE PRÉFÈRE FRÉQUENTER D'AUTRES PERSONNES NOIRES.** Il y a trop d'antécédents avec les Blancs. Je trouve qu'il est plus facile de faire confiance quand il n'y a pas lieu de se préoccuper des dynamiques raciale et sexuelle. »

- « **JE JOUE DEPUIS LONGTEMPS LE RÔLE DE *DADDY KINK*[6]** dans une communauté. J'aime ce sentiment de prendre soin de mes subordonnés ; l'"après-rapport" est très important pour moi. »

- « **SELON MOI, LA NAGE EST L'ACTIVITÉ LA PLUS SEXUELLE QUI SOIT.** Je me sens porté·e et réconforté·e ; j'aime la sensation de l'eau sur ma peau. C'est comme si elle touchait chaque partie de mon être, comme si je savais que je suis aimé·e. »

....

6. NdT – Le terme *Daddy King* désigne un partenaire sexuel masculin plus âgé ou plus dominant que son ou sa partenaire soumis·e.

EXERCICE DE RÉFLEXION : OÙ VOUS SITUEZ-VOUS DANS CE PAYSAGE ?

Prenez un moment pour dresser le paysage de votre sexualité. Comment exprimez-vous votre sexualité ? De quels territoires votre paysage se compose-t-il ? Dans quelle mesure êtes-vous satisfait·e de la façon dont vous exprimez votre sexualité ? Quels types d'activités vous procurent un sentiment de réconfort et d'érotisme ? Une fois que vous avez dressé la carte de votre paysage, vous pouvez définir la saison et les conditions climatiques. Celles-ci représentent les influences des normes culturelles, sociales, physiques, religieuses et/ou spirituelles. Dans quelle mesure influencent-elles votre paysage ? Si, pour une raison ou une autre, il vous est impossible de dresser le paysage de votre sexualité, vous pouvez en élaborer une carte conceptuelle, en rédiger une description ou simplement l'imaginer.

1.4 PAR-DELÀ LES AUTRES CONCEPTIONS BINAIRES DE LA SEXUALITÉ

Ainsi, **si nous voulons saisir toute la complexité de notre sexualité, nous devons envisager plusieurs dimensions** - pas uniquement celle correspondant au(x) genre(s) des personnes qui nous attirent. Au niveau de ces dimensions, notre positionnement doit également pouvoir évoluer au fil du temps, car les aspects de notre sexualité sont dynamiques et non statiques. Chez la plupart d'entre nous, la façon dont nous nous positionnons reste à peu près la même au niveau de certaines dimensions, tandis qu'elle évolue au niveau d'autres.

Enfin, **même ce modèle multidimensionnel et évolutif a ses limites car les dimensions - ou spectres - intègrent d'autres conceptions binaires.** Prenons l'exemple d'un spectre allant de l'attirance pour les hommes à l'attirance pour les femmes. Celui-ci part du principe qu'il n'existe aucun autre genre qui pourrait nous attirer (ce sujet est abordé au chapitre suivant) et que le fait d'être plus attiré·e par un genre signifie qu'on l'est moins par l'autre. Le même raisonnement s'applique au spectre allant de la soumission à la domination : où situer les individus qui sont vraiment soumis *et* vraiment dominants ? Où situer les personnes qui ne considèrent aucune de ces pratiques comme sexuelle ?

La dernière section de ce chapitre s'intéresse à quelques oppositions problématiques supplémentaires qui sont en grande partie responsables de notre conception du sexe : **normal/anormal et inné/acquis**. Nous aborderons ensuite les modèles binaires qui distinguent le sexe des autres activités et nous intéresserons à leur pertinence.

LE SEXE NORMAL PAR OPPOSITION AU SEXE ANORMAL

Peut-être que l'une des idées les plus insidieuses - et les plus communément admises - à propos du sexe et de la sexualité est qu'il est possible - et important - de distinguer les identités et pratiques naturelles, normales et appropriées de celles qui sont contre-nature, anormales et inappropriées.

De tout temps et en tout lieu, certains chefs religieux, chercheurs, législateurs, médecins et journalistes se sont efforcés d'établir cette distinction en fixant une limite entre sexe normal et sexe anormal. Par exemple, ces dernières années, l'« homosexualité » est passée d'« anormale » à « normale », alors que le fait d'avoir une libido exacerbée a connu l'évolution inverse et est désormais considéré comme une « addiction au sexe ».

PISTE DE RÉFLEXION

LES LIMITES ENTRE LES IDENTITÉS ET PRATIQUES SEXUELLES

Réfléchissez aux différentes formes de sexe que vous connaissez. Dans votre culture, lesquelles font définitivement partie de la catégorie « normale » ? Lesquelles sont considérées comme « anormales » ? Avez-vous des doutes quant à la catégorie dans laquelle entrent certaines formes de sexe ? Quelle est, d'après vous, l'incidence sur un individu selon que ses désirs entrent dans la catégorie « normale » ou « anormale » ?

Cette limite entre sexe normal et sexe anormal tend à être fixée de différentes manières, toutes aussi problématiques les unes que les autres. **L'une d'entre elles consiste à distinguer le sexe « véritable », « approprié » et « normal » d'autres formes de sexe quelque peu considérées comme inférieures.** Par exemple, la liste des « dysfonctions » et « troubles » sexuels figurant dans des manuels psychiatriques tels que la cinquième version du *Manuel diagnostique et statistique des troubles mentaux* indique clairement que le « sexe » se définit comme un rapport consistant à insérer un pénis dans un vagin et se terminant par un orgasme. Cette définition a fait son chemin dans les thérapies sexuelles, le domaine du développement personnel et la culture populaire. En d'autres termes, toute personne ayant - ponctuellement ou en permanence - une préférence pour d'autres formes de sexe peut facilement se sentir inférieure.

Paradoxalement, cela peut facilement entraîner davantage de problèmes sexuels, voire conduire à des rapports sexuels non consentis quand la personne en question essaie de se conformer à la fréquence et au type de rapports sexuels « appropriés » au sein de ses relations, plutôt que d'avoir des pratiques qu'elle apprécie réellement. Il est difficile de s'impliquer pleinement dans un rapport sexuel quand vous pensez qu'il faut avoir un orgasme pour que votre sexualité soit considérée comme « normale ». Il est compliqué d'apprécier le sexe oral et la masturbation mutuelle quand on vous a appris qu'il ne s'agissait que de « préliminaires » et non de « vrais rapports ». **En outre, pourquoi le sexe en solo est-il généralement considéré comme inférieur - ou plus douteux - que le sexe à plusieurs alors qu'il procure tant de plaisir à de nombreuses personnes ?**

Une autre façon de fixer une limite entre sexe normal et sexe anormal consiste à **distinguer le sexe « approprié » des formes de sexe considérées comme risquées ou dangereuses**. Par exemple, les livres prodiguant des conseils en matière de sexualité relèguent souvent le sexe « pimenté » ou « *kinky* » au dernier chapitre. Les conseils s'accompagnent de leur lot de mises en garde sanitaires, comme si le bondage ou la fessée étaient fondamentalement plus dangereux que la pénétration. Une nouvelle fois, les manuels de psychiatrie regorgent de « paraphilies ». Or, il est parfaitement possible de profiter de ces formes d'expression sexuelle (par exemple, se déguiser ou jouer un rôle de dominant·e ou de soumis·e pendant les rapports sexuels) de manière consensuelle. Ces limites entraînent beaucoup de culpabilité et de honte, d'autant plus que les fantasmes *kinky* sont particulièrement courants - il suffit de voir le succès remporté par *Cinquante nuances de Grey*. **Une fois de plus, cela signifie**

que de nombreuses personnes ne sont jamais pleinement satisfaites sexuellement car elles ne se résolvent pas à accepter leurs désirs. Ces limites ont un autre effet pervers : certaines personnes tentent d'intégrer des pratiques *kinky* à leur vie sexuelle, mais pas de manière aussi sûre ou consensuelle qu'elles devraient l'être car elles sont trop gênées pour en parler ouvertement.

Gayle Rubin, une auteure que nous admirons tou·te·s deux, a beaucoup écrit sur l'opposition problématique entre sexe normal et sexe anormal. **Selon elle, nous devrions davantage évaluer la qualité de nos rapports sexuels en termes de consentement et/ou de plaisir ou de satisfaction pour les personnes impliquées.** Il est bon de se rappeler cette citation de Gayle Rubin si vous vous surprenez à porter un jugement sur les pratiques sexuelles que vous (ou une autre personne) appréciez :

> « Les gens ont souvent du mal à envisager que leurs pratiques sexuelles préférées puissent être repoussantes pour d'autres, et que quelqu'un, quelque part, puisse tirer un profond plaisir à faire ce qu'eux-mêmes trouvent rebutant… Les gens considèrent souvent que leurs habitudes sexuelles sont une norme universelle, et qu'elles devraient être valables pour tout le monde[7]. »

7. Rubin (Gayle), *Surveiller et jouir. Anthropologie politique du sexe*, EPEL, Paris, 2010.

L'INNÉ PAR OPPOSITION À L'ACQUIS

Comme l'indique Gayle Rubin, les formes de sexe et de sexualité que l'on considère généralement comme normales sont également celles que l'on considère comme ***correctes et naturelles***. Par « naturelles », nous entendons les formes de sexe que l'on trouve chez les animaux ou nos pulsions biologiques irrépressibles, par exemple.

Cette combinaison d'oppositions entre correct/incorrect, normal/anormal et naturel/contre-nature soulève des questions. Pour commencer, peut-on vraiment dire que les pratiques « normales » et « naturelles » sont, quelque part, plus éthiques que les pratiques « anormales » ou « contre-nature » ? Il n'est pas normal d'être un génie, un prodige de la musique ou un grand altruiste. Toutefois, nous ne fuyons généralement pas ce type de personnes ! Par ailleurs, il est relativement contre-nature d'utiliser des smartphones ou de parcourir le monde en avion. Et pourtant, les gens apprécient la possibilité d'avoir recours à ces technologies.

La plupart du temps, les arguments avancés concernant la normalité et le caractère naturel du sexe et de la sexualité sont erronés. Par exemple, les gens prétendent que la pénétration vaginale est plus naturelle, car c'est ainsi que se comportent les animaux. Ce qu'ils ignorent, c'est que le sexe entre spécimens du même genre, les pratiques masturbatoires mutuelles, le sexe oral, etc. sont légion dans le monde animal. Les gens prétendent que la monogamie est le modèle de couple normal, et ce, en dépit des nombreuses cultures – et des nombreuses personnes – qui pratiquent la non-monogamie sous une forme ou une autre dans le monde.

Néanmoins, lorsque nous pointons ces erreurs du doigt, nous courons le risque de retomber dans le même écueil : celui qui part du principe qu'une chose habituelle, normale ou naturelle est en quelque sorte préférable. Une personne dont les désirs érotiques sont inhabituels doit-elle vraiment être jugée par rapport à une personne dont les désirs sont communs ? Pourquoi est-ce si important ? De manière similaire, pourquoi nous préoccupons-nous du fait que la sexualité d'une personne soit « due » à une variation biologique, à ses expériences de vie, à sa culture ou aux choix qu'elle a opérés ? Une nouvelle fois, si ses actes sont consentis et si elle y trouve du plaisir et de la satisfaction, en quoi sommes-nous concerné·e·s ?

Il semblerait néanmoins que cela intéresse beaucoup les gens. La recherche scientifique consacre énormément de temps, d'énergie et de ressources à déterminer si les différents aspects de la sexualité sont imputables à l'« inné » ou à l'« acquis ». À titre d'exemples, citons la recherche d'un gène de l'homosexualité ou les tentatives de trouver des différences « naturelles » entre la sexualité des hommes et celle des femmes en les connectant à des sondes et en leur montrant différents types de pornographie.

Ici aussi, la conception binaire est une fois de plus problématique. Nous savons que même de simples activités humaines peuvent être considérées comme « innées » ou « acquises ». Notre corps et notre cerveau (l'aspect biologique), nos expériences, nos choix de vie (l'aspect psychologique), les messages que nous transmet le monde qui nous entoure et les possibilités que nous offre ou nous refuse notre culture (l'aspect social) œuvrent de concert de manière complexe. Par exemple, les options qui s'offrent à nous en matière de sexe et de sexualité varient souvent en fonction de la façon dont nous – et les autres – percevons notre **genre**, notre **origine ethnique**, notre **classe sociale**, notre **âge** ou notre **handicap**. Ce sujet sera abordé en détail au chapitre 4. Ce mélange d'identités et d'expériences explique que la culture perçoive les gens comme plus ou moins sexuels et plus ou moins attirants.

Le terme « biopsychosocial » englobe cette multiplicité et la façon dont tous ces aspects nous impactent mutuellement de manière extrêmement complexe. Si cette approche s'applique à une chose aussi simple que la façon dont on fait du vélo, elle doit certainement s'appliquer à une chose aussi complexe que notre sexualité.

LE SEXE PAR OPPOSITION À D'AUTRES ACTIVITÉS

Enfin, il convient de se pencher sur une dernière série d'oppositions que nous créons – ou non – entre le sexe et d'autres activités. Par exemple, les personnes asexuelles et aromantiques ont permis de mettre en avant l'idée communément admise selon laquelle l'attirance sexuelle et l'attirance romantique allaient de pair. En réalité, chez certains individus, les deux s'imbriquent (ils sont sexuellement et romantiquement attirés par les mêmes personnes), tandis que chez d'autres non. Certaines personnes ressentent de l'attirance sexuelle et romantique, d'autres aucune des deux, et d'autres enfin ressentent l'une mais pas l'autre. Toutes ces combinaisons sont acceptables.

Les personnes ayant une sexualité *kinky* ont quant à elles remis en question les limites que nous avons fixées entre le sexe et d'autres pratiques telles que les loisirs, le jeu, la spiritualité et la guérison. Pour être agréables, beaucoup d'activités *kinky* ne nécessitent aucun des éléments que nous associons généralement au sexe. **Les sensations ou expériences peuvent atteindre leur apogée sans qu'elles s'apparentent nécessairement à un orgasme, et la jouissance peut même être totalement absente.** Les contacts génitaux, voire physiques, ne sont pas forcément nécessaires. Nous pouvons nous demander si le fait de jouer le rôle d'un bébé ou d'un chiot entre dans notre définition du sexe ou si cela s'apparente davantage à un jeu. Il existe de nombreux points communs entre certaines pratiques *kinky*, comme le piercing ou la flagellation, et certains rituels religieux ou esthétiques.

Vous pourriez avancer que la limite entre ce qui est sexuel et ce qui ne l'est pas revêt de l'importance, car il est nécessaire de distinguer les comportements appropriés de ceux qui ne le sont pas – sur le lieu de travail, par exemple. Néanmoins, une fois de plus, nous vous dirons qu'il convient avant tout de **tenir compte du consentement**. Chacun·e est-il bien informé·e de tous les tenants et aboutissants ? Toutes les personnes impliquées sont-elles en mesure et légalement en âge de donner leur consentement ? Est-il clair pour toutes qu'elles ont la possibilité de choisir de participer ou non, ou de demander des informations supplémentaires ? Quelle est la dynamique de pouvoir en jeu ? Dans quelle mesure rend-elle le consentement possible ?

EXERCICE DE RÉFLEXION : DÉVELOPPER VOTRE IMAGINAIRE ÉROTIQUE

Seul·e ou entre ami·e·s, essayez de noter toutes les activités sexuelles, sensuelles ou érotiques vous venant à l'esprit dont, pour reprendre les termes de Gayle Rubin, « certain·e·s pourraient tirer un profond plaisir ». Le fait de toutes les écrire sur des Post-it est une excellente façon de procéder, car vous pouvez ainsi les déplacer.
Une fois que vous avez noté toutes les activités auxquelles vous pensiez, demandez-vous lesquelles votre culture considère comme sexuelles et non sexuelles ; lesquelles sont considérées comme normales ou anormales.
En ce qui vous concerne, vous pouvez classer ces activités en trois catégories (« oui », « non » et « peut-être ») afin de vous faire une idée de ce que vous aimeriez expérimenter. Essayez de vous imager les sensations que chacune d'entre elles procure.

Bien évidemment, nous ne pouvons pas échapper à notre culture. Par conséquent, il convient d'analyser dans quelle mesure vos réponses ont un lien avec les choses que vous trouvez excitantes (ou non) et dans quelle mesure elles ont un rapport avec le jugement éventuel d'autrui et la façon dont elles sont perçues par la société ou considérées comme envisageables par les personnes de votre genre, classe sociale, origine ethnique, âge, etc. (voir chapitre 4). Souvenez-vous du terme « biopsychosocial » – tous ces éléments s'entremêlent probablement de manière complexe.

Le remarquable essai d'**Audre Lorde** intitulé *Usages de l'érotique*[8] peut nous aider à développer notre perception de l'érotique au-delà de ce qui est sexuel. **Selon elle, l'érotique est une source essentielle de pouvoir et d'information dans nos vies, mais il est déformé par la façon dont notre culture considère le sexe.** Quand on nous enseigne la peur de tomber dans le sexe « anormal » et l'obligation d'avoir des rapports sexuels dont nous n'avons pas réellement envie afin de prouver que nous sommes « normaux·ales », nous apprenons à redouter nos besoins et désirs érotiques, tant sur le plan sexuel que sur un plan plus global. **D'après Lorde, cela nous empêche d'être à l'écoute de nos sentiments dans de nombreux domaines de notre vie.** Ainsi, nous avons du mal à nous autoriser, par exemple, à nous engager dans des formes de relations différentes qui nous épanouiraient ou dans un emploi ou des formes de jeu que nous trouverions satisfaisants et stimulants. Selon elle, si la société perçoit l'érotique comme un danger, c'est parce qu'il signifie que nous « exigeons de nous-mêmes et de nos projets et occupations qu'ils soient en accord avec la joie que nous nous savons capables de ressentir[9] ». En d'autres termes, cela signifie que nous ne devons pas nous « résoudre à accepter ce qui est pratique, ce qui est mesquin, ce qui est conventionnel, attendu, ou bien simplement ce qui nous met en sécurité[10] ». C'est peut-être pour cette raison que l'érotique a tendance à être limité au sexe et contrôlé de toutes les manières abordées dans le présent chapitre.

8. Lorde (Audre), « Usages de l'érotique : l'érotique comme pouvoir », dans Lorde (Audre), *Sister Outsider : Essais et propos sur la poésie, l'érotisme, le racisme, le sexisme...*, Mamamelis, Genève, 2018.

9. *Ibid.*, p. 90.

10. *Idem.*

RESSOURCES SUPPLÉMENTAIRES

Vous trouverez des informations supplémentaires sur la bisexualité, la pansexualité, les sexualités queers et plus encore dans les ouvrages suivants :

- Amherst (Michael), *Go the Way Your Blood Beats*, Repeater Books, Londres, 2018.

- Anderlini-D'Onofrio (SerenaGaia) et Hagamen (Lindsay), *Ecosexuality: When Nature Inspires the Arts of Love*, Createspace Independent Publishing Platform, North Charleston, 2015.

- Barker (Meg-John), *The Psychology of Sex*, Routledge et Psychology Press, Londres, 2018.

- Barker (Meg-John) et Scheele (J.), *Queer: A Graphic History*, Icon Books, Londres, 2016.

- Eisner (Shiri), *Bi: Notes for a Bisexual Revolution*, Seal Press, Berkeley, 2013.

- Harrad (Kate), *Purple Prose: Bisexuality in Britain*, Thorntree Press LLC, Portland, 2016.

- Roche (Juno), *Queer Sex*, Jessica Kingsley Publishers, Londres, 2018.

• TAORMINO (Tristan), *The Ultimate Guide to Kink: BDSM, Role Play and the Erotic Edge*, Cleis Press, Jersey City, 2012.

Liste des autres ouvrages mentionnés dans ce chapitre :

• DIAMOND (Lisa M.), *Sexual Fluidity*, Harvard University Press, Cambridge, 2008.

• SEDGWICK (Eve Kosofsky), *Épistémologie du placard*, Éditions Amsterdam, Paris, 2008.

• WARD (Jane), *Not Gay: Sex between Straight White Men*, NYU Press, New York, 2015.

Les deux essais suivants, mentionnés dans le présent chapitre, sont également remarquables :

• RUBIN (Gayle), *Surveiller et jouir. Anthropologie politique du sexe*, EPEL, Paris, 2010.

• LORDE (Audre), « Usages de l'érotique : l'érotique comme pouvoir », dans LORDE (Audre), *Sister Outsider : Essais et propos sur la poésie, l'érotisme, le racisme, le sexisme...*, Mamamelis, Genève, 2018.

Pour établir un lien entre ces idées, votre sexualité et votre vie sexuelle, n'hésitez pas à consulter les ressources suivantes :

• BARKER (Meg-John) et HANCOCK (Justin), *Enjoy Sex (How, When and If You Want To): A Practical and Inclusive Guide*, Icon Books, Londres, 2017.

- Barker (Meg-John) et Hancock (Justin), *Understanding Ourselves Through Erotic Fantasies*, disponible depuis la page https://megjohnandjustin.com/publications/

- Iantaffi (Alex), Barker (Meg-John), van Anders (Sari) et Scheele (J.), *Mapping your sexuality: From sexual orientation to sexual configurations theory*, PDF disponible sur la page www.rewriting-the-rules.com/wp-content/uploads/2018/08/MappingYourSexuality.pdf. (Page consultée le 21 novembre 2018.)

Si vous souhaitez en savoir plus sur les questions bi et queers, les sites Web suivants regorgent d'informations utiles :

- The Bisexual Index : http://bisexualindex.org.uk/
- The Bisexual Resource Center : http://biresource.org/
- Bi Community News : http://bicommunitynews.co.uk/
- Bis of color : http://bisofcolour.tumblr.com/
- Biscuit Magazine : http://thisisbiscuit.co.uk/
- The Queerness : http://thequeerness.com/
- AVEN : https://fr.asexuality.org/

CHAPITRE 2

LE GENRE

Dans le chapitre précédent, nous avons indiqué que l'un des principaux problèmes des modèles binaires d'« orientation » sexuelle (attirance pour les femmes ou les hommes) est que **le genre en lui-même n'est pas binaire**. Même les échelles de Kinsey et de Klein, qui mesurent la sexualité sur un spectre allant de l'attirance pour le « même genre » à l'attirance pour le « genre opposé », sont problématiques puisqu'elles partent du principe qu'il n'existe que deux genres.

La nature non binaire du genre est encore moins acceptée par le grand public que celle de la sexualité. En effet, de nombreux auteurs qui écrivent sur les thématiques queers et de la bisexualité font toujours référence à des « hommes et femmes » bi ou queers uniquement. En Occident, la binarité de genre est encore plus profondément ancrée dans la culture populaire blanche que la binarité sexuelle, même si toutes deux sont intrinsèquement liées. Le fait d'être considéré·e comme un « vrai » homme ou une « vraie » femme est souvent fortement lié à l'attrait sexuel et à l'attirance ressentie pour le genre « opposé ». En outre, les hommes et les femmes qui sont attiré·e·s par des personnes du même genre sont souvent victimes de clichés et qualifié·e·s d'hommes efféminés ou de femmes masculines.

Si nous nous tournons vers le passé et examinons le monde actuel, nous remarquons que le genre n'est pas inévitablement binaire. Nous pouvons voir qu'il existe de nombreuses autres façons d'appréhender le genre, certaines s'appuyant sur l'idée qu'il existe un genre unique, d'autres sur l'idée qu'il existe de nombreux genres, et d'autres enfin sur l'idée que le genre n'est pas aussi important qu'on ne le pense. La binarité de genre est propre à la culture. Comme la binarité sexuelle, elle est associée au projet colonialiste et impérialiste qui consiste à classer les individus dans différents groupes considérés comme inférieurs ou supérieurs. Elle est également ancrée dans un système capitaliste qui nécessitait d'« opposer » la féminité à la masculinité afin de justifier le travail non rémunéré des femmes au sein du foyer, à savoir prendre soin de la main-d'œuvre actuelle et élever la génération suivante, ou – dans le cas des femmes de couleur notamment – servir la famille d'autrui.

Ce chapitre s'intéresse au système de genre/sexe binaire ainsi qu'aux raisons pour lesquelles il est discutable. Il explique également en quoi le fait de considérer le sexe – mais pas le genre – comme binaire n'est pas une solution. Nous parlerons ensuite des personnes qui considèrent leur genre et s'identifient comme non-binaires et des raisons pour lesquelles nous pouvons tou·te·s y gagner à mieux comprendre notre genre. Enfin, nous aborderons deux oppositions supplémentaires qui sont de plus en plus utilisées pour donner un sens au genre, mais qui, au même titre que l'opposition entre homme et femme, doivent être examinées avec un œil critique. Il s'agit des oppositions entre **personnes transgenres et cisgenres**, et entre **binaire et non-binaire** ! N'ayez crainte si cette dernière vous fait mal à la tête ; nous aborderons le sujet en douceur.

2.1 LE SEXE PAR OPPOSITION AU GENRE

Quand Alex était enceinte, l'une des questions qu'on lui posait le plus souvent, c'est si iel attendait « un garçon ou une fille » - sans parler du fait que de parfaits inconnus lui demandaient s'ils pouvaient toucher son ventre. Les gens paraissaient déconcertés quand iel répondait joyeusement qu'iel espérait avoir un bébé hippopotame, mais qu'iel attendait probablement un petit humain. Ce scénario n'a rien d'inhabituel, puisque les gens posent souvent cette question.

Si nous indiquions gentiment aux gens qu'ils demandent quel est le sexe d'un fœtus afin de pouvoir le catégoriser de manière non consensuelle en fonction d'un système de genre et de sexe arbitraire et scientifiquement incorrect, ils seraient probablement déconcertés, voire contrariés. Les termes « sexe » et « genre » peuvent en effet porter à confusion et avoir diverses significations. Pour de nombreuses personnes, le sexe s'oppose au genre.

Beaucoup pensent que le sexe se rapporte à des caractéristiques physiologiques telles que les organes génitaux et d'autres caractéristiques sexuelles secondaires, et que le genre est une construction mentale purement historique, culturelle et sociale. Nous, auteur·e·s de cet ouvrage, pensons que cette conception est erronée et que **le sexe et le genre sont liés et non opposés, même s'il s'agit de deux choses distinctes**. Toutefois, le sujet est trop vaste pour être abordé de manière exhaustive dans le présent chapitre. Heureusement, nous avons déjà écrit un ouvrage à ce sujet : *How to Understand Your Gender: A Practical Guide for Exploring Who You Are*[11]. Ce livre est destiné aux personnes de tous genres. Si le sujet vous intéresse, nous vous invitons à le lire, car il aborde la thématique du genre de manière bien plus détaillée que le présent chapitre !

DÉFINITION DU SEXE

Comme indiqué précédemment, le mot « sexe » peut porter à confusion. Lorsque l'on fait référence aux rapports sexuels, il désigne une activité que l'on pratique seul·e ou à plusieurs. Néanmoins, il peut également faire référence à l'opposition entre mâle et femelle chez les êtres humains, les animaux et les plantes. Cette section se concentre sur les êtres humains. Toutefois, les mondes animal et végétal incluent également de nombreux modes de reproduction qui n'ont rien à voir avec le dimorphisme sexuel, c'est-à-dire l'existence de deux sexes - mâles et femelles d'une même espèce - ayant des caractéristiques distinctes.

La culture dominante considère généralement le sexe comme binaire et l'associe aux organes génitaux. Cette idée, dénommée « essentialisme de genre », a pour la première fois été avancée

11. NdÉ - À paraître prochainement aux éditions Améthyste.

par le philosophe grec Platon avant d'être reprise par le christianisme. Fondamentalement, le sexe est considéré comme masculin ou féminin, et est attribué sur la base de nos organes génitaux à la naissance. Si nous sommes né·e·s avec un vagin, le sexe qui nous est attribué est féminin ; si nous sommes né·e·s avec un pénis, le sexe qui nous est attribué est masculin. Certains considèrent cela comme un fait inaliénable.

Toutefois, en réalité, notre sexe n'est pas uniquement déterminé par nos organes génitaux et les caractéristiques sexuelles secondaires qui apparaissent à la puberté. Il est également déterminé par nos chromosomes. Étant donné que peu de personnes font analyser leur composition chromosomique, il semble approprié de dire que le sexe qui nous est attribué à la naissance est une approximation qui s'appuie sur des caractéristiques visibles plutôt que sur une analyse objective de notre anatomie.

L'existence de **personnes intersexes** semble remettre en question l'opposition entre sexe masculin et sexe féminin. Veuillez noter que nous parlons ici toujours du sexe comme d'une dimension biologique et non comme du genre. Nous savons que cela peut porter à confusion, car la culture dominante utilise souvent ces termes de façon interchangeable.

Les individus intersexes sont des personnes qui sont nées avec des organes sexuels et/ ou reproducteurs qui ne correspondent pas au dimorphisme sexuel homme/femme. Chez certains d'entre eux, l'intersexualité est visible dès la naissance ; chez d'autres non. Il arrive même que certaines personnes intersexes ne découvrent jamais qu'elles le sont. Les personnes intersexes ne sont pas transgenres, même si certaines d'entre elles peuvent également s'identifier comme telles.

Cette distinction est importante, car les gens sont parfois déconcertés. Il arrive que les personnes intersexes soient « utilisées » comme une **« preuve » que le genre n'est pas binaire** et **pour justifier l'existence d'individus transgenres**. Nous dirions plutôt que l'existence des personnes transgenres est la preuve qu'elles existent (en effet, il s'agit d'un pléonasme - nous développerons le sujet plus tard) et que l'existence des personnes intersexes remet en cause l'idée selon laquelle le sexe - et non le genre - est un système homme/femme binaire.

Beaucoup d'activistes intersexes ont clairement expliqué en quoi ce système avait un impact différent par rapport aux personnes transgenres. Par exemple, l'histoire a montré que de nombreux bébés intersexes avaient subi des opérations chirurgicales inutiles afin qu'ils puissent grandir en ignorant qu'ils étaient intersexes et « répondre » aux attentes culturelles et sociétales. Les personnes intersexes et leurs familles ont dû mener de **nombreux combats** pour que l'on commence à mettre un terme à ces pratiques médicales oppressives et néfastes. Ces pratiques sont également ancrées dans la perception binaire du genre que nous abordons à présent.

DÉFINITION DU GENRE

Le genre peut se définir comme une **construction biopsychologique complexe**. En d'autres termes, le genre se compose d'éléments biologiques, psychologiques et sociaux qui sont liés et s'influencent mutuellement de manière complexe. Développons le sujet.

Les **aspects biologiques** du genre peuvent faire référence au mode de fonctionnement de notre cerveau, aux hormones produites par notre corps, et à la façon dont tous ces éléments interagissent. Bien entendu, ceci est un peu compliqué, car nous savons que le cerveau et les hormones réagissent à l'environnement et aux activités. Des scientifiques féministes comme **Sari van Anders** et **Cordelia Fine** ont, par exemple, montré comment nos taux d'hormones et chemins neuronaux évoluaient en fonction de nos activités et de l'environnement qui nous entoure.

Les **aspects psychologiques** font référence à la perception que nous avons de notre genre : la façon dont nous l'identifions, ce que nous ressentons quand nous portons certains vêtements, la gestuelle avec laquelle nous sommes le plus à l'aise et la manière d'envisager notre genre. Bien entendu, tous ces aspects sont liés aux aspects sociaux et biologiques.

Les **aspects sociaux** du genre concernent la façon dont celui-ci est interprété en fonction de l'époque, du lieu et de la culture. Quelles sont les attentes de notre entourage par rapport à certains genres ? Quelles sont les normes associées au genre en matière d'habillement, d'activités, de gestuelle, de fonctions sociales, etc. ? Une fois de plus et comme on pouvait s'y attendre, ces aspects sont également liés aux aspects biologiques et psychologiques.

Lorsque nous affirmons que le genre est biopsychosocial, nous voulons dire que les liens et interactions entre ces différents domaines sont complexes. Nous ne pouvons pas les envisager séparément, car ils s'influencent tous mutuellement de différentes manières.

En outre, **le sexe et le genre sont également liés**. Par exemple, si une personne se voit attribuer un certain sexe à la naissance et s'identifie à un genre que la société considère comme conforme à ce sexe, elle est qualifiée de cisgenre – c'est-à-dire que le sexe affecté à la naissance et l'identité de genre sont « du même côté » (du préfixe latin *cis*). **Si une personne s'identifie à un genre qui n'est pas conforme au sexe qui lui a été attribué à la naissance, elle est considérée comme transgenre** – c'est-à-dire que le sexe affecté à la naissance et l'identité de genre ne sont pas « du même côté », mais « au-delà » (du préfixe latin *trans*). La section 2.3 de ce chapitre aborde l'opposition entre cisgenre et transgenre plus en détail.

Le genre implique également une **opposition entre homme et femme** ; nous y reviendrons plus tard. En plus de considérer le sexe comme binaire et d'utiliser les termes « sexe » et « genre » de manière interchangeable, la culture populaire part également souvent du principe que le genre est binaire. L'existence de personnes transgenres et/ou non-binaires remet cette binarité en question. Néanmoins, l'opposition entre homme et femme ne fonctionne pas chez tout le monde, y compris chez les personnes cisgenres.

Par exemple, que veut-on dire exactement lorsque nous affirmons qu'une personne est un homme ou une femme ? Nous dirions que nous faisons référence à des normes historiques, géographiques, culturelles et sociales. Nous pourrions également faire référence à des **marqueurs biologiques**, mais ceux-ci sont toujours interprétés à travers un prisme culturel et social. Tout cela est compliqué pour au moins deux raisons. **Tout d'abord, lorsque nous parlons du genre (cette vaste construction biopsychosociale), à quoi fait-on référence lorsqu'il s'applique à un individu précis ?**

Parlons-nous :

- de son **identité de genre**, c'est-à-dire la façon dont il se perçoit ?

- de son **rôle de genre**, c'est-à-dire la façon dont il interagit avec le monde qui l'entoure en fonction des normes associées au genre ?

- de son **expression de genre**, c'est-à-dire la façon dont il manifeste son genre à travers ses vêtements, sa gestuelle, sa coupe de cheveux, etc. ?

- de son **expérience de genre**, c'est-à-dire la façon dont il se fraie un chemin dans le monde en raison de son genre ?

La seconde raison pour laquelle cela est compliqué, c'est que le genre est indissociable d'autres expériences et catégories d'identités telles que l'origine ethnique, le handicap, la sexualité, la classe sociale, l'âge, la citoyenneté, la religion ou la spiritualité (voir chapitre 4). Notre genre interagit avec tous ces autres aspects de notre personnalité, aussi bien sur le plan individuel que collectif.

Les personnes extérieures n'attribuent pas uniquement un genre à notre corps ; elles le racialisent également de manière spécifique. Par exemple, l'expérience des femmes blanches est différente de celle des femmes asiatiques. La culture occidentale dominante perçoit souvent ces dernières comme soumises, à la fois innocentes et sexuellement hyperactives. C'est ainsi qu'elles sont représentées dans les films, les séries télévisées et les livres en raison de leur genre et de leur condition raciale.

Par conséquent, comme nous le verrons ci-après, la simple opposition entre homme et femme ne suffit pas à identifier les multitudes d'identités, rôles, expressions et expériences d'un individu. Avant de poursuivre, accordons-nous un moment pour réfléchir un peu plus au genre.

EXERCICE DE RÉFLEXION : LES NOMBREUX ASPECTS DU GENRE

Au cours des prochains jours, observez à quel point le genre est partout. Soyez attentif·ve aux livres, aux chansons, aux personnages de films et de séries télévisées, aux publicités, aux magazines et aux réseaux sociaux, par exemple. Si vous le souhaitez, vous pouvez prendre des notes au fil de vos observations. Prenez le temps d'observer les interactions genrées et les circonstances dans lesquelles un langage sexospécifique est utilisé. Par exemple, notez si quelqu'un s'adresse à une personne en l'appelant « madame » ou « monsieur », ou parle de sa fille ou de son petit ami. Voyez si une personne tient la porte ouverte pour quelqu'un d'autre, soyez attentif·ve à la personne à qui le serveur remet l'addition au restaurant quand il y a plusieurs adultes à table. Dans les magasins et la publicité, voyez si certains objets sont organisés et/ou commercialisés en fonction du genre. Une fois que vous avez terminé, prenez le temps de réfléchir à vos observations sur le genre et voyez si elles se rapportent à l'identité, à l'expérience, au rôle ou aux expériences d'une personne, s'il s'agit d'attentes culturelles et sociales ou d'une combinaison de plusieurs aspects. Accordez-vous du temps pour déterminer si d'autres facteurs entrent en jeu, par exemple l'âge, la classe sociale, le handicap, la condition raciale, l'ethnie, la sexualité, etc. Nous vous invitons à réaliser cet exercice en faisant preuve de curiosité et de bienveillance, et en ne portant aucun jugement sur vous-même ni autrui. Une fois cet exercice terminé, voyez ce que ces enseignements pourraient changer dans votre vie à l'avenir.

2.2 LES GENRES NON-BINAIRES

Nous – auteur·e·s de ce livre – sommes non-binaires. Qu'est-ce que cela signifie ?

Le terme « non-binaire » est un terme générique utilisé pour désigner toutes les expressions, identités et expériences de genre qui n'entrent pas dans le système de genre binaire décrit à la section précédente.

Certaines personnes préfèrent les termes génériques NB, *enby* (nom formé à partir des initiales de « non-binaire », prononcées à voix haute en anglais – N. B.) ou *gender queer* car elles ne souhaitent pas être désignées par ce qu'elles ne sont pas. D'autres préfèrent des termes plus spécifiques ou n'utilisent aucune étiquette.

Dans le cas présent, nous utiliserons le terme « non-binaire», car c'est celui qui semble le plus usité à l'heure actuelle. Néanmoins, nous resterons attentif·ve·s à ses limites, tout comme nous l'avons été avec la bisexualité au chapitre précédent. Une bonne façon de se détacher de la pensée binaire consiste à se demander quelles sont les nouvelles perspectives qu'offrent ces termes *ainsi que* les limites qu'ils présentent, plutôt que de les accepter ou les rejeter dans leur intégralité sans recul critique. Nous reviendrons souvent à la pensée non binaire tout au long de cet ouvrage.

Comme indiqué précédemment, la culture occidentale a tendance à catégoriser les individus comme des hommes ou des femmes avant leur naissance – quand le médecin annonce « c'est une fille » ou « c'est un garçon ». Cela signifie que les personnes non-binaires sont également transgenres : elles n'ont pas conservé le sexe/genre qui leur a été attribué à la naissance. Toutefois, toutes les personnes non-binaires **ne s'identifient pas comme transgenres**. Certaines associent le fait d'être trans à des interventions médicales qu'elles choisissent ou non de subir (comme c'est le cas de certains hommes et femmes transgenres). Certaines ne s'identifient pas comme trans, car elles remettent également en question l'opposition entre cisgenre et transgenre (abordée ci-après) ou considèrent qu'il serait trop risqué de se présenter comme telles, entre autres raisons.

PISTE DE RÉFLEXION

LA NON-BINARITÉ

Comment vous situez-vous par rapport au genre non-binaire ? Votre identité, expression ou expérience de genre comporte-t-elle certains aspects qui semblent plus proches d'un autre genre que celui que les gens ont tendance à vous attribuer ? Si tel est le cas, quels mots utiliseriez-vous pour vous décrire ? Quels sont vos sentiments à ce sujet ?

LE TERME GÉNÉRIQUE « NON-BINAIRE »

Comme les catégories « homme » et « femme », la catégorie « non-binaire » englobe de nombreuses manières différentes d'identifier, d'exprimer ou de vivre le genre. Voici comment nous, auteur·e·s de ce livre, l'interprétons.

INTERPRÉTATION D'ALEX

« Mon interprétation du genre a évolué au fil du temps. À un moment donné, je m'identifiais comme *gender queer*. Néanmoins, quand l'usage du terme "non-binaire" s'est répandu, j'ai trouvé que celui-ci me correspondait davantage. J'ai le sentiment que mon genre et ma sexualité sont étroitement liés. Je suis une personne queer née femme qui s'identifie comme un homme, et j'utilise à la fois les pronoms "il" et "iel". Je sais que cela peut paraître compliqué mais, globalement, j'imagine que si j'étais né·e comme un garçon cisgenre, je me serais présenté·e comme un homme féminin et aurais surtout été gay (tout en étant toujours probablement attiré·e par les personnes masculines de tous genres). Certaines de mes expressions de genre et une grande partie de ma gestuelle sont plus féminines que masculines, mais j'aime également me présenter comme masculin·e dans ma vie de tous les jours, car cela me ressemble davantage. Quand je m'identifiais et me présentais comme une "fille" (et plus tard comme une "femme"), cela ne me ressemblait pas. Le terme "non-binaire" a du sens, car tous ces aspects de ma personnalité n'entrent pas dans une case binaire bien précise. »

INTERPRÉTATION DE MJ

> « Pour moi, le fait d'être non-binaire consiste à exprimer les différents aspects de ma personnalité qui sont différemment genrés. J'aime le pronom "iel" car il est neutre. Je me considère comme relativement pluriel·le. Le fait d'être non-binaire me permet de manifester les côtés plus masculins de ma personnalité que l'on me dissuadait d'exprimer quand j'étais plus jeune. Une chose est certaine : mon genre évolue constamment. Au fur et à mesure que j'apprends à connaître et intégrer ces différents aspects de ma personnalité, le "moi" global change et évolue de façon palpitante – et parfois éprouvante. »

Bien entendu, l'expérience en tant que personne non-binaire d'autrui est totalement différente de la nôtre. Voyons comment certain·e·s la perçoivent.

EXPÉRIENCES DIVERSES

GENRES NON-BINAIRES

- « J'AI L'IMPRESSION QUE MON GENRE SE SITUE À MI-CHEMIN ENTRE MASCULIN ET FÉMININ. J'imagine que je pourrais utiliser le terme "androgyne", mais les gens l'associent souvent à des personnes blanches maigrichonnes, alors que je suis une personne noire, grassouillette et fière. Par conséquent, il ne me correspond pas très bien. Je suis du genre "moi". »

- « JE DIRAIS QUE JE SUIS UN DEMI-GARÇON. J'ai l'impression d'être à moitié masculin·e, mais le genre ne s'exprime pas beaucoup chez moi ; il est plutôt muet. »

- « J'UTILISE LE MOT "BIGENRE". En d'autres termes, à certains moments je me sens homme, à d'autres femme. Je porte des vêtements et des accessoires différents en fonction de la façon dont je me sens. Certain·e·s de mes ami·e·s savent aussi utiliser des mots différents pour me désigner, ce qui m'aide vraiment. Le terme "*genderfluid*" est également adapté à ma personnalité. »

- « **EN TANT QUE PERSONNE BISPIRITUELLE, MON GENRE SE DISTINGUE DE LA FÉMINITÉ OU DE LA MASCULINITÉ** ; je peux retracer son histoire à travers les générations de ma communauté autochtone. Cependant, la bispiritualité ne concerne pas uniquement le genre. Elle englobe à la fois ce que vous pourriez appeler le genre, la sexualité et la spiritualité. »

- « **JE SUIS AGENRE**, ce qui signifie que je n'ai aucun genre. Je déteste que les gens me disent que tout le monde a un genre. Je ne me considère aucunement comme genré·e. »

- « **JE SUIS UNE LESBIENNE FÉMININE.** Les gens ont souvent du mal à considérer cela comme un genre non-binaire, notamment parce que je suis née femme. Néanmoins, pour moi, l'idée est de montrer que le genre est une manière d'être. J'aime également le mot "*gender queer*", car il exprime à quel point le genre est un sujet politique et personnel pour moi. »

Par conséquent, si vous entrez dans la catégorie non-binaire, vous avez probablement beaucoup de choses en commun avec d'autres personnes non-binaires, mais aussi beaucoup de différences par rapport à elles. Une nouvelle fois, il s'agit d'une question d'inclusion (l'un *et* l'autre) – les personnes non-binaires ne sont pas *soit* toutes les mêmes, *soit* totalement différentes les unes des autres. Il est important de bien le comprendre, car cela nous évite d'essayer d'établir une distinction entre les personnes « vraiment » non-binaires et celles qui ne le sont pas. La section suivante s'intéresse à cette hiérarchie chez les personnes queers et transgenres.

Lorsque nous discutons avec d'autres personnes non-binaires, nous sommes souvent frappé·e·s par le fait que la plupart d'entre nous ont certaines expériences en commun :

- **interprétation erronée de notre genre au quotidien** (genre perçu ne correspondant pas à la façon dont nous nous percevons) ;
- **moments de dysphorie et/ou d'euphorie de genre** (lorsque nous éprouvons le sentiment négatif que notre corps et nos expériences ne correspondent pas à la façon dont nous nous percevons, ou le sentiment positif qu'ils sont en adéquation) ;
- **impact extrêmement positif quand les autres nous perçoivent tel·le·s que nous nous percevons ou quand le monde qui nous entoure tient compte de notre non-binarité** (toilettes « neutres » ou annonces non genrées dans le train, par exemple).

Nous sommes également frappé·e·s par les nombreuses façons dont nous vivons, identifions et exprimons notre genre. Citons quelques exemples.

- Pour certain·e·s d'entre nous, il est fondamental de procéder à des **modifications physiques** de façon à ce que notre aspect extérieur corresponde à ce que nous ressentons à l'intérieur ; d'autres, au contraire, ne trouvent pas cela important ou ne cherchent pas délibérément à opérer de tels changements.

- Certain·e·s d'entre nous **veulent être perçu·e·s** d'une certaine manière par les autres, tandis que d'autres veulent que les gens aient **du mal à identifier** leur genre.

- Nous sommes tou·te·s issu·e·s d'**horizons différents** et prenons des **chemins différents**, ce qui signifie que nous n'avons pas tou·te·s le même rapport à la féminité, à la masculinité et à la non-binarité.

Ces différences montrent à quel point les autres identités et aspects de notre vie peuvent être tout aussi importants - voire plus - que le genre, et à quel point ils sont liés de manière complexe et indissociable au genre. Par exemple, notre condition raciale, notre origine ethnique, notre classe sociale, notre culture, notre religion et le lieu où nous avons grandi ouvrent et limitent les possibilités en matière de genre, ce qui peut avoir une incidence sur la façon dont nous le vivons au quotidien (voir chapitre 4).

LE MOUVEMENT NON-BINAIRE

Le mouvement - ou communauté - non-binaire est relativement récent par rapport à d'autres mouvements de genre ou de sexualité. Néanmoins, maintenant qu'il existe, il évolue rapidement. Il est même possible qu'il ait évolué entre le moment où nous rédigeons ces lignes et celui où vous les lisez. Bien entendu, il est également plus diversifié qu'uniforme car, en réalité, il existe de nombreux groupes en ligne, collectifs activistes, milieux communautaires... non-binaires différents, tous pouvant se compléter, se recouper ou opérer plus ou moins séparément.

Dans des pays comme le Royaume-Uni et les États-Unis, le fait de pouvoir s'identifier comme non-binaire est relativement récent. Néanmoins, cela n'est toujours pas possible sur de nombreux documents officiels et dans beaucoup de lieux publics. L'activiste non-binaire **Nat Titman** a analysé tous les sondages britanniques où les personnes interrogées pouvaient s'identifier autrement que comme un « homme » ou une « femme ». Iel a découvert que **1 personne sur 250 s'identifiait comme « autre » quand elle en avait la possibilité**[12]. Toutefois, **Daphna Joel** et ses collègues ont découvert que plus d'un tiers de la population se considérait - dans une certaine mesure - comme faisant partie de « l'autre genre », des « deux genres » ou d'« aucun genre »[13]. **Par conséquent, la proportion de personnes non-binaires se situe quelque part entre 0,4 et 35 % !** Ces chiffres sont assez similaires à ceux mentionnés dans

12. https://practicalandrogyny.com/2014/12/16/how-many-people-in-the-uk-are-nonbinary/
13. JOEL (Daphna), TARRASCH (Ricardo), BERMAN (Zohar), MUKAMEL (Maya) et ZIV (Effi), « Queering Gender: Studying Gender Identity in 'Normative' Individuals », *Psychology and Sexuality*, 5 (4), 2014, p. 291-321.

le précédent chapitre concernant les personnes qui *s'identifient* comme bisexuelles et celles qui *ressentent* de l'attirance pour plusieurs genres.

À l'heure actuelle, le fait d'être une personne non-binaire dans un pays occidental n'est ni une bonne ni une mauvaise expérience. Il existe certains mouvements visant à reconnaître les genres au-delà du système binaire et à **accorder légalement des droits et des protections** aux personnes non-binaires. Dans le même temps, il existe un mouvement au moins tout aussi puissant visant à maintenir le système de genre binaire solidement ancré. Sur le plan positif, la version anglophone de Facebook, par exemple, propose désormais cinquante-deux options en matière d'identité de genre. En 2016, le magazine *National Geographic* a publié un article sur la **« révolution du genre »** qui abordait le sujet de manière très sérieuse. La série télévisée *Billions* met également en scène un personnage non-binaire interprété par un·e acteur·rice s'identifiant comme tel·le. En outre, plusieurs enseignes ont cessé de genrer les jouets et vêtements qu'elles vendent dans leurs magasins.

D'un autre côté, nous faisons l'objet de **« débats » médiatiques sans fin** concernant l'existence même des genres non-binaires. Les associations d'aide aux personnes transgenres et non-binaires sont régulièrement prises pour cible, et la polémique autour de la création de toilettes « neutres » fait rage. Par ailleurs, les vidéos et fêtes de « révélation du genre » sont de plus en plus fréquentes, et ce, malgré un cantonnement apparent des enfants dans un système de genre binaire dès leur plus jeune âge. Les parents qui n'attribuent aucun genre à leur enfant dès leur naissance ont tendance à être attaqués et accusés de maltraitance. **La plupart des pays ne reconnaissent pas légalement les genres non-binaires.**

L'INSTANT pause

Ouf, tout ça fait beaucoup d'informations ! Faisons une pause, OK ?

Utilisons notre respiration pour émettre un son. Nous aimerions vous inviter à « vrombir ».

Prenez le temps de vous installer confortablement, assis·e ou debout, les genoux détendus. L'idée est d'inspirer profondément, comme si vous aspiriez le souffle de la Terre, puis d'émettre un vrombissement aussi longtemps que possible en expirant.

Si vous tombez à court de voix avant la fin de votre expiration, continuez à expirer jusqu'à ce que vous deviez inspirer à nouveau. Répétez ce mouvement deux à trois fois.

Le son doit être semblable à celui d'une corne de brume afin que des vibrations résonnent dans votre corps. Il ne doit pas nécessairement être plaisant !

Une fois que vous avez terminé, notez ce que vous ressentez.

Vous sentez-vous pareil·le ou différent·e ? L'expérience a-t-elle été agréable, désagréable ou neutre ? Ensuite, une fois que vous serez prêt·e, poursuivez votre lecture.

2.3 AU-DELÀ DE L'OPPOSITION ENTRE CISGENRE ET TRANSGENRE

Les genres non-binaires semblent perturber aussi bien les personnes transgenres que cisgenres. En fait, ils mettent à mal le système binaire cisgenre/transgenre à bien des égards. **Si, comme nous le verrons ci-après, la distinction entre cisgenre et transgenre n'est pas simple à établir, qu'advient-il du système binaire cisgenre/transgenre ?** C'est là l'objet de cette section.

D'une certaine manière, la distinction entre cisgenre et transgenre semble simple : d'un côté nous avons les personnes dont le sexe qui leur a été attribué à la naissance correspond à leur identité de genre, c'est-à-dire les personnes cisgenres ; de l'autre, nous avons celles dont le sexe qui leur a été affecté à la naissance ne correspond pas à leur identité de genre, à savoir les personnes transgenres. Les deux catégories incluent plusieurs expressions, rôles et expériences de genre, mais les deux termes génériques semblent relativement clairs, n'est-ce pas ? À ce stade, vous avez peut-être remarqué que pour nous, **rien de tout cela n'est si simple ni si binaire !** Voyons cela de plus près.

LE DISCOURS DOMINANT DU/DE LA « VRAI·E TRANSSEXUEL·LE »

Historiquement, l'opposition entre cisgenre et transgenre semble en partie être issue de la façon dont le corps médical a longtemps traité les personnes transgenres. Sachant que la culture occidentale dominante n'a pas toujours considéré la transidentité comme faisant partie intégrante des identités de genre de l'être humain, plusieurs chercheurs et médecins ont entrepris de faire en sorte que les personnes transgenres qui ne pouvaient pas « changer » d'identité puissent au minimum ressembler autant que possible aux personnes cisgenres.

Le fait de modifier le corps, le nom, l'apparence et le statut juridique d'une personne transgenre semblait être la seule solution « logique » pour les professionnels de santé ainsi que pour beaucoup de personnes concernées. Il ne semblait simplement pas y avoir d'alternatives plausibles si les personnes transgenres souhaitaient plus ou moins se fondre dans la société dominante.

Cependant, comment les médecins s'y prenaient-ils pour distinguer les « vrai·e·s transsexuel·le·s » - qui étaient prêt·e·s à risquer leur vie dans des procédures qui, si elles sont aujourd'hui habituelles, étaient à l'époque inconnues et potentiellement mortelles - des personnes qui « jouaient » simplement avec leur genre, peut-être en raison de leur sexualité ?

C'est là l'une des origines du discours sur les « vrai·e·s transsexuel·le·s ». Maintenant, soyons clair·e·s, nous ne disons pas que la transition n'est pas nécessaire. Elle est vitale pour beaucoup d'entre nous. Les personnes transgenres ont toutes le droit d'avoir accès aux **procédures de transition**, que ce soit sur le plan juridique, médical ou social. Néanmoins, pendant plusieurs dizaines d'années, toutes devaient « prouver » qu'elles étaient de « vraies transsexuelles » si elles souhaitaient avoir accès à ces procédures.

Même si ce n'est plus le cas et si les personnes transgenres et/ou non-binaires ont plus facilement accès à ces services la plupart du temps, le discours du ou de la « vrai·e transsexuel·le » fait long feu dans les communautés transgenres et médicales, ainsi que dans la culture dominante. Par exemple, il est à l'origine de la crainte que certains professionnels et citoyens semblent nourrir à l'égard des adolescent·e·s transgenres qui accèdent aux services médicaux et des jeunes enfants qui accèdent aux procédures de transition sociale ou au blocage hormonal de puberté au stade approprié de leur développement.

Ce discours revient à dire que les personnes transgenres peuvent souvent douter d'elles-mêmes. **Sont-elles vraiment trans si elles ne souffrent pas de dysphorie en permanence ? Sont-elles vraiment « suffisamment trans » si elles ne souhaitent pas changer de nom, voire d'apparence ?** Le discours du ou de la « vrai·e transsexuel·le » établit une réelle individuation non seulement entre les personnes cisgenres et transgenres (avec une idée binaire claire de qui entre dans quelle case), mais aussi entre les personnes transgenres

- distinguant les « vrai·e·s transsexuel·le·s » des personnes « transgenres ». Bien entendu, cela crée une autre opposition entre transsexuel·le et transgenre qui, pour autant que nous le sachions, n'a jamais fait que servir à entretenir ce même système cisgenre qui nous fait tou·te·s souffrir, quelle que soit notre identité de genre.

QUI EST SUFFISAMMENT TRANSGENRE ?

Comme indiqué, beaucoup de personnes transgenres finissent par avoir l'impression qu'elles ne le sont **pas « suffisamment »** pour demander aux gens d'utiliser d'autres pronoms ou un autre prénom, ou pour accéder à des services fondamentaux. Alex, par exemple, a travaillé dans une clinique américaine spécialisée dans l'identité de genre. Iel avait l'habitude d'entendre des histoires apprises par cœur, en particulier de la part de jeunes gens qui avaient l'impression qu'ils devaient raconter le discours dominant selon lequel **ils « avaient toujours su » qu'ils « étaient nés dans le mauvais corps »** pour pouvoir avoir accès à des services dont ils avaient désespérément besoin. En tant que personne transgenre et non-binaire, Alex était généralement en mesure de rassurer les patients en leur disant qu'ils pouvaient raconter leur expérience et qu'ils ne seraient pas « pénalisés » en se voyant refuser les services de la clinique parce qu'ils avaient fait preuve d'honnêteté.

Grâce aux nombreux témoignages de personnes qui nous ont fait part de la souffrance engendrée par leur genre (peu importe leur identité), nous savons aujourd'hui qu'**il existe autant de manières différentes d'être**

transgenre que d'être cisgenre. Néanmoins, si la société au sens large maintient le système binaire transgenre/cisgenre, elle peut également maintenir le système purement cisgenre, c'est-à-dire l'idéologie qui considère le fait d'être cisgenre comme plus « naturel et normal » que celui d'être transgenre. Le maintien de ce système comme idéologie prépondérante étaye également l'idée dominante selon laquelle la sexualité serait binaire (voir chapitre 1), c'est-à-dire gay/hétéro. En fait, cette idéologie était si prégnante que, dans certains pays, les personnes transgenres étaient - et sont parfois toujours - obligées de divorcer de leur conjoint·e du sexe opposé et d'être stérilisées pour être autorisées à subir une transition. **Si l'opposition entre cisgenre et transgenre subsiste, alors d'autres telles que gay/hétéro et homme/femme peuvent également persister dans la société dominante.** Ces oppositions préservent à leur tour une hiérarchie où les hommes hétéros cisgenres (blancs) sont au sommet, suivis des femmes hétéros cisgenres (blanches), puis des hommes gays cisgenres (blancs), etc. Le statu quo peut se maintenir sans trop de révolte.

Par conséquent, le fait d'entretenir, au sein des communautés trans, un discours selon lequel il existe une bonne façon d'être transgenre - sinon vous êtes cisgenre - favorise le même système cisgenre, colonialiste, impérialiste, raciste, patriarcal, hétéronormatif et capacitiste qui nous maintient tou·te·s dans l'oppression. Ce sujet sera abordé au chapitre 4, qui s'intéresse aux oppositions associées au corps.

PISTE DE RÉFLEXION

QUI DÉCIDE QUI EST TRANSGENRE ?

Selon vous, qu'est-ce qui définit une personne comme cisgenre ou transgenre ? Où se situe la limite à ne pas franchir ? Par exemple, si une personne aime se travestir lorsqu'elle participe à des jeux sexuels ou des soirées, peut-elle s'identifier comme transgenre ? Si ce n'est pas le cas, pourquoi ? Qui décide qui est transgenre et qui ne l'est pas ? Les personnes cisgenres ou les personnes transgenres ? S'il s'agit des personnes transgenres, certaines d'entre elles sont-elles « plus habilitées » que d'autres à déterminer qui est « suffisamment transgenre » ? Dans ce cas, quelles sont les caractéristiques des personnes transgenres qui déterminent qui peut s'identifier comme tel·le ? Si la personne qui aime se travestir souhaite s'identifier comme cisgenre, peut-elle le faire ? Qui décide si cela est approprié ou non ?

LE DISCOURS DOMINANT DES PERSONNES CISGENRES

Nous avons parlé du discours des « vrai·e·s transsexuel·le·s » et du discours selon lequel il existerait une bonne façon d'être transgenre. Néanmoins, un autre discours dominant contribue à entretenir l'opposition entre transgenre et cisgenre dans la société. D'après celui-ci, les personnes cisgenres ont toujours connu leur identité de genre et ne l'ont jamais remise en question. Les hommes cisgenres, par exemple, ne se travestissent jamais, à moins que ce ne soit pour s'amuser. Il s'agit également pour eux d'une façon de dénigrer les femmes transgenres en suggérant qu'elles sont des « hommes habillés en robe » et qu'elles sont donc peu séduisantes. De façon similaire, la société considère les femmes cisgenres qui se travestissent en homme comme peu attrayantes et les perçoit généralement comme des lesbiennes.

D'après un autre discours dominant, le genre des personnes cisgenres serait immuable, sans aucune transition ni changement légal, médical ou social au fil du temps. Les documentaires télévisés et autres médias ont tendance à dramatiser le corps et la vie des personnes transgenres en racontant notre histoire comme si nous étions les « curiosités de la semaine », ce qui revient à dire que nous devons vraiment être bizarres pour procéder à des modifications physiques et sociales. En revanche, les personnes cisgenres modifient socialement et physiquement leur genre en permanence sans que cela ne fasse de remous.

Par exemple, de nombreuses personnes cisgenres changent légalement de nom lorsqu'elles se marient, ou utilisent des surnoms plus ou moins sans rapport avec leur prénom officiel. Beaucoup d'entre elles subissent des **interventions médicales** (rhinoplastie, pose de prothèses mammaires, etc.) afin de correspondre davantage aux critères historiques, culturels et sociaux de beauté propres à leur genre. Certains hommes cisgenres atteints de gynécomastie ou de pseudogynécomastie subissent une réduction mammaire, tandis que les femmes cisgenres cherchent à réduire ou augmenter le volume de leur poitrine. Ces dernières peuvent également avoir recours au rajeunissement vaginal ainsi qu'à un large éventail d'interventions médicales pour **correspondre aux idéaux esthétiques**.

Les personnes cisgenres peuvent également prendre des **hormones** pour diverses raisons. Elles peuvent changer d'apparence, laisser pousser ou couper leurs cheveux, adopter un style vestimentaire totalement différent et modifier leur rôle de genre au fil du temps. Par exemple, un parent au foyer peut décider de diriger sa propre entreprise et d'endosser le rôle de soutien de famille. Le genre des personnes cisgenres peut également être perçu différemment en vieillissant. Beaucoup de femmes cisgenres parlent de la perte de **capital érotique** (c'est-à-dire le critère social associé au fait d'être considérée comme sexuellement attirante) en vieillissant et de son impact sur leur vie personnelle et professionnelle.

Malgré le fait que les personnes cisgenres et transgenres aient des transitions et expériences genrées en commun, l'opposition entre cisgenre et transgenre veille à ce qu'elles restent dissociées et à ce que les discours transgenres soient considérés comme « sensationnels » et « exceptionnels », contrairement aux discours cisgenres qui sont perçus comme « normaux » et « habituels ». Que se passerait-il si nous pouvions nous débarrasser – ou tout du moins remettre en question – de l'opposition entre cisgenre et transgenre ? Quelles sont les possibilités qui s'offrent à nous lorsque nous envisageons notre relation au genre comme potentiellement plus mouvante que ce que nous pensions et comme susceptible d'évoluer au fil du temps ?

Que se passerait-il si le fait de découvrir qu'une personne est trans n'était pas si terrible que cela, ou si nous cessions simplement de partir du principe que nous pouvons identifier qui est cisgenre ou transgenre sans poser de questions à l'individu concerné ? Qu'arriverait-il si nous acceptions tou·te·s que les gens puissent avoir un rapport au genre différent ? La section suivante s'intéresse à l'**opposition entre binaire et non-binaire**, et décortique les différentes manières dont les oppositions cherchent à nous **subdiviser en groupes genrés**. Toutefois, avant de poursuivre, voici quelques témoignages de personnes qui ne se sentaient pas suffisamment cisgenres ou transgenres.

EXPÉRIENCES DIVERSES

PAS… ASSEZ

- « **JE N'AI JAMAIS AIMÉ LA FAÇON DONT LES GENS ME REGARDAIENT À CAUSE DE MA POITRINE.** Je détestais avoir de gros seins, je détestais juste ça. Quand j'ai subi une réduction mammaire, c'est comme si on avait enlevé un poids de mes épaules. J'ai pu me promener sans qu'on me regarde ou, pire, qu'on essaie de m'attraper. J'ai aussi pu porter plus facilement des vêtements plus ajustés, ce que je préfère. J'ai eu l'impression que je pouvais enfin me voir de la façon dont je m'imaginais. »

- « **LORSQUE L'ON M'A DIAGNOSTIQUÉ UN CANCER DE LA PROSTATE, L'UNE DE MES PLUS GRANDES CRAINTES ÉTAIT DE NE PLUS POUVOIR AVOIR D'ÉRECTIONS.** J'ai commencé à me demander si je pourrais encore être un homme. Aujourd'hui, cela me semble idiot. Je suis juste heureux d'être en vie. J'aime ma vie avec mon épouse et mes enfants. Je n'arrive pas à croire à quel point j'accordais de l'importance à cette partie de moi auparavant. J'ai découvert qu'être un homme ne se résume pas à sa capacité à avoir des érections sans médicaments. »

- « **J'ADORE ÊTRE PÉNÉTRÉ·E.** Je n'ai jamais voulu subir de génitoplastie. Je suis un homme trans gay et j'adore mon orifice supplémentaire. Pendant longtemps, mon thérapeute n'a pas cru que j'étais trans. J'ai moi-même commencé à avoir des doutes à ce sujet. Après tout, si je ne voulais pas de pénis et si j'aimais avoir des relations sexuelles avec les hommes, pourquoi voulais-je subir une transition ? Mais je savais que je ne voulais pas uniquement avoir des rapports sexuels avec les hommes. Je voulais avoir des rapports avec eux en tant qu'homme. Ce n'est pas parce que je ne vis aucune dysphorie génitale que je ne suis pas trans. »

- « **JE N'AI JAMAIS EU MES RÈGLES ET JE N'AI PAS PU AVOIR D'ENFANTS.** Pendant longtemps, j'ai eu l'impression que je ne pourrais jamais être une « vraie femme » si je ne vivais pas ces expériences. À présent, j'ai trouvé la paix. Mais cela me fait toujours de la peine quand les gens disent que « toutes les femmes ont leurs règles » ou quand ils assimilent la féminité à la maternité. Ma féminité n'a jamais rien eu à voir avec mon incapacité à avoir des enfants. »

- « **MON ÉTAT DE SANTÉ NE ME PERMET PAS DE PRENDRE DES HORMONES NI DE SUBIR DE GÉNITOPLASTIE.** Pendant longtemps, j'ai pensé qu'il m'était impossible de vivre comme une femme trans sans ces traitements. Néanmoins, j'ai pris confiance en moi quand j'ai rencontré d'autres femmes trans qui ne prenaient pas d'hormones et n'avaient pas subi de génitoplastie. Je ne supportais pas l'idée de vivre comme un homme juste parce que mon état de santé ne me permettait que cela. Je suis une femme trans, peu importe ce que les gens disent. »

2.4 AU-DELÀ DE L'OPPOSITION ENTRE BINAIRE ET NON-BINAIRE

C'est ici que les choses se compliquent. Si nous devons remettre en question – ce qui *est* le cas – les oppositions entre gay/hétéro, homme/femme et transgenre/cisgenre, alors nous devons également, en notre âme et conscience, remettre en cause une autre opposition : celle entre les personnes binaires et les personnes non-binaires (hommes comme femmes).

Dans un monde fondé sur les modèles binaires, le problème, c'est que dès qu'une nouvelle identité (ou manière d'appréhender le soi) apparaît, celle-ci est rapidement définie par opposition à ce qu'elle n'est pas. Ce phénomène est particulièrement explicite avec le terme générique « non-binaire », c'est-à-dire un genre qui *n'est pas* binaire.

Ainsi, la bisexualité se définit par opposition à la monosexualité (voir chapitre 1), la non-monogamie par opposition à la monogamie (voir chapitre 3), et le genre non-binaire par opposition au genre binaire.

Toutefois, **toutes ces oppositions posent problème**. Pour commencer, il est difficile – voire impossible – de dresser une limite claire entre les deux groupes. Si l'on prend l'opposition entre bisexualité et monosexualité, où situe-t-on un homme qui s'identifie comme hétéro, mais qui se masturbe de temps en temps avec d'autres hommes ? Où situe-t-on la personne homosexuelle qui est parfois attirée par des célébrités d'un autre genre ? Pour parer à la **complexité**, certains s'appuient sur la façon dont les individus assument leur bisexualité : les seules personnes considérées comme bi sont celles qui le sont ouvertement. Néanmoins, cette façon de procéder occulte les nombreux privilèges et contraintes qui font qu'il est plus aisé et plus sûr pour certaines personnes de révéler leur orientation que pour d'autres.

Concernant le genre non-binaire, on sait que – même dans une culture très binaire – plus d'un tiers des personnes admettent se considérer, dans une certaine mesure, comme faisant partie de « l'autre genre », des « deux genres » ou d'« aucun genre ». Par conséquent, une fois de plus, nous ne pouvons pas simplement nous limiter aux personnes qui s'identifient comme non-binaires. Comme indiqué dans la section précédente concernant l'opposition entre transgenre et cisgenre, **de telles limites conduisent rapidement à émettre toute une série de jugements et d'hypothèses concernant qui est vraiment non-binaire et qui ne l'est pas**. Cela peut rendre les choses compliquées, par exemple pour une personne dont le seul exutoire est de se travestir dans un contexte sexuel et qui s'entend dire qu'elle n'est pas vraiment non-binaire, alors qu'il pourrait s'agir pour elle d'un premier pas sur cette voie.

Par ailleurs, comme nous l'avons vu précédemment, les règles déterminant qui « fait partie » de chaque groupe identitaire peuvent facilement s'apparenter aux **axes d'oppression de la société** – malgré le fait que le groupe en question s'oppose aux normes sociales en la matière (en l'occurrence, le genre). Ainsi, on peut voir, par exemple, que l'aspect visible du genre non-binaire a tendance à entrer dans la catégorie jeune, blanc, mince, masculin ou androgyne, à faire partie de la classe moyenne instruite et à ne pas être en situation de handicap. Il est donc plus difficile - voire non souhaitable - pour celleux qui ne font pas partie de ce groupe privilégié de révéler leur identité. Certaines personnes peuvent également avoir l'impression qu'il ne serait pas prudent pour elles de se présenter comme non-binaires.

L'OPPOSITION ENTRE FIXER DES LIMITES ET NE PAS FIXER DE LIMITES

Serait-il plus simple de décider de ne pas fixer de limites ? Toute personne qui le souhaite se présenterait alors telle qu'elle est : non-binaire, bisexuelle ou transgenre. Nous nous confrontons ici à une autre opposition problématique. Restez avec nous ; tout cela nous donne également le tournis !

Si nous créons une nouvelle opposition entre fixer des limites et ne pas fixer de limites par rapport à certaines identités, puis déclarons que la seconde option est préférable à la première, cela peut également engendrer des problèmes. Pour commencer, dans un monde qui associe le bien et le mal, le bon et le mauvais, et le normal et le contre-nature à presque tous les comportements et identités, certains groupes sont plus marginalisés et discriminés que d'autres.

Lorsque vous passez la majeure partie de votre vie à être **attaqué·e** ou **invisible**, voire les deux, il peut être très important de créer des lieux où vous êtes entouré·e de personnes qui partagent des expériences similaires, où vous pouvez vous détendre et obtenir de l'aide. C'est pour cette raison qu'il est essentiel d'avoir des lieux dédiés aux femmes, des communautés en ligne pour les personnes de couleur, des marches des fiertés pour les personnes LGBTQ+, des applications de rencontre pour personnes bi uniquement, et des lieux réservés aux personnes non-binaires lors d'événements. Toutefois, **la création de ces espaces s'accompagne de controverses quant à qui peut et ne peut pas y accéder**. Ces controverses sont en grande partie créées par les personnes les plus privilégiées, à qui ces lieux rappellent à quel point nous sommes tou·te·s impliqué·e·s dans un système qui marginalise les êtres humains. Nous nous souvenons probablement tou·te·s de ces moments où nous nous sommes senti·e·s mal à l'aise à l'idée que de tels lieux soient nécessaires. Malheureusement, beaucoup d'entre nous nient automatiquement cette nécessité par réflexe. Toutefois, certain·e·s émettent également de passables critiques à l'égard de ces lieux et des personnes qu'ils sont supposés accueillir compte tenu des difficultés à **fixer des limites précises** par rapport à ces identités et des antécédents douloureux d'exclusion (par exemple, exclusion des femmes transgenres des lieux dédiés aux femmes et des personnes bisexuelles des communautés LGB).

Ces espaces rassurants sont l'un des domaines où nous devons résister au besoin d'établir une distinction entre ce qui est bon et mauvais, et contenir les tensions inévitables liées au fait qu'ils peuvent à la fois être des lieux d'inclusion *et* d'exclusion, des lieux qui peuvent énormément aider *comme* blesser les gens. Aussi difficile que cela puisse être, nous y reviendrons au chapitre suivant.

L'une des autres difficultés liées au fait de ne « pas fixer de limites », c'est qu'**il existe de réelles différences au niveau de la vie quotidienne des personnes qui souhaitent intégrer une communauté bi ou non-binaire**. Par exemple, une femme mariée à un homme à qui il arrive d'embrasser des femmes quand elle sort et qui évite d'en parler vit différemment sa bisexualité qu'une personne qui s'affiche ouvertement comme bi au travail et fréquente des partenaires de plusieurs genres. Une personne qui ne se conforme visiblement pas au genre et réclame des installations non genrées a une expérience très différente d'une personne qui semble se conformer au genre et accepte d'utiliser les toilettes, les vestiaires... qu'elle est supposée utiliser.

Néanmoins, lorsqu'il s'agit d'individus, il convient une fois de plus de **veiller à ne pas émettre d'hypothèses binaires quant à ceux qui rencontrent le plus ou le moins de difficultés**. Il est possible que la femme en apparence « bi-curieuse » de notre premier exemple ne soit simplement pas ouvertement bi dans sa famille ou sur son lieu de travail, car elle serait exclue de sa communauté et victime de harcèlement si tel était le cas. Elle est peut-être profondément malheureuse dans son mariage et déteste tenir secret cet aspect de sa vie qui lui semble être un élément fondamental de sa personnalité. Il est possible que la personne qui semble se conformer au genre trouve insoutenable que, quoi qu'elle fasse, personne dans notre société actuelle ne considérera jamais son corps comme un corps androgyne attrayant et que chaque « passage » dans un lieu genré lui rappelle ce douloureux état de fait.

Une fois de plus, nous devons veiller à éviter les tensions lorsqu'il s'agit de choisir entre :

- **fixer des limites** pour reconnaître celleux qui sont les plus opprimé·e·s par ces oppositions culturelles (gay/hétéro, femme/homme, etc.) ; ou

- **ne pas fixer de limites** pour admettre qu'il existe de nombreuses personnes qui se situent quelque part à mi-chemin entre les extrémités, ou qui peuvent paraître se situer du côté « normatif » alors que leur expérience se situe du côté « marginalisé » (ou pourrait l'être ultérieurement si elles étaient autorisées à explorer cette possibilité).

PROBLÈMES INHÉRENTS À LA CORRÉLATION AVEC LA BINARITÉ DE GENRE

Le dernier problème avec l'opposition entre binaire et non-binaire, c'est qu'elle continue d'être corrélée avec la binarité de genre culturelle (opposition entre hommes et femmes, ou entre masculinité et féminité). La question est de savoir si vous avez le sentiment d'entrer dans ce système binaire ou non.

Comme indiqué précédemment, le souci, c'est que la binarité de genre est extrêmement problématique en soi. Par conséquent, que signifie le fait de se situer à l'intérieur ou, comme c'est le cas des personnes non-binaires, à l'extérieur de ce système – c'est-à-dire le fait de se positionner quelque part *entre* homme et femme, de présenter certains aspects des *deux* ou de se situer *au-delà*, au niveau d'un troisième genre, voire plus ?

EXERCICE DE RÉFLEXION : QUELLE BINARITÉ DE GENRE ?

Pour étayer ces propos, essayez de dresser une liste de toutes les oppositions que votre culture a tendance à associer au système binaire homme/femme. Par exemple, en Europe et aux États-Unis, les gens ont tendance à associer ce système à d'autres oppositions telles qu'un caractère rationnel/émotif, dominant/soumis et indépendant/dépendant. Ainsi, la masculinité est associée à un caractère rationnel, dominant et indépendant, tandis que la féminité est associée à un caractère émotif, soumis et dépendant. Répertoriez les exemples supplémentaires qui vous viennent à l'esprit.

Lorsque l'on examine les aspects biologiques et psychologiques, ou les différentes époques et cultures de l'humanité, nous remarquons qu'**aucun de ces éléments n'est intrinsèquement lié à notre genre**. Dans tous les domaines, les preuves montrent qu'il existe des femmes qui se situent davantage du côté « masculin », et inversement, ainsi que des communautés et cultures entières où cette réalité se vérifie. Des études psychologiques menées sur la base de précédentes recherches montrent peu de différences conséquentes au niveau des genres dans tous ces domaines. Celles qui existent sont minimes et pourraient bien être dues à la façon dont les différents genres ont appris à se comporter au sein d'une société donnée.

PISTE DE RÉFLEXION

LE POSITIONNEMENT DANS CHAQUE SYSTÈME BINAIRE

Pensez à vous-même, aux gens qui vous entourent, voire à des célébrités. Si vous créez un spectre pour chaque opposition que vous avez répertoriée, voyez-vous un homme ou une femme qui se situe davantage à l'extrémité opposée du spectre par rapport à ce que veut la convention ? Vous situez-vous, vous-même, à l'extrémité présumée de chacun de ces spectres ?

Si la binarité de genre est en réalité une longue liste d'oppositions qui s'entremêlent, et qu'il serait probablement plus utile de considérer comme des spectres que comme telles, que signifie être non-binaire ? Une personne non-binaire est-elle une personne qui se situe au milieu de tous ces spectres, ou bien s'agit-il d'une personne qui se situe davantage à l'extrémité « masculine » de certains et à l'extrémité « féminine » d'autres ? En fonction de la **signification** que l'on donne au genre à un moment donné, une personne peut très bien passer de binaire à non-binaire. Par exemple, vous pouvez être binaire sur le plan rationnel/émotionnel si le sexe masculin vous a été attribué à la naissance et si vous agissez plus rationnellement qu'émotionnellement. Toutefois, vous pouvez être non-binaire sur le plan dominant/soumis si vous présentez les deux traits de caractère ou vous comportez de façon plus dominante dans certaines situations et de manière plus soumise dans d'autres.

Cela commence à ressembler à la critique émise à l'encontre de toute personne s'identifiant comme non-binaire : si le genre est une **construction sociale**, qui peut donc facilement être *déconstruite*, pourquoi prendre position en faveur de la non-binarité plutôt que de se considérer tel qu'on est, c'est-à-dire comme un homme ou une femme, et de critiquer ce **système de genre hiérarchique et répugnant** ?

Voici un élément de réponse : étant donné que les normes culturelles en matière de genre sont une construction sociale, la même critique pourrait être émise à l'égard de toute personne revendiquant n'importe quelle identité de genre. Il n'y a aucune raison de critiquer *davantage* les personnes non-binaires que les hommes et les femmes parce qu'elles maintiennent le système de genre. À titre de comparaison, il n'y a également aucune raison de critiquer davantage les personnes transgenres qui se conforment – ou non – aux normes en matière de genre que les personnes cisgenres qui se comportent de la même façon.

ON NE PEUT PAS ÉCHAPPER À SA CULTURE

Comme l'indique la spécialiste du genre **Ros Gill**, **on ne peut jamais totalement échapper à sa culture**. Nous reconnaissons les failles du système de genre : la façon dont il est ancré dans des systèmes binaires hiérarchiques et problématiques, et dont il peut revêtir plusieurs significations à la fois, aucune n'étant fondée sur des éléments biologiques ou culturels universels. Dans le même temps, nous avons grandi dans ce système qui est omniprésent. En d'autres termes, nous devons tou·te·s nous situer quelque part par rapport à ce dernier. Si nous n'agissons pas de la sorte, nous courrons le risque d'être **incompris·e·s** par notre entourage, et par nous-mêmes, ce qui rendrait notre vie quotidienne difficile, voire impossible.

Il suffit de se rappeler les difficultés rencontrées par les personnes qui ont essayé de se situer en dehors des systèmes binaires culturels gay/hétéro et homme/femme.

Quand le plongeur Tom Daley a publiquement déclaré qu'il était attiré par les hommes et les femmes, sans s'attribuer d'étiquette, les médias traditionnels l'ont rapidement qualifié de gay, tandis que, sur les réseaux sociaux, la majorité des utilisateurs ont refusé de considérer son attirance pour les femmes comme réelle.

Par ailleurs, quand des personnalités non-binaires comme **Owl Fisher** et **Travis Alabanza** apparaissent à la télévision ou dans la presse, les gens ont tendance à vouloir les ranger dans la case « homme » ou « femme ».

Il est difficile de demander à une personne de se détacher complètement de la façon dont notre culture envisage le genre et la sexualité. Comment le pourrions-nous ? Le mieux que nous puissions faire pour l'instant, c'est de nous **positionner de la manière qui nous semble la plus consensuelle et vivable**. Nous devons également admettre que nous avons, à n'en pas douter, des sentiments complexes en matière de genre et de sexualité. Cela étant dit, beaucoup de codes culturels - que nous les acceptions ou non - s'accompagnent probablement de leur lot de joies et de plaisirs, mais aussi de limites et de contraintes. Par exemple, même si nous critiquons les idéaux esthétiques restrictifs imposés aux femmes, nous pouvons apprécier la vision de « courbes féminines » sur notre propre corps ou celui de quelqu'un d'autre. Même si nous décrions la masculinité toxique, nous pouvons prendre plaisir à incarner « la force et le pouvoir masculins » et à nous affirmer.

Peut-être que la seule chose que nous puissions faire pour l'instant, c'est **admettre ces complexités et contenir les tensions**. Les chapitres suivants s'intéressent davantage à la façon dont nous pouvons procéder, et notamment à la manière dont nous pouvons apprécier et respecter notre expérience et celle des autres tout en gardant un œil critique sur les systèmes, structures et codes culturels qui nous limitent et nous oppriment.

RESSOURCES SUPPLÉMENTAIRES

Vous trouverez des informations supplémentaires sur la binarité de genre et le genre non-binaire dans les ouvrages suivants :

- BARKER (Meg-John) et SCHEELE (J.), *Gender: A Graphic Guide*, Icon Books, Londres, 2019.
- BARKER (Meg-John) et SCHEELE (J.), *Queer: A Graphic History*, Icon Books, Londres, 2016.
- LESTER (C.N.), *Trans Like Me*, Virago, Londres, 2017.

Pour établir un lien entre ces idées et votre genre, n'hésitez pas à consulter les ressources suivantes :

- Le podcast *Gender Stories* d'Alex (http://genderstories.buzzsprout.com/)
- BORNSTEIN (Kate), *My New Gender Workbook: A Step-by-Step Guide to Achieving World Peace through Gender Anarchy and Sex Positivity*, Routledge, Londres, 2013.
- IANTAFFI (Alex) et BARKER, (Meg-John), *How to Understand Your Gender: A Practical Guide for Exploring Who You Are*, Jessica Kingsley Publishers, Londres, 2017. (http://rewriting-the-rules.com/zines – rubrique « Gender Zine »)

Si vous souhaitez en savoir plus sur le genre, les sites Web suivants regorgent d'informations utiles :

- Gender Construction Kit (http://genderkit.org.uk/)
- Gendered Intelligence (http://genderedintelligence.co.uk/)

CHAPITRE 3

LES RELATIONS

À ce stade de notre récit, nous nous éloignons des sujets relatifs à la binarité dont vous aviez déjà probablement entendu parler auparavant. En règle générale, les gens ont plus ou moins conscience que la société considère la sexualité et le genre comme binaires, peu importe que l'on soit d'accord ou non. Néanmoins, **nous avons beaucoup moins l'habitude d'appliquer une approche non binaire à des sujets tels que les relations, l'identité, le corps, les émotions et la pensée.** Dans ces domaines, nous avons tendance à ne pas remettre en question la pensée binaire ni l'inévitable hiérarchisation qui lui est inhérente, c'est-à-dire l'idée selon laquelle une option serait « meilleure » ou plus « normale » que l'autre.

Pour commencer, ce chapitre cherche à savoir si l'amour – au même titre que le sexe et le genre – peut être perçu comme un système **structuré par des oppositions**. Si l'on prend pour point de départ ce que l'on considère généralement comme nos relations les plus intimes (à savoir nos relations sentimentales et sexuelles), nous pouvons voir que celles-ci sont sans aucun doute soumises à une approche binaire, notamment à l'opposition entre couple et célibat. Sur le plan culturel, cette opposition incite fortement les individus à s'engager et à rester dans des relations amoureuses.

Dans ce domaine, l'une des principales oppositions – qui est si souvent tenue pour acquise qu'elle reste inexplorée – est celle **entre monogamie et non-monogamie**, les relations monogames étant généralement tenues en plus haute estime – et considérées comme plus « réelles » et sérieuses – que les relations polygames. Au-delà des problématiques que soulèvent la non-monogamie et ceux qui la pratiquent ouvertement, nous nous intéresserons aux questions que se posent les personnes asexuelles et aromantiques concernant la priorité accordée aux relations romantiques et sexuelles, et la façon dont sexe et amour sont supposés aller naturellement et normalement de pair au sein d'une même relation.

Il en découlera que la principale opposition à la base de l'amour et des relations est celle entre les relations romantiques/sexuelles et toutes les autres formes de relations. La deuxième section de ce chapitre s'intéresse à la distinction que les gens ont tendance à établir entre conjoints et amis, et à la priorité accordée aux premiers plutôt qu'aux seconds. Quelle serait notre perception de l'**amour** et des **relations** si nous remettions ces oppositions en cause et envisagions de traiter nos partenaires davantage comme des amis, et inversement ? À quelles autres formes d'amour et de relations peut-on envisager d'accorder la priorité ?

Cela nous amène à l'opposition que nous avons tendance à créer entre nous-mêmes et les autres – et qui est à la base de toutes nos relations. Que se passe-t-il quand nous remettons cette distinction en question, c'est-à-dire quand nous accordons autant d'estime aux autres qu'à nous-mêmes, voire si nous remettons en cause le fait même que l'on puisse établir une distinction entre nous et autrui ? Que se passe-t-il quand nous nous interrogeons sur les raisons qui sous-tendent la division du monde entre nous et les autres, notamment en cas de conflit ? Nous aborderons ce sujet tant sur le plan individuel que collectif. Enfin, nous nous intéresserons à la notion d'intimité et à ce qui peut arriver quand nous nous offrons la possibilité d'accorder de l'importance à plusieurs types de relations. Cela fait beaucoup d'informations à traiter ; commençons donc sans tarder !

3.1 LES OPPOSITIONS AU SEIN DE NOS RELATIONS INTIMES

L'OPPOSITION ENTRE COUPLE ET CÉLIBAT

Au niveau des relations, l'une des principales oppositions distingue les personnes en couple des célibataires. **Le couple est généralement présenté comme supérieur au célibat.** Cela se vérifie dans le postulat selon lequel les personnes célibataires devraient faire des rencontres ou chercher un·e partenaire, et dans la crainte que ressentent beaucoup d'individus à l'idée de « finir seuls ».

C'est le sujet de base de célèbres comédies sentimentales comme *Nuits blanches à Seattle*, où les femmes s'entendent dire qu'elles ont plus de chances d'être tuées par un terroriste que de trouver un mari après quarante ans, ou encore *Le Journal de Bridget Jones*, où le personnage principal chante *All by Myself* en buvant du vin dans un pyjama « peu sexy » en guise de **symbole du célibat**. Les médias ne montrent que rarement les nombreux plaisirs d'une vie en solo. De la même manière, la souffrance, la vulnérabilité et, souvent, les conflits consécutifs à une longue vie à deux sont rarement illustrés, à moins que l'histoire n'implique une « séparation ».

Quel est l'impact de ces histoires de rencontres qui se terminent par « ils se marièrent et eurent beaucoup d'enfants » que l'on nous martèle à tout bout de champ, du conte de fées au film d'action ? Dans quelle mesure intériorisons-nous l'idée selon laquelle il s'agit du but vers lequel nous devrions tendre ?

La diabolisation du célibat par la société ne porte pas uniquement préjudice aux célibataires. Comme bon nombre d'oppositions mentionnées dans le présent ouvrage, elle fait également du tort aux personnes qui se trouvent à l'extrémité la plus privilégiée du spectre. En effet, les personnes en couple peuvent se sentir incapables de quitter leur partenaire en raison de la stigmatisation du célibat.

Cela peut conduire certains individus à rester dans des relations peu épanouissantes ou, pire encore, abusives. Cela peut également exercer une pression énorme sur les couples, qui ont alors une probabilité plus forte de se séparer. Lorsque des conjoints se quittent, la souffrance engendrée par la rupture peut être amplifiée ; en plus de devoir faire le deuil de la relation, les anciens partenaires doivent gérer le fait qu'ils se situent désormais du « mauvais » côté de l'opposition entre couple et célibat. Le choix entre « rester ensemble » et « rompre » limite également les possibilités de garder le contact avec ses « ex ».

Tout comme les oppositions qui existent en matière de sexualité et de genre, l'opposition entre couple et célibat occulte toutes les autres formes de relations possibles entre et au-delà de ces deux options. Les personnes célibataires polyamoureuses, par exemple, restent indépendantes tout en entretenant plusieurs relations. Il existe également de nombreux couples qui vivent séparément et trouvent que ce mode de fonctionnement leur convient. À l'inverse, d'autres vivent dans des maisons communautaires ou dans leur famille élargie. **Le fait de ne pas nous limiter au célibat et au couple nous permettrait de nous ouvrir à d'autres possibilités et de trouver à tout moment le type de relation (avec nous-mêmes et les autres) qui nous convient.**

L'OPPOSITION ENTRE MONOGAME ET NON MONOGAME

En matière de relations, nous avons beaucoup écrit sur un autre modèle binaire, à savoir l'**opposition entre monogamie et non-monogamie**. Une nouvelle fois, ce modèle a tendance à privilégier la première forme de relation par rapport à la seconde malgré le fait que les relations non monogames soient bien plus fréquentes sur la planète que les relations monogames - en termes de nombre de communautés qui pratiquent la monogamie et la non-monogamie. En outre, dans les sociétés occidentales, une minorité importante - voire une majorité - de relations prétendument monogames sont secrètement - et souvent immoralement - non monogames, du moins dans une certaine mesure.

L'extrémité monogame de cette opposition est particulièrement privilégiée. Il suffit de penser à la façon dont les médias représentent les individus attirés par plus d'une personne à la fois. Dans presque tous les cas, à commencer par des films mettant en scène de jeunes adultes comme *Twilight* ou *Hunger Games*, l'individu concerné est présenté comme **devant faire un choix** entre les deux personnes pour qui il éprouve des sentiments. Par conséquent, il peut être très difficile pour les personnes qui cherchent à s'éloigner de la monogamie de mener ouvertement une vie non monogame. Elles ne disposent d'aucuns droits ni protections juridiques et sont fortement **stigmatisées** par la société.

Une fois de plus, ce mode de pensée occulte les nombreuses manières différentes de vivre une relation au-delà du modèle binaire. Par exemple, certaines relations essentiellement monogames restent quelque peu ouvertes. Certains couples ont des interactions physiques ou flirtent avec d'autres personnes, sans néanmoins avoir de relations sexuelles avec ces dernières. Certains partenaires restent en relation étroite avec leurs ex, d'autres ont une vie sexuelle riche avec d'autres personnes en ligne, tandis que d'autres encore s'autorisent à avoir des relations sexuelles extraconjugales quand ils sont loin du domicile. Une nouvelle fois, le fait de s'éloigner du modèle binaire permet aux individus de **trouver le type et le système de relation(s) qui leur conviennent**.

EXERCICE DE RÉFLEXION : LES SPECTRES DE LA MONOGAMIE

Tout au long de cet ouvrage, nous avons vu à quel point il pouvait être utile de remplacer les oppositions par des spectres. Essayez de vous situer sur les spectres de la monogamie suivants. Le fait de représenter la monogamie/non-monogamie de cette manière présente-t-il des limites ?

SPECTRE DE L'INTIMITÉ ÉMOTIONNELLE

Monoamoureux·se - - - - - - - - - - - - **Polyamoureux·se**

Une seule relation intime sur le plan émotionnel excluant toute autre relation intime

Plusieurs relations intimes sur le plan émotionnel

SPECTRE DU CONTACT PHYSIQUE

Monosexuel·le - - - - - - - - - - - - - - - - - - **Polysexuel·le**

Une seule relation sexuelle excluant tout autre contact physique/rapport sexuel

Plusieurs relations sexuelles

L'exemple de l'opposition entre monogamie et non-monogamie nous permet de comprendre en quoi il est vain d'inverser la hiérarchie. Dans certains ouvrages sur les relations non monogames, les auteurs ont entrepris de présenter ces dernières comme plus **naturelles**, plus **normales** et **meilleures** que les relations monogames, par exemple en indiquant que la plupart des espèces animales sont non monogames, ou en présentant la non-monogamie comme fondamentalement plus éthique que la monogamie. En plus de faire courir aux personnes monogames le risque de se sentir exclues des communautés où cette hiérarchie inversée est devenue la norme, cela nous empêche d'envisager les formes de non-monogamie prédominantes avec un œil critique. Ces dernières années, les communautés polyamoureuses et libres se sont vues contraintes d'examiner les **nouvelles normes et formes d'exclusion** qui s'étaient développées en leur sein : recherche d'une personne bisexuelle en vue de trouver la personne idéale pour former un ménage à trois, insistance pour que de nouveaux partenaires rejoignent un polycule[14] ou pratiquent la non-monogamie d'une certaine façon, etc. Elles sont également **critiquées** pour ne pas remettre en question d'autres oppositions culturelles au-delà du modèle binaire monogamie/non-monogamie, par exemple celles qui privilégient les individus blancs de la classe moyenne, la binarité de genre, l'opposition entre les relations amoureuses et d'autres types de relations.

14. NdT – Un polycule se définit comme l'ensemble des personnes liées par une relation, habituellement romantique et/ou sexuelle, avec un ou plusieurs membres d'un groupe polyamoureux.

L'OPPOSITION ENTRE RELATIONS ROMANTIQUES ET RELATIONS SEXUELLES

Parmi les relations monogames, non monogames et celles qui se situent quelque part entre les deux, il existe un autre modèle binaire qui privilégie les relations romantiques aux relations purement sexuelles. C'est cette **approche qui tend à percevoir le polyamour comme « supérieur » à l'échangisme, par exemple, ou à mépriser les relations sexuelles avec des partenaires « occasionnel·le·s » et à stigmatiser les travailleur·se·s du sexe et leurs client·e·s**. Cette opposition conduit souvent à considérer les relations davantage axées sur le sexe comme « jetables » : celles-ci sont délaissées par les personnes monogames quand elles s'engagent dans une relation romantique, ou considérées comme « secondaires » dans les communautés non monogames.

Les personnes **asexuelles *(ace)*** et **aromantiques** ont réussi à remettre en cause le principe à la base de ce modèle binaire, à savoir qu'il est préférable de satisfaire ses besoins et désirs sexuels et romantiques au sein d'une même relation – et même nécessaire d'éprouver ces besoins. Beaucoup de personnes asexuelles entretiennent des relations intimes qui ne sont pas sexuelles, mais qui peuvent être romantiques – ou non. De manière similaire, beaucoup de personnes aromantiques entretiennent des relations intimes qui ne sont pas romantiques, mais qui peuvent être sexuelles – ou non. Les témoignages suivants illustrent la diversité des modes de relations.

EXPÉRIENCES DIVERSES

DIVERSITÉ DES MODES DE RELATIONS ASEXUELLES, SEXUELLES, AROMANTIQUES ET ROMANTIQUES

- « **JE SUIS *ACE*.** Pour moi, cela signifie que je ne ressens aucune attirance sexuelle. J'ai un·e partenaire romantique. Nous exprimons notre amour par le biais de câlins et de mots doux. Nous dormons ensemble, mais sans jamais avoir de rapports sexuels. »

- « **EN TANT QUE PERSONNE AROMANTIQUE, JE NE RESSENS AUCUNE ATTIRANCE SENTIMENTALE.** J'éprouve néanmoins de l'attirance sexuelle. Il peut être difficile de faire comprendre à mes partenaires que ce n'est pas parce que nous avons des rapports sexuels que notre relation deviendra un jour romantique, que nous emménagerons ensemble, ou un truc dans le genre. »

- « **JE SUIS DEMISEXUEL·LE, CE QUI SIGNIFIE QUE JE NE RESSENS DE L'ATTIRANCE SEXUELLE QUE POUR LES PERSONNES AVEC QUI J'AI UN LIEN ÉMOTIONNEL ÉTROIT.** Je suis également polyamoureux·se. Pour le moment, j'ai des rapports sexuels avec deux personnes : l'une est man partenaire et l'autre un·e ami·e proche. Je suis surtout homoromantique ; ces deux personnes sont donc du même genre que moi. »

- « **JE ME QUALIFIERAIS DE GRAY-ASEXUEL·LE, QUELQUE PART ENTRE ASEXUEL·LE ET ALLOSEXUEL·LE.** Il m'arrive de ressentir vaguement de l'attirance sexuelle, mais cela est rare et je peux passer de longues périodes sans en éprouver. Généralement, je préfère le sexe en solo au sexe avec d'autres personnes. »

- « **J'ENTRETIENS DES RELATIONS QUEERPLATONIQUES** : je noue des liens très étroits avec d'autres personnes queers qui n'adhèrent pas aux idéaux culturels en matière de relations romantiques. Nous ne considérons pas que nous nous appartenons mutuellement. Néanmoins, nous prenons des engagements très forts et ce que nous percevons comme romantique n'a pas grand-chose à voir avec le romantisme d'un jour de Saint-Valentin ! »

Cela nous aide à remettre en question l'idée selon laquelle les relations les plus importantes à nos yeux sont nécessairement les relations romantiques/sexuelles et qu'une seule et même relation devrait être en mesure de nous apporter sexe, intimité, sentiments, etc. La section suivante aborde ce sujet de manière plus détaillée.

3.2 LES PARTENAIRES ET LE SOI PAR OPPOSITION AUX AMI·E·S ET AUX AUTRES

L'OPPOSITION ENTRE PARTENAIRE ET AMI·E

En matière d'amour et de relations, l'un des modèles binaires dominants est peut-être celui qui privilégie les partenaires aux ami·e·s. Cela se reflète dans des expressions telles que « juste des ami·e·s », « plus que des ami·e·s » ou encore l'anglicisme « *friend zone*[15] », tous suggérant que **le fait d'être ami·e·s est moins important - et moins souhaitable - que d'être en couple avec une personne**. Ce mode de pensée signifie que nous pouvons souvent négliger nos ami·e·s quand nous nous engageons dans une nouvelle relation, en espérant qu'ils ou elles nous pardonneront. Dans la phrase qui précède, veuillez noter que le mot « relation » exclut les relations bien réelles que nous entretenons avec nos ami·e·s.

15. NdT - La *friend zone* (littéralement « zone amicale ») est un anglicisme qui désigne une situation sociale où une personne désire avoir une relation amoureuse et/ou sexuelle avec une personne qui ne souhaite entretenir qu'une relation amicale. Les deux personnes entretiennent alors une relation platonique.

Comme les modèles binaires que nous avons abordés dans la section précédente, l'opposition entre partenaire et ami·e place l'amour de couple, monogame, romantique, sexuel et entre partenaires **au sommet de l'expérience humaine**. Tout comme les oppositions relatives au genre et à la sexualité, c'est là une façon récente et propre à la société occidentale d'envisager les relations. Ce n'est certainement pas la manière dont les relations sont vécues dans le monde – ou l'ont été à travers les époques. Ces dernières années, les anarchistes relationnels, notamment, ont fortement **remis en cause** ce modèle consistant à privilégier une relation romantique à toutes les autres formes de relations.

Ce type de hiérarchie binaire fait peser beaucoup de **pression sur la relation amoureuse**, celle-ci devant satisfaire tous nos besoins et désirs – souvent contradictoires. Il conduit souvent les gens à quitter rapidement une relation car aucune ne peut jamais répondre à leurs attentes. Ces derniers se retrouvent alors blessés par les ruptures successives. À l'inverse, cela pousse souvent les gens à rester coincés dans des relations qui leur sont nocives. Cette toxicité est due à la pression d'être en couple, mais aussi au fait qu'il est impensable de remettre en cause ces modèles binaires.

La solution ne consiste pas à remplacer un type d'amour par un autre au sommet des relations humaines. Par exemple, ces dernières années, nous avons assisté à une tendance visant à remplacer la relation entre partenaires par la relation entre parent et enfant au sommet de la hiérarchie, cette dernière étant perçue comme un type d'amour plus **véritable, durable et inconditionnel**. Tout comme les relations entre partenaires, cela risque de reléguer au second plan d'autres relations importantes dans nos vies et de mettre trop de pression sur les relations parent-enfant. Par exemple, les enfants pourraient avoir l'impression de devoir vivre la vie dont leurs parents ont rêvé pour eux, et les parents pourraient penser que leur **identité** se limite à leur parentalité. Nous rencontrerions des problèmes similaires si nous placions, par exemple, une relation entre meilleur·e·s ami·e·s, une relation de travail ou encore un groupe polyamoureux ou un polycule au sommet de la hiérarchie. **Dans l'ensemble, une approche hiérarchique ne semble tout simplement pas adaptée aux relations.**

Il faut remonter à la **Grèce antique** pour trouver une manière appropriée de remettre en cause cette approche binaire et hiérarchique. Les Grecs avaient imaginé sept formes d'amour différentes (représentées par le schéma 3.1) auxquelles nous pourrions vouloir accorder une place dans nos vies. En observant ce schéma, vous considérerez peut-être que nous devons ajouter une forme d'amour supplémentaire compte tenu de l'expérience des personnes aromantiques et asexuelles qui nous enseigne que les relations romantiques et sexuelles ne vont pas nécessairement de pair.

SCHÉMA 3.1 : TERMES DÉSIGNANT L'AMOUR DANS LA GRÈCE ANTIQUE

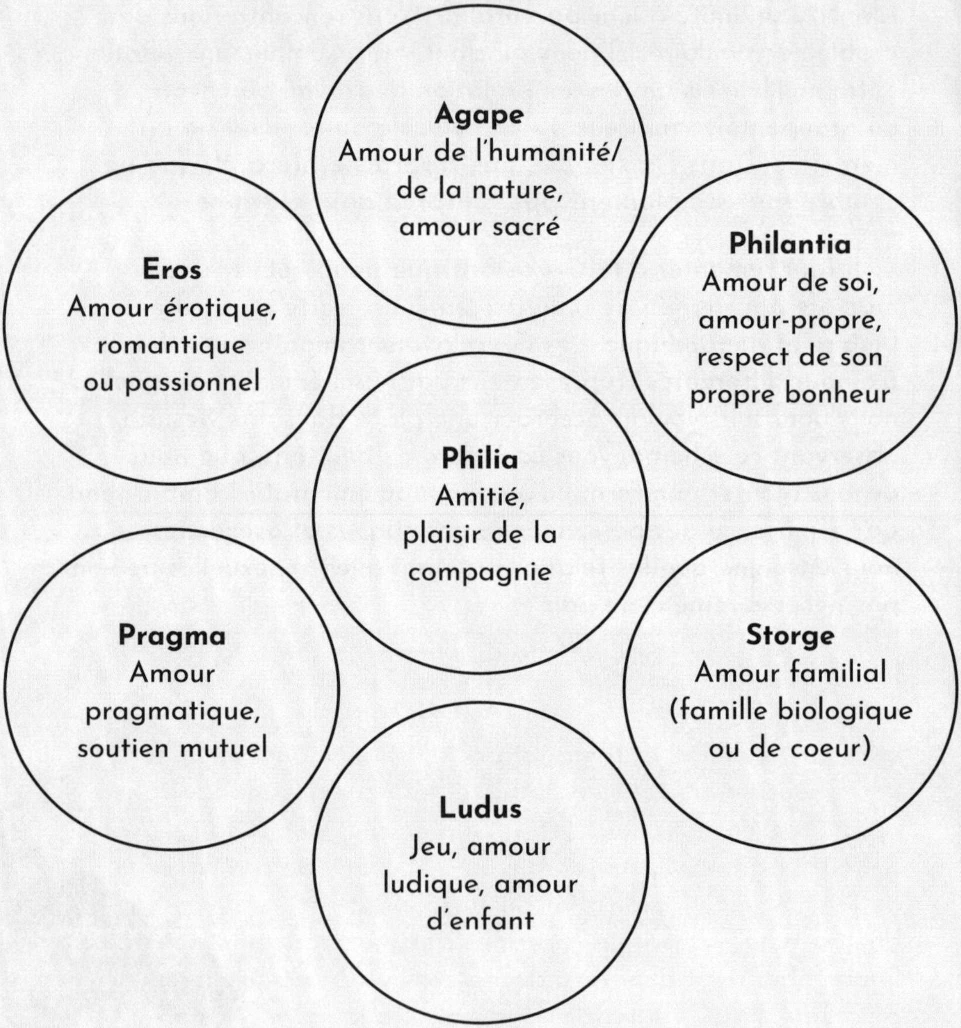

EXERCICE DE RÉFLEXION : LES DIFFÉRENTS TYPES D'AMOUR

Pensez à ces différents types d'amour. Aimeriez-vous en ajouter d'autres ou en supprimer certains que vous ne considérez pas comme pertinents ? Une fois que vous aurez dressé une liste qui vous convient, demandez-vous si – et à quels moments – ces formes d'amour s'expriment dans votre vie. Certaines vous paraissent-elles plus ou moins importantes que d'autres ?

Le fait d'envisager les diverses formes d'amour de cette manière nous permet de reconnaître l'importance des différents types de relations dans notre vie. C'est là pour nous, auteur·e·s de ce livre, quelque chose de très important compte tenu des liens étroits que nous entretenons. Nous avons tou·te·s deux l'impression que notre relation est aussi importante que nos relations sexuelles et romantiques. L'**intimité** qui s'est créée entre nous en écrivant ensemble et en nous passionnant pour certains sujets est unique et aussi précieuse que le fait d'avoir des rapports sexuels ensemble ou d'être attiré·e par le corps de l'autre, par exemple. Par ailleurs, le fait de **créer ensemble** quelque chose que nous n'aurions pas pu créer seul·e·s et de le partager avec d'autres est une expérience particulièrement puissante. Nous admettons également que notre relation a évolué depuis que nous nous sommes rencontré·e·s il y a quinze ans. Si nous n'avions pas accordé du temps à notre relation, ce livre n'existerait pas – du moins pas sous ce format !

Dès lors que nous remettons en question la **priorité** accordée aux relations avec nos partenaires, nous nous offrons la possibilité de réfléchir à la valeur d'autres formes de relations, y compris avec nos ami·e·s, notre famille (biologique et de cœur), nos voisins et nos collègues. Au-delà de nos relations avec des individus, nous pouvons également **nouer des liens avec un groupe, une communauté ou un réseau**. Nous pouvons également nous demander si nos relations doivent se limiter aux êtres humains. Qu'en est-il des liens étroits que de nombreuses personnes nouent avec leurs animaux de compagnie ? Qu'en est-il de nos liens avec certains lieux, objets ou projets ? Ne pourrions-nous pas également réfléchir aux relations que nous entretenons avec la nature, la planète, l'écosystème, l'esprit ou le divin ? Certains de ces thèmes seront abordés plus loin dans ce chapitre.

L'OPPOSITION ENTRE SOI ET LES AUTRES

La façon binaire d'envisager les relations a tendance à accentuer une autre opposition : celle entre nous-mêmes et autrui, par exemple notre partenaire. L'auteure féministe noire **Gloria Jean Watkins**, connue sous son nom de plume **bell hooks**[16], ainsi que d'autres ont indiqué que l'amour n'était tout simplement pas possible au sein d'une relation si le soi était tenu en **plus haute estime** que l'autre, et inversement. Dans ce cas, nous avons tendance à traiter l'autre personne comme si

16. Les minuscules respectent la pratique habituelle de bell hooks.

elle servait nos propres intérêts et cherchons à la façonner pour qu'elle corresponde à notre volonté. À l'inverse, nous pouvons agir comme si nous servions les intérêts de l'autre et essayer de nous adapter à son idéal.

PISTE DE RÉFLEXION

LE SOI ET L'AUTRE

Pensez à cette opposition au sein de vos relations. Accordez-vous plus d'estime à vous-même qu'à l'autre à certains moments, et inversement ? Que se passe-t-il quand c'est le cas ? Pensez notamment aux conflits. Dans ces moments, que se passerait-il si vous accordiez autant d'importance à vous-même qu'à l'autre ?

Tous les éléments suivants découlent des oppositions culturelles en matière d'amour que nous avons abordées jusqu'à présent dans ce chapitre et qui sont toutes liées les unes aux autres :

- la priorité accordée à la **vie de couple** plutôt qu'à la **vie en solo** ;
- la notion d'**appartenance à l'autre** ;
- l'idée selon laquelle nous devons **nous détacher** de nos ami·e·s et réseaux, et vivre « la relation » à l'abri de leurs regards ;

- la conception selon laquelle nous devons mettre une grande partie de nos besoins et désirs de côté pour le bien de « la relation » et éventuellement **nous forcer à correspondre à certains idéaux**, par exemple en ayant certains types de rapports sexuels à une certaine fréquence, même si ce n'est pas ce que nous souhaitons.

C'est ici que le concept d'amour décolonial peut s'avérer utile. Celui-ci replace notre façon binaire d'aimer dans le cadre du colonialisme, qui impliquait de traiter les autres comme des individus servant nos propres intérêts. Ce concept imagine d'autres formes d'amour où nous accorderions **autant d'estime à nous-mêmes qu'à autrui**. Il implique d'envisager un amour qui se fonde sur le consentement et l'attention portée à soi-même et à l'autre, sur une réflexion critique envers la dynamique de pouvoir, et sur l'engagement de ne jamais traiter l'autre – ou soi-même – comme une chose qui nous appartient et nous est due, que ce soit dans le cadre d'une relation ou d'un travail, quels qu'ils soient.

Ce type d'amour trouve ses racines dans la dépendance mutuelle qui, par nature, ne se plie pas facilement aux hiérarchies. Des études portant sur les peuples autochtones et les personnes souffrant de handicaps graves, ainsi que certaines recherches menées par des féministes noires, ont montré que l'opposition entre indépendance et dépendance était vaine et inappropriée puisque nous sommes tou·te·s interdépendant·e·s. L'**interdépendance** nous rappelle que nous sommes lié·e·s, non seulement aux autres êtres humains, mais aussi à l'écosystème au sens large. Beaucoup de traditions spirituelles comme le bouddhisme remettent également en question la distinction – voire l'existence – du soi individuel. La section suivante aborde les oppositions nous/eux et familier/étranger plus en détail.

L'INSTANT pause

Il semblerait que ce soit le moment idéal pour vous accorder du temps. Prenez quelques inspirations. Vous pouvez également retourner à l'encart « L'instant pause » du premier chapitre, où nous vous invitions à respirer en vous concentrant sur le contact entre votre corps et le support en dessous de vous. Dès lors que vous vous sentirez concentré·e et conscient·e, notez ce que vous aimeriez faire ou ne pas faire en cet instant. Par exemple, aimeriez-vous poursuivre votre lecture ou non ? Avez-vous besoin de faire une pause et de vous étirer, d'aller aux toilettes ou de boire un verre d'eau ?

Nous cherchons trop souvent à trouver un équilibre entre nos besoins et ceux des autres, et finissons par nous oublier. En d'autres termes, nous pouvons dépasser nos propres limites.

Cet encart vous invite à pratiquer l'autoconsentement. En cet instant précis, à quoi voulez-vous dire « oui », « non » ou « peut-être plus tard » ? Où ce « oui », ce « non » ou ce « peut-être » vit-il à l'intérieur de vous ? Comment savez-vous ce que vous voulez et ne voulez pas ? Si vous avez l'impression de ne pas pouvoir réaliser cet exercice, ne vous inquiétez pas. Ce n'est pas un souci. Parfois, nous devons nous demander plusieurs fois ce que nous voulons avant de trouver la réponse.

Beaucoup d'entre nous ont appris à ne pas accorder d'attention à leurs besoins, à les négliger ou à les satisfaire uniquement après avoir satisfait ceux des autres.

Que vous disiez « oui », « non » ou « peut-être », nous espérons que vous continuerez à pratiquer cet exercice autant que possible.

Souhaitez-vous poursuivre votre lecture à présent ? Si c'est le cas, tant mieux. Dans le cas contraire, ne vous inquiétez pas ; vous pourrez toujours la reprendre quand vous le voudrez.

3.3 LES FONDEMENTS DES RELATIONS HUMAINES

Dans la culture occidentale dominante, beaucoup de modèles de développement psychologique intègrent la **notion de soi par opposition à l'autre** au travers de concepts tels que l'**individuation**, c'est-à-dire la façon dont une chose diffère d'une autre. Par exemple, les thérapeutes parlent parfois de l'individuation des adolescents lorsque ceux-ci commencent à se distinguer et se différencier de leurs parents. Il arrive que la notion de soi par opposition à l'autre semble inévitable, voire « naturelle ». Lorsqu'elle est appliquée à un groupe d'individus, le raccourci vers l'opposition entre « nous » et « eux » semble logique et, une fois de plus, « naturelle ». Le « nous » peut correspondre à notre famille biologique, à un groupe identitaire auquel nous avons le sentiment d'appartenir ou à une religion, par exemple.

LE NOUS PAR OPPOSITION À EUX : UNE QUESTION DE SURVIE ?

Dans une certaine mesure, la division du monde entre nous et eux semble logique. Après tout, le fait de savoir qui est « avec nous » et qui ne l'est pas peut être essentiel à notre survie. *Hunger Games*, une série de romans et de films mettant en scène de jeunes adultes, en offre une illustration saisissante.

Dans ce futur dystopique, le système de pouvoir hiérarchique est maintenu en place en montant les gens les uns contre les autres lors de jeux où la puissance d'un district dépend de la survie de l'individu qui le représente. Les seules personnes qui ne sont pas directement impliquées sont les spectateurs qui vivent au Capitole et qui représentent donc « les autres » puisqu'ils ne participent pas aux jeux.

Nous n'en dirons pas plus sur ce qui se passe dans cet univers particulier afin de préserver le suspense. Néanmoins, nous aimerions parler de ce qui se passe dans *notre* monde quand, de manière similaire, nous commençons à établir une distinction entre nous et les autres.

Cette distinction est essentiellement au cœur de tous les conflits et de toutes les guerres. À l'échelle mondiale, la présentation des peuples indigènes comme « différents » et « inférieurs » aux personnes qui veulent s'approprier leurs terres rend leur génocide possible. La survie des groupes colonialistes est perçue comme plus importante que la leur. Historiquement, l'opposition et la division des individus entre nous et eux ont été opérées en fonction de différents critères : richesse, classe sociale, propriété des sols, religion, couleur de peau, etc.

Mais qui décide qui doit survivre ? Dans la culture occidentale dominante, les multinationales et les gouvernements cherchent à nous faire croire que notre survie dépend de l'accès au pétrole et à d'autres ressources naturelles.

Toutefois, dès lors que nous comprenons que nous dépendons non seulement les uns des autres, mais aussi de notre relation à la Terre, nous pouvons envisager d'autres points de vue. Nous pouvons commencer à penser à la survie des générations futures – comme c'est déjà le cas de nombreux peuples indigènes – et pas uniquement à celle des êtres humains, mais aussi à celle des plantes, des arbres, de la végétation et des zones humides. Nous pouvons également commencer à être plus attentif·ve·s à la **différence entre survie et préservation de notre mode de vie**, puisqu'il s'agit de deux choses distinctes.

Au-delà de la destruction des peuples et des nations (et de leur héritage), l'opposition entre les êtres humains et la nature qui découle du système binaire nous/eux est une autre conséquence néfaste du colonialisme et de l'esclavage. En plus de sous-entendre que nous ne faisons pas partie du monde mammifère, elle nous enseigne que nous ne dépendons pas des autres espèces de l'écosystème global et que la terre est un bien que l'on peut s'approprier. Une fois que cette opposition est bien ancrée, il devient plus aisé de diviser les individus. Comme la société s'est mondialisée, il est devenu encore plus facile de nous diviser sur la base de critères tels que la **nationalité**, la **classe sociale**, la **condition raciale** et d'autres aspects de l'**identité** et de l'**expérience**.

Cependant, lorsque nous divisons le monde entre nous et eux, nous ne faisons pas que déshumaniser l'autre, comme en témoignent toutes les formes d'esclavage et de génocide. Nous commençons également à nous déshumaniser nous-mêmes. Dès lors que nous pensons pouvoir posséder la terre, les végétaux et les animaux, nous commençons à croire que nous pouvons également posséder les gens si nous ne les considérons pas comme totalement humains à certains égards. Des recherches exhaustives ont déjà été menées sur ces sujets. Par conséquent, nous ne nous y attarderons pas ici (reportez-vous à la section « Ressources supplémentaires » à la fin de ce chapitre). Néanmoins, nous voulions les aborder pour illustrer à quel point la pensée binaire peut être préjudiciable pour les relations humaines, et à quel point elle est fondamentale pour la culture dominante.

Avant d'aborder la section suivante concernant l'**opposition entre familier et étranger**, intéressons-nous de plus près à ce que nous voulons dire quand nous affirmons que nous nous déshumanisons. Si nous pouvons conceptualiser d'autres formes de vie, comme des objets que l'on peut potentiellement posséder, nous nous éloignons d'une partie de nous-mêmes. Qu'est-ce qui nous distingue de ces formes de vie ? Comment nous transformons-nous en marchandises ? Par exemple, nous pouvons distinguer le corps de l'esprit, comme nous le verrons plus tard au chapitre 5. En envisageant notre corps comme un vaisseau et non comme une partie de nous, nous pouvons exiger de nous-mêmes bien plus que ce que nous sommes capables d'offrir. Lorsque nous divisons le monde entre nous et les autres, nous n'entrons pas seulement en conflit les uns avec les autres ; nous entrons également en **conflit avec nous-mêmes**. Nous portons atteinte aux relations que nous entretenons avec nous-mêmes, avec le monde qui nous entoure et avec autrui, tant au niveau global qu'individuel.

EXERCICE DE RÉFLEXION : COMMENT DISTINGUER LE « NOUS » DU « EUX » ?

Si vous le souhaitez, accordez-vous un instant pour réfléchir à vos relations et les consigner par écrit. D'après vous, quelles sont les personnes qui vous ressemblent et quelles sont celles qui sont différentes de vous ? Une fois que vous avez dressé ces deux listes, prenez un moment pour voir s'il existe des différences entre les personnes qui vous ressemblent, mais aussi entre celles qui sont différentes. À quel moment le « nous » se transforme-t-il en « eux » et inversement ? Avez-vous certaines expériences et identités en commun ou, au contraire, différentes de certaines personnes figurant dans les deux listes ? Rappelez-vous que vous ne devez pas nécessairement apprécier ou comprendre les personnes que vous avez répertoriées. Il s'agit simplement d'un exercice visant à noter les similarités et les différences pour réfléchir à la façon dont nous décidons qui entre dans les catégories « nous » et « eux ». Vous remarquerez également que ces listes évoluent avec le temps et que vous avez pu avoir le sentiment de ressembler à d'autres personnes à d'autres moments de votre vie. Le chapitre 4 s'intéresse à la notion de changement au fil du temps.

REMETTRE EN CAUSE L'OPPOSITION ENTRE FAMILIER ET ÉTRANGER

Dès lors qu'il existe un « nous » et un « eux », une autre opposition se fait facilement jour : celle **entre familier et étranger**. Cette dernière opposition se superpose souvent à la première ; par conséquent, le « nous » équivaut généralement au cercle de personnes qui nous sont familières et le « eux » à celui des personnes qui nous sont étrangères. Bien entendu, les limites de ces cercles – ou les individus qui y sont inclus et ceux qui en sont exclus – peuvent évoluer, y compris avec le temps. Par exemple, nous (MJ et Alex) nous sommes retrouvé·e·s à l'intérieur et à l'extérieur de nos cercles d'intimes respectifs plus d'une fois au fil des ans. En effet, bien que notre relation ait évolué, nous avons continué à faire partie de la vie de l'autre.

Toutefois, l'opposition entre familier et étranger est légèrement différente de celle entre « nous » et « eux ». Elle peut être plus nuancée à bien des égards. Nous pouvons être incroyablement proches d'une personne et la considérer comme faisant partie du « nous », c'est-à-dire de notre famille, de nos ami·e·s ou de notre communauté. Ensuite, quelque chose se produit. Nous pouvons notamment vivre une **expérience différente** qui place cette personne en dehors du cercle et nous à l'intérieur. Par exemple, nous pouvons être la première personne de notre groupe d'ami·e·s proches à être enceinte, à faire une fausse couche ou à avorter. Tout à coup, nos ami·e·s qui n'ont jamais vécu cette expérience se retrouvent en dehors du cercle, tandis que des personnes qui étaient hier encore des étrangères se retrouvent intégrées à un réseau d'individus proches car elles partagent cette expérience avec nous.

De bien des manières, l'opposition entre familier et étranger semble donc moins stable que celle entre « nous » et « eux ». Le « nous » implique un certain **degré d'engagement réciproque et/ou d'homogénéité**, ou tout du moins **certains traits en commun**. L'opposition entre familier et étranger dépend davantage de variables qui évoluent en fonction du temps et des circonstances. Les deux oppositions soulèvent des questions : qui fait partie du « nous », qui est familier/étranger et surtout familier/étranger à quoi ? En outre, en fonction de quels critères définit-on le « nous » et le « eux » ? Curieusement, les oppositions « familier/étranger » et « nous/eux » semblent liées et interdépendantes. Pour être intégré·e·s à un « nous », nous devons généralement répondre à certains critères. À l'inverse, pour faire partie du « eux », nous ne devons pas correspondre aux critères qui définissent le « nous » ou éventuellement satisfaire d'autres critères.

Tout cela vous paraît déroutant ? C'est peut-être parce que c'est le cas ! En tant qu'êtres humains, nous nous appuyons sur des suppositions pour déterminer les personnes qui présentent des **similitudes** et des **différences** par rapport à nous. Après tout, nous sommes des êtres en quête de sens qui cherchons également à savoir quels individus ne présentent « aucun danger » pour nous – cela s'avérant de plus en plus difficile puisque nous nous coupons de plus en plus de nos communautés locales. Néanmoins, ces suppositions omniprésentes peuvent être bien fondées ou non. Si nous décidons, sans réellement chercher à en savoir plus, qu'une personne ne fait pas partie de notre cercle en raison de son apparence ou d'une chose qu'elle a dite, nous pouvons nous rendre compte que nous avons tort. Évidemment, il arrive que nos hypothèses soient correctes. Lorsqu'il s'agit d'établir une distinction entre nous et eux, et entre familier et étranger, il semblerait que nous nous fiions énormément aux apparences, que nous finissions bien trop souvent par considérer comme la réalité. Développons le sujet.

Nous pouvons établir une corrélation entre certaines caractéristiques sociales et les expériences accumulées par un individu au fil du temps. Par exemple, nous pouvons formuler des hypothèses sur les origines sociales d'une personne en nous appuyant sur son éducation et son statut socio-économique actuels. Nous interprétons les bonnes caractéristiques telles qu'elles existent au moment présent, mais les associons à la vie de cette personne sans réellement la connaître. En d'autres termes, nous pouvons penser qu'une personne qui est aujourd'hui instruite et fait partie de la classe moyenne n'a rien à voir avec la classe ouvrière, même si elle est issue de cette dernière.

Il arrive que nous percevions un individu à travers un prisme social catégorique, alors que la personne en question ne se limite pas à cet aspect particulier de son identité. Par exemple, quand une personne parle de sa foi chrétienne et de sa profonde dévotion, nous pouvons imaginer que celle-ci est cisgenre et hétéro, voire transphobique et queerphobique puisque le discours dominant du christianisme rejette souvent les personnes transgenres et queers. Néanmoins, de nombreuses personnes transgenres et queers adhèrent à diverses formes de foi et de religion, y compris au christianisme, et peuvent être membres de **congrégations qui prônent l'inclusion**.

D'un autre côté, si nous réduisons tout à l'individu, nous prenons le risque d'ignorer des **problématiques sociales** plus globales qui pourraient servir la cause d'un groupe entier de personnes. Par exemple, quand les gens se plaignent de la masculinité toxique et des caractéristiques et comportements qui lui sont associés, beaucoup d'hommes peuvent avoir l'impression qu'il s'agit d'une attaque personnelle à leur encontre et adopter une position qui les exclut de ce concept plutôt que de prêter une oreille attentive aux idées exprimées.

Nous ne pouvons pas tout réduire à un niveau purement individuel car, que cela nous plaise ou non, nous nous situons à l'intérieur et à l'extérieur des **systèmes historique, culturel et social**. En réduisant tout à l'individu, nous ne comprenons plus la dynamique de pouvoir, les privilèges et l'oppression systémiques qui œuvrent dans le monde, et pensons que tout est possible pour tout le monde et que tous les individus sont déjà égaux ! Malheureusement, dans le monde, nous savons que les gens sont loin d'être égaux et qu'aucun·e d'entre nous ne peut être libre tant que nous ne le sommes pas tou·te·s – pour paraphraser Emma Lazarus[17]. Nous y reviendrons au chapitre 4 qui s'intéresse à l'importance accordée – ou non – aux différents types de corps dans la société dominante.

Comme de nombreuses oppositions, celles qui distinguent le « nous » du « eux » et les personnes familières des personnes étrangères peuvent, en réalité, être des prismes utiles qui

17. En référence au poème qui est devenu le symbole de la statue de la Liberté (voir https://fr.wikipedia.org/wiki/Le_Nouveau_Colosse).

dépendent fortement de notre discernement et de notre flexibilité. Comme indiqué précédemment, **que cela nous plaise ou non, nous sommes inclus·e·s et exclu·e·s de certaines catégories sociales, culturelles et historiques**. Bien entendu, beaucoup d'entre nous se situent entre les catégories, vivant à leurs limites, tant sur le plan physique que métaphorique (ce sujet sera également abordé en détail au chapitre 4).

Dès lors, que se passerait-il si nous faisions davantage attention à qui entre dans les catégories « eux » et « nous », « familier » et « étranger », voire les deux à la fois ? Qu'adviendrait-il si nous étions également attentif·ve·s aux différentes manières dont le statut de personne étrangère ou familière peut évoluer, même en l'espace d'une conversation ? Selon nous, nos relations avec nous-mêmes, le monde qui nous entoure et autrui peuvent évoluer et être impactées par notre curiosité, notre attention et notre bienveillance. **D'autres formes d'intimité pourraient être possibles**, comme nous le verrons dans la section suivante. Néanmoins, avant de poursuivre, voici quelques expériences d'individus ayant réfléchi à leur statut de personne familière ou étrangère.

EXPÉRIENCES DIVERSES

OSCILLER ENTRE L'INTÉRIEUR, L'EXTÉRIEUR ET LES FRONTIÈRES DES CERCLES RELATIONNELS

- « **IL M'A FALLU LONGTEMPS POUR ME RENDRE COMPTE QUE LA PERSONNE QUI EST AUJOURD'HUI MAN PARTENAIRE DEPUIS VINGT ANS FLIRTAIT AVEC MOI.** À cette époque, iel sortait avec beaucoup de femmes et fréquentait un bar lesbien. Moi, j'étais un homme cisgenre hétéro. Je pensais que je ne l'intéressais pas. J'avançais beaucoup d'hypothèses sur sa sexualité et, comme il s'avéra plus tard, sur son genre et ma propre sexualité. Si un·e ami·e ne m'avait pas expliqué les choses en détail, je serais passé à côté d'une relation formidable. En outre, si je n'avais pas cherché à prendre de la distance par rapport aux normes hétérosexuelles, notre couple n'aurait pas duré. Je suis heureux d'avoir appris à le faire. »

- « **PENDANT LONGTEMPS, JE N'AI TOUT SIMPLEMENT PAS RÉVÉLÉ MON HOMOSEXUALITÉ À MES COLLÈGUES NOIRS.** J'adhérais au stéréotype raciste selon lequel les personnes de couleur sont homophobes. Quand l'un d'entre eux m'a révélé son homosexualité, j'ai ressenti de la honte. Mon collègue était là, prenant ce risque énorme, dans un environnement de travail majoritairement blanc, en ignorant quelle serait ma réaction. Quant à moi, j'avais eu des préjugés pendant tout ce temps, me considérant comme une "bonne personne libérale". »

- « **QUAND MON ENFANT S'EST DONNÉ LA MORT, J'AI EU L'IMPRESSION D'ÊTRE À CÔTÉ DE MA VIE.** Plus rien ni personne n'avait de sens. Les autres parents n'arrivaient même plus à me regarder. J'étais leur plus grande crainte. Ou peut-être pensaient-ils que j'aurais pu en faire plus ? Je ne sais pas. Tout ce que je sais, c'est que je n'étais plus l'un·e des leurs. En tant que parent isolé, je n'avais même pas de partenaire avec qui traverser cette période difficile. Ce n'est que quand j'ai rencontré d'autres parents dont l'enfant s'était suicidé que j'ai eu l'impression d'être compris·e à nouveau. Je n'étais plus complètement seul·e. Cela m'a aidé·e. J'ai dû trouver un moyen de revenir à la vie pour le bien de mes autres enfants. »

- « **J'AI QUITTÉ LE CLERGÉ QUAND J'AVAIS UNE PETITE CINQUANTAINE D'ANNÉES.** J'étais entré au séminaire trente ans plus tôt. J'ai longtemps été membre d'une communauté. D'un jour à l'autre, je n'ai même plus été autorisé à communier parce que j'avais révélé mon homosexualité. Soudainement, je n'étais plus seulement exclu de ma religion ; j'avais également perdu mon foyer, ma communauté, mes amis et presque ma foi. Finalement, j'ai trouvé une congrégation qui prône l'inclusion sous une dénomination chrétienne différente. Cela m'a aidé. J'ai pu me retrouver un peu. Je n'avais pas besoin de laisser une partie de moi-même tapie dans l'ombre pour pouvoir faire partie d'un groupe. »

- « **LES SEULES PERSONNES QUI ONT CONSCIENCE DE MON HANDICAP SONT CELLES QUI SOUFFRENT DE PROBLÈMES DE SANTÉ CHRONIQUES.** Elles remarquent la façon dont je me lève, pars ou respire à travers ma chemise quand une forte odeur inonde la pièce. C'est agréable de se sentir visible et non invisible, de ne pas avoir à suivre quelqu'un avec assurance dans les escaliers parce que vous n'avez pas le courage d'expliquer que vous devez prendre l'ascenseur. »

3.4 PLUSIEURS FORMES D'INTIMITÉ SONT POSSIBLES

L'opposition entre familier et étranger peut conduire à nouer des liens intimes étroits quand nous partageons des expériences fortes avec autrui. Par exemple, **en 2006, l'activiste noire Tarana Burke a lancé le hashtag #MeToo, qui fut repris dix ans plus tard par plusieurs personnes, notamment par des célébrités blanches, pour illustrer l'ampleur des violences sexuelles perpétrées à l'encontre des femmes**. De nombreuses femmes et victimes de tous genres eurent l'impression de pouvoir enfin s'exprimer et de faire partie de quelque chose de plus grand qu'elles. Le hashtag devint un mouvement auquel elles étaient intégrées. Néanmoins, il fut également considéré comme un catalyseur par d'autres femmes et victimes de violences sexuelles de tous genres.

Tout à coup, sur les réseaux sociaux, les publications montrèrent à quel point les violences sexuelles à l'encontre des femmes étaient nombreuses. Ce fut difficile pour certaines et stimulant pour d'autres. Certaines victimes étaient prêtes à **partager publiquement leur histoire** – et le voulaient. D'autres préférèrent garder leurs publications anonymes afin de rester présentes sur les réseaux sociaux (l'un de leurs moyens d'entraide) sans pour autant se sentir constamment harcelées. Pour compliquer les choses, certains hommes et victimes non-binaires n'étaient pas certains de pouvoir utiliser le hashtag. Certains furent même réprimandés pour y avoir eu recours, car il ne s'agissait pas de « leur » mouvement, même s'ils avaient été victimes des mêmes violences sexuelles ancrées dans le patriarcat. Qui était inclus et exclu du mouvement ? À qui celui-ci appartenait-il ?

Beaucoup de femmes noires se sentirent également **aliénées**, car elles savaient que l'une des leurs était à l'origine de ce hashtag. Or, désormais, des célébrités blanches captaient toute l'attention. Certaines eurent l'impression que cet intérêt accru était dû au fait que les violences sexuelles à l'encontre des femmes blanches étaient considérées comme inacceptables, tandis que celles commises à l'égard de leurs homologues noires étaient perçues comme la norme. Tout à coup, certaines femmes noires qui avaient été à l'origine du mouvement eurent le sentiment que celui-ci avait été récupéré par des personnes – en l'occurrence des femmes blanches – qui contribuaient à perpétuer les violences systémiques perpétrées à leur encontre.

Tout cela est très complexe. Dans ce contexte compliqué, il n'y a pas nécessairement de bonnes ni de mauvaises réponses. Au cœur de toute cette agitation se trouve le désir de ne pas être seul·e, d'éprouver un sentiment d'appartenance, d'être intégré·e à un cercle, en l'occurrence à **un mouvement, un groupe ayant une identité ainsi qu'une expérience de la souffrance et de la guérison en commun**. Toutes les personnes impliquées dans cette situation compliquée ont survécu à des violences sexuelles. Beaucoup ont également fait l'objet de violences raciales systémiques ; d'autres non. La violence raciale est également inextricablement liée à la violence sexuelle dont beaucoup ont été victimes, leur corps étant d'une certaine manière sexualisé car racialisé.

Le désir d'être visible – au lieu de rester tapi dans l'ombre – et de ne pas être exclu du mouvement est également lié à la volonté de renaître ensemble. Nous guérissons ensemble. Comme la plupart des **traumatismes** ont lieu dans le cadre des relations, c'est dans ce contexte que nous pouvons trouver le potentiel pour guérir. Néanmoins, les relations sont difficiles et compliquées. Elles ne se nouent pas en dehors de tout contexte, mais dans le cadre de systèmes plus ou moins vastes, empreints des oppositions abordées dans cet ouvrage. Le mouvement #MeToo est né, entre autres choses, de la **volonté de se mettre en relation et de partager l'intimité d'une expérience commune avec d'autres victimes**.

PISTE DE RÉFLEXION

L'INTIMITÉ DES EXPÉRIENCES COMMUNES

Vous est-il déjà arrivé de chercher à rencontrer des personnes qui avaient vécu des expériences similaires aux vôtres ? Si c'est le cas et si votre recherche a porté ses fruits, quelle différence cela a-t-il fait ? Comment avez-vous vécu certaines expériences où vous aviez le sentiment d'être seul·e ? Lorsque vous souffrez, est-il plus facile pour vous de rester seul·e ou d'être en compagnie de personnes qui partagent une expérience douloureuse similaire ?

LES DIFFÉRENTES FORMES D'INTIMITÉ

Comment définir l'intimité ? Nous pouvons l'envisager comme quelque chose que partagent des partenaires romantiques et/ou sexuels qui sont proches. Toutefois, il existe de nombreuses formes d'intimité. Si l'intimité implique d'**être proches** (ce qui, d'après nous, est le cas), alors nous pouvons en faire l'expérience au sein d'un large éventail de relations. Au chapitre 1, par exemple, nous avons parlé de l'écosexualité et de la façon dont certaines personnes considèrent l'intimité avec la nature comme érotique ou réconfortante, voire les deux. Nous pouvons être intimes avec nous-mêmes, avec le monde qui nous entoure et avec les autres. À quel point nous connaissons-nous nous-mêmes, par exemple ? Connaissons-nous nos propres limites : nos « oui », nos « non » et nos « peut-être » (auxquels nous vous avons invité·e à réfléchir dans l'encart « L'instant pause » figurant plus haut dans ce chapitre) ?

Les limites sont importantes pour l'intimité car, pour être proches, nous devons également nous sentir en confiance afin de nous abandonner. **Dès lors que nous savons que nous pouvons faire confiance à quelqu'un, nous pouvons nous abandonner dans la proximité à laquelle conduit le partage d'expériences.** Nous nous intéresserons à la signification que nous donnons au mot « expérience » un peu plus loin dans cette section, ainsi qu'à la façon dont les différents types d'expériences que nous partageons conduisent à différentes formes d'intimité. La connaissance de nos limites et, de manière générale, la proximité avec nous-mêmes ne sont possibles que dans le cadre de l'amour décolonial. Si nous portons autant d'estime à nous-mêmes qu'aux autres, et ne pensons pas que tout nous est dû, nous pouvons faire confiance aux autres et à nous-mêmes.

Cela peut aller à l'encontre de la culture, puisque cela implique d'exercer notre souveraineté sur nous-mêmes et nous-mêmes uniquement, alors que la société dominante tente de nous inculquer que nous sommes souverain·e·s sur les terres et autrui. En parallèle, cette société nous instille le doute afin de pouvoir nous vendre des choses qui nous aident à nous sentir mieux. Le fait de savoir qui nous sommes, ce que nous voulons, et d'être capables d'exprimer nos besoins, nos désirs et notre volonté (pour trouver des personnes avec qui les partager) fait de nous de piètres **cibles du capitalisme**, car nous avons désormais accès à l'intimité de bien des manières, avec plusieurs personnes, y compris nous-mêmes. Cette connaissance est ancrée dans l'attention et l'amour que nous portons à nous-mêmes, ainsi que dans l'acceptation de l'interdépendance (reportez-vous aux « Ressources supplémentaires » sur ces sujets en fin de chapitre).

Globalement, l'intimité devient possible lorsque nous acceptons de vivre une relation totalement consensuelle avec nous-mêmes et autrui, et n'attendons pas d'une personne ou de notre famille qu'elle réponde à tous nos besoins. Quelles sont néanmoins les possibilités qui s'offrent à nous ? **Si l'intimité ne se limite pas aux liens étroits qu'entretiennent les membres d'une famille ou à un euphémisme pour désigner les relations sexuelles, quelles sont les autres formes d'intimité possibles ?** Voici quelques exemples qui nous sont probablement tous familiers, mais auxquels nous n'avions jamais réfléchi en termes d'intimité.

Par exemple, beaucoup d'entre nous ont déjà plaisanté en parlant de leur « partenaire professionnel », un terme parfois utilisé pour désigner la personne qui partage notre quotidien au travail. Il peut s'agir de la personne qui sait quand nous avons une journée difficile, qui nous aide à célébrer nos victoires ou avec qui nous décidons de collaborer plus étroitement. Le fait de partager des responsabilités fait naître une **intimité professionnelle**. Les personnes avec qui nous vivons, y compris nos partenaires, partagent également une intimité professionnelle avec nous. Nous partageons avec eux le travail non rémunéré qui consiste à élever une famille, à préparer les repas, à faire le ménage, etc. Globalement, l'intimité professionnelle se définit comme la proximité que crée le partage régulier de tâches – que celles-ci soient rémunérées ou non.

Pour de nombreuses personnes en situation de handicap, il existe également une forme particulière d'intimité que **Mia Mingus** appelle l'**« intimité d'accès »**. Cette forme d'intimité n'est pas réservée aux personnes en situation de handicap ; elle peut également concerner de nombreuses autres personnes qui ont été marginalisées, par exemple les personnes de couleur ou transgenres.

> Mia décrit l'intimité d'accès comme un « sentiment compliqué et difficile à décrire que l'on éprouve quand une personne "comprend" vos besoins en termes d'accessibilité ; le genre de sentiment de réconfort inquiétant que le soi handicapé ressent sur le plan de l'accessibilité uniquement[18] ».

Mia poursuit en parlant de cette expérience avec des personnes que l'on connaît depuis longtemps et d'autres que l'on vient de rencontrer. Elle décrit également l'« intimité

18. Voir leavingevidence.wordpress.com/2011/05/05/access-intimacy-the-missing-link, page consultée le 21 novembre 2018.

d'accès » comme la proximité que crée « la compréhension implicite des besoins en termes d'accessibilité, consécutive aux expériences de vie communes similaires induites par les nombreuses formes de discrimination fondées sur la capacité physique[19] ».

L'**intimité récréative** est une autre forme d'intimité. Avec qui partageons-nous nos loisirs ? Avec qui passons-nous du bon temps ? Le fait de partager ses activités préférées (regarder un film, faire une balade ou pratiquer une activité sportive ensemble, par exemple) développe également la proximité. Cela se remarque particulièrement au sein de nombreuses équipes sportives quand elles gagnent ou perdent, quand les gens se rassemblent pour faire la fête ou se lamenter. Au-delà de l'intimité récréative, il existe une autre forme d'intimité, à savoir l'**intimité esthétique**, renommée **« intimité du plaisir »** par Alex. Celle-ci concerne les personnes avec qui nous profitons d'instants majestueux, par exemple le fait de regarder un coucher de soleil ou de lire un poème. Bien entendu, ces différentes formes d'intimité peuvent s'entremêler et être vécues simultanément.

Nous développons une **intimité d'esprit** avec les personnes avec qui nous partageons des idées. Qui connaît nos opinions ainsi que nos livres et morceaux de musique préférés ? Avec qui partageons-nous notre univers intellectuel ? De manière similaire, avec qui partageons-nous notre monde émotionnel intérieur, ce qui conduit à développer une **intimité émotionnelle** ? La liste est longue. Celle-ci inclut en effet

19. Voir leavingevidence.wordpress.com/2011/05/05/access-intimacy-the-missing-link, page consultée le 21 novembre 2018.

l'intimité émotionnelle et l'**intimité sexuelle** qui sont peut-être les formes d'intimité les plus connues et celles auxquelles on pense immédiatement lorsque l'on aborde le sujet.

Les différentes formes d'intimité ne revêtent pas la même importance pour tous les individus. Il convient de savoir quelles sont celles qui sont importantes à nos yeux et aux yeux des personnes qui nous entourent. Il n'est pas nécessaire d'avoir les mêmes préférences. Néanmoins, en ce qui concerne les formes d'intimité que nous cherchons à développer à travers nos relations, **il est utile de connaître nos points de convergence et de divergence avec nos proches**. L'exercice de réflexion qui suit inclut plusieurs formes d'intimité identifiées par les thérapeutes systémiques et les sexologues. Si d'autres non présentes dans cette liste vous viennent à l'esprit, n'hésitez pas à nous le faire savoir et à les ajouter. En termes d'intimité, de liens et de relations, notre potentiel est bien plus important que nous ne le pensons.

EXERCICE DE RÉFLEXION : ÉVALUER VOS BESOINS EN TERMES D'INTIMITÉ

Voici l'occasion de réfléchir à vos besoins en termes d'intimité : quand ils sont satisfaits, quand ils ne le sont pas et l'importance que vous leur accordez. Pour commencer, pensez aux personnes qui répondent aux treize aspects de l'intimité répertoriés ci-après. Pour chaque aspect, il peut s'agir d'une ou de plusieurs personnes. Une fois que vous avez terminé, indiquez dans quelle mesure chacun de ces aspects de l'intimité est satisfait dans votre vie.

Vous pouvez utiliser une échelle de 1 à 10, la valeur 1 signifiant que vos besoins ne sont pas du tout satisfaits et la valeur 10 qu'ils le sont totalement. Vous pouvez également créer votre propre échelle !

Enfin, classez chaque aspect par ordre d'importance, la valeur 1 correspondant à l'aspect le plus important et la valeur 13 au moins important. Rappelez-vous qu'il n'y a pas de bonne ni de mauvaise réponse. Il s'agit de votre propre évaluation : celle-ci reflète vos valeurs, expériences et besoins[20].

20. Veuillez noter qu'Alex a adapté cet exercice à partir d'outils existants développés par Clinebell et Clinebell (1970), Metz et Mia Mingus (leavingevidence.wordpress.com/2011/05/05/access-intimacy-the-missing-link).

FORMES D'INTIMITÉ	PERSONNE(S) RÉPONDANT À CES BESOINS	NIVEAU DE SATISFACTION ACTUEL	DEGRÉ D'IMPORTANCE
Travail Partage des tâches, soutien mutuel dans le cadre des différentes responsabilités (éducation des enfants, tâches ménagères…)			
Loisirs Partage des loisirs (activités ludiques, sport, hobbies…)			
Esprit Partage d'idées (lecture, discussion sur un film…)			
Engagement Souscription à des valeurs/idéaux communs (actions communes en faveur d'associations…)			
Plaisir Partage d'expériences esthétiques (nature, art, danse, théâtre, décoration intérieure…)			
Communication Faire mutuellement preuve d'honnêteté et de sincérité (remarques constructives…)			

Émotions Partage de sentiments importants (être vulnérable, sensible aux émotions et disponible…)			
Créativité Aider les autres à s'élever et les célébrer comme des co-créateurs (favoriser le développement personnel, accueillir le changement…)			
Accessibilité Compréhension implicite des besoins en termes d'accessibilité, consécutive aux expériences de vie communes similaires induites par les nombreuses formes d'oppression (être présent pour quelqu'un qui a subi un traumatisme, reconnaître immédiatement les besoins en termes d'accessibilité et les satisfaire, par exemple en proposant un type de siège différent…)			

Sexualité Partage d'expériences sensuelles, physiques et sexuelles (câlins, baisers, rapports sexuels...)			
Crise Être proches en restant ensemble dans les moments difficiles/ douloureux (décès d'un être cher, maladie...)			
Conflit Confronter les différences, négocier la résolution des conflits (dispute, désaccord...)			
Spiritualité Partager un sentiment d'appartenance/de communion (expériences philosophiques ou religieuses, sens de la vie...)			

RESSOURCES SUPPLÉMENTAIRES

Vous trouverez des informations supplémentaires sur les oppositions célibataire/couple, monogamie/non-monogamie, partenaire/ami·e et rester ensemble/rompre – ainsi que sur leurs alternatives – dans l'ouvrage suivant :

- BARKER (Meg-John), *Rewriting the Rules: An Anti-Self-Help Guide to Love, Sex and Relationships*, Routledge, Londres, 2018.

Avec Justin Hancock, Meg-John est également l'auteur.e d'un fanzine qui vous permettra de mieux comprendre votre propre approche des relations, au-delà du système binaire :

- http://megjohnandjustin.com/product/make-your-own-relationship-user-guide

Cet ouvrage de bell hooks sur le thème de l'amour est particulièrement utile pour comprendre l'importance que nous accordons à nous-mêmes et aux autres au sein de nos relations :

- HOOKS (bell), *All About Love: New Visions*, Harper Perennial, Londres, 2000.

L'ouvrage suivant s'intéresse à des idées similaires d'un point de vue bouddhiste :

- Welwood (John), *Perfect Love, Imperfect Relationships*, Trumpeter, Boston (MA), 2006.

Ces autres ressources pourront vous être utiles :

- Barker (Meg-John), fanzine *Hell Yeah Self Care*, 2016. Accessible depuis la page http://www.rewriting-the-rules.com/zines/

- Article de Gwendolywn (Mitikomis) Benaway sur le thème de l'amour décolonial : http://workingitouttogether.com/content/decolonial-love-a-how-to-guide

- Article du site Joyful Militancy sur le thème de l'amitié : http://joyfulmilitancy.com/2017/12/11/friendship-as-a-root-of-freedom

- L'article du site Love Uncommon sur l'autoconsentement : http://loveuncommon.com/2017/09/28/self-consent

- Les articles de Mia Mingus sur l'intimité :

  - https://leavingevidence.wordpress.com/2011/05/05/access-intimacy-the-missing-link/

  - http://leavingevidence.wordpress.com/2017/04/12/access-intimacy-interdependence-and-disability-justice

- Taylor (Sonya Renee), *The Body is Not an Apology*, Berrett-Koehler Publishers, Oakland (CA), 2018.

CHAPITRE 4

LE CORPS

Quand nous entretenons des relations avec autrui ainsi qu'avec nous-mêmes, nous sommes incarné·e·s dans notre corps, dans une certaine mesure. Même lorsque nous avons l'impression d'être totalement désincarné·e·s, tant que nous sommes en vie, notre cœur bat et nous continuons de respirer. Nous existons en tant que corps. Le chapitre 5 aborde l'**opposition entre esprit et corps** de manière plus détaillée. Le présent chapitre s'intéresse aux différentes manières dont la société dominante oppose les corps ainsi qu'à la façon dont nous avons intériorisé ces oppositions.

Sur les plans individuel et collectif, le corps fait fi des oppositions. Il est le siège de nombreuses identités, expériences et même époques de notre vie. Il a notamment connu différentes formes de **pouvoir**, de **privilèges** et d'**oppression**. Notre corps est déjà inclusif (« l'un *et* l'autre »), même si nos pensées peuvent lutter contre les paradoxes. Nous sommes des êtres pleins de complexités que nous essayons de résoudre par la réflexion et le langage. Or, ces complexités existent tout simplement.

Le présent chapitre aborde ces complexités, de notre existence par-delà les frontières géographiques, sociales, culturelles et raciales à la notion de fluidité au fil du temps (tout en analysant la notion de temps elle-même). Nous nous intéresserons ensuite aux modèles qui opposent les corps valides aux corps en situation de handicap, les personnes en bonne santé à celles qui sont malades, ainsi qu'à de nombreuses autres façons dont la société dominante tente de distinguer nos corps, à un point tel que certains finissent par avoir plus d'importance que d'autres dans les systèmes existants.

4.1 IDENTITÉS ET EXPÉRIENCES NON BINAIRES SUPPLÉMENTAIRES

Comme nous l'avons vu dans les chapitres précédents, quand les gens réfléchissent aux identités ou expériences non binaires, ils pensent souvent à la bisexualité et – à l'époque actuelle – aux genres non-binaires. Néanmoins, il existe des personnes ayant une expérience non binaire au sein des différentes catégories servant à désigner l'identité, le corps et l'histoire des individus comme, par exemple, la condition raciale, la culture, la classe sociale, les croyances, le handicap et l'âge.

Cette section s'intéresse aux **expériences qui se situent entre et par-delà les oppositions**, ainsi qu'aux **expériences mixtes**. La section suivante aborde celles qui varient au cours de la vie d'un individu – de manière similaire à la fluidité sexuelle, à la fluidité de genre et aux relations au fil du temps (voir chapitres 1, 2 et 3).

Pour commencer, nous aimerions parler de notre expérience personnelle et des autres aspects non binaires de notre personnalité afin que vous puissiez comprendre de quoi nous parlons.

EXPÉRIENCE D'ALEX

« Ayant grandi en Italie, j'ai pris conscience assez tôt que mon pays était divisé entre le Nord et le Sud. Ma mère est originaire de Sicile, où j'ai passé toutes mes vacances pendant mon enfance. Sa peau est également plus mate. Mon oncle – son frère – la « taquinait » à ce sujet et parlait parfois de façon désobligeante des Siciliens. Il m'a fallu quelques années de plus pour comprendre que ces comportements étaient ancrés dans le rejet des peaux noires. En Italie, même s'il signifie « du terroir », le mot *terroni* est également utilisé comme une insulte par les Italiens du Nord pour désigner leurs compatriotes du Sud. Je me souviens avoir remarqué qu'on ne trouvait que des Vierges noires en Sicile, alors qu'à Rome, où j'ai fait mes études, la Vierge Marie était blême et pâle. À l'époque, je n'avais pas les mots nécessaires pour expliquer ces différences sur le plan historique ou culturel. Je savais juste qu'il existait des différences physiques au sein de ma famille, en particulier entre les familles de mes parents (ma grand-mère paternelle était slovène), ainsi que des différences au niveau des valeurs et même de la nourriture que nous mangions.

J'avais 22 ans quand j'ai déménagé en Angleterre. Je n'avais jamais vécu seul·e auparavant. Je me souviens du choc culturel que ce fut pour moi. Les gens me demandaient « Comment allez-vous ? » avant de poursuivre leur chemin sans même attendre de réponse. Je devais faire la queue pour prendre le bus et pour presque tout (du moins, c'est l'impression que j'avais), et j'étais seul·e. Quand je ne comprenais pas quelque chose, les gens parlaient plus fort, parfois moins vite, et s'énervaient. Il me paraissait évident que j'étais un·e étranger·ère. Au début, tou·te·s mes ami·e·s étaient originaires d'autres pays : Grèce, Turquie, Algérie, Bangladesh, Inde et Italie. Beaucoup d'entre nous restaient ensemble, cuisinaient les un·e·s pour les autres, et tentaient de faire de la vie d'immigré·e une expérience un peu moins solitaire.

Il m'a fallu quelques années de plus avant que mes connaissances me permettent de réaliser à quel point cette expérience était extrêmement politique. Dans l'intervalle, on m'avait appris à moins gesticuler et à écrire davantage comme les Anglais que comme les Italiens (mes phrases étaient trop longues et le sont probablement toujours). Dans le cadre de mes relations, mes partenaires ne me faisaient pas confiance car, étant originaire d'Italie, ils/elles pensaient que j'avais "le sang chaud" et que je pouvais "naturellement" être infidèle et briser les cœurs. Cette période de ma vie fut déroutante. À bien des égards, je ne savais pas encore qui j'étais. J'essayais également de trouver un sens à mon côté queer et ignorais encore tout de la bisexualité. En quelque sorte, au début de la vingtaine, j'avais l'impression d'être perdu·e en mer sans canot de sauvetage ni terre en vue. Complètement largué·e, je cherchais un sens à ma vie dans plusieurs espaces frontières. J'expliquerai dans la section suivante comment les choses ont évolué au fil du temps. »

EXPÉRIENCE DE MJ

« La première expérience non binaire qui m'a probablement fortement influencé·e fut d'avoir des parents issus de classes sociales différentes. Néanmoins, à l'époque, les gens ne parlaient pas de ce concept qui reste encore méconnu de nos jours. Par ailleurs, comme j'étais persécuté·e à cause de cela, j'avais très honte de ma classe sociale. C'est pour ces raisons que ce n'est que longtemps après avoir révélé ma bisexualité – et, plus tard, ma non-binarité – que j'ai commencé à comprendre le lien entre ma sexualité, mon genre et ma classe sociale, et l'influence que ceux-ci avaient eu sur ma vie.

Le fait d'avoir été élevé·e par des parents provenant de classes sociales différentes est probablement assez fréquent, car les parents de nombreuses personnes sont issus de milieux relativement différents en termes de richesse, d'éducation, de cadre de vie et toutes les autres choses que nous avons tendance à associer à la classe sociale. Pour moi, la différence était assez marquée, puisque les parents de mon père étaient issus de la classe ouvrière, et ceux de ma mère de la classe supérieure. Mon grand-père paternel était charpentier et ma grand-mère paternelle avait été contrainte de travailler, tandis que mon grand-père maternel était propriétaire d'une fabrique, ce qui avait permis à ma grand-mère maternelle de se concentrer sur l'éducation des enfants. Quand j'étais jeune, les parents de mon père vivaient dans un petit bungalow, tandis que ceux de ma mère vivaient dans un manoir avec piscine ! Tout était différent dans les deux maisons : les émissions télévisées que mes grands-parents regardaient, les aliments qu'ils consommaient et les conversations qu'ils avaient. Pour ma part, j'avais l'impression de n'être à ma place dans aucun de ces lieux, sans vraiment comprendre pourquoi. Les deux couples de grands-parents se chamaillaient avec ma famille pour différentes raisons. Par ailleurs, j'avais également l'impression d'être différent·e de mes parents, puisque mon expérience ne correspondait pas du tout à la leur.

Le fait d'avoir des parents issus de classes sociales différentes et d'autres aspects non binaires de ma vie ont fait de moi la tête de Turc de mes camarades de classe. Les gens m'accusaient de ne pas me conformer à la norme en matière de genre, me tenaient à l'écart en raison de ma classe sociale et me disaient que je n'étais ni du Sud ni du Nord car quelque chose "clochait" avec mon accent. Une mauvaise ouïe toutefois suffisante pour ne pas être reconnue comme un handicap n'a fait qu'ajouter à mon sentiment d'isolement. »

PISTE DE RÉFLEXION

EXISTER ENTRE, AU-DELÀ ET AUX DEUX EXTRÉMITÉS DES SYSTÈMES BINAIRES

Après avoir lu notre histoire, réfléchissez un instant aux différentes façons dont votre identité ou vos expériences pourraient être perçues comme se situant entre ou au-delà des oppositions conventionnelles, voire intégrer des éléments de chaque « extrémité ». Si vous le souhaitez, vous pouvez rédiger votre propre paragraphe pour indiquer comment vous vivez ou avez vécu ces expériences.

Il est important de reconnaître qu'il existe des différences entre les diverses identités et expériences non binaires sur ces différents axes. Par exemple, les implications ne sont pas du tout les mêmes pour une personne élevée par des parents de conditions raciales différentes que pour une personne dont les parents sont issus de classes sociales ou d'origines ethniques différentes. Le fait d'être métissé·e implique généralement que l'on soit plus visible. En d'autres termes, les métis sont souvent victimes de discriminations et de racisme en raison de leur couleur de peau. Les expériences liées à un genre non-binaire diffèrent de celles de la bisexualité, notamment parce que le genre est – parfois – moins bien compris sur le plan culturel, mais aussi parce qu'il est potentiellement plus visible et soumis à des règles au quotidien – comme en témoignent, par exemple, les pronoms et toilettes genrés.

Néanmoins, il peut également s'avérer utile de reconnaître certaines caractéristiques communes de ces expériences non binaires, car cela nous permet de comprendre et de trouver un sens à ce que nous avons vécu. Les traits communs de nombreuses expériences non binaires sont notamment les suivants :

- **SENTIMENT DE NE PAS ÊTRE À SA PLACE** (dans les communautés gay et hétéro, des deux côtés de la famille ayant des religions différentes, parmi les membres blancs ou noirs de la famille…) ;

- **DOUBLE DISCRIMINATION DE LA PART DES DEUX EXTRÉMITÉS DU SYSTÈME BINAIRE** (ne pas être considéré·e comme faisant suffisamment partie de la classe moyenne par les communautés de la classe en question, ou de la classe ouvrière par les communautés ouvrières…) ;

- **ÊTRE REGARDÉ·E AVEC MÉFIANCE À CAUSE DES STÉRÉOTYPES** et être considéré·e, par exemple, comme une personne manipulatrice, indécise, immature, cupide et/ou traître (bisexualité considérée comme une passade, genres non-binaires considérés comme controuvés…) ;

- **HONTE INTÉRIORISÉE EN RAISON DU SENTIMENT QUE QUELQUE CHOSE NE VA PAS CHEZ SOI** (les personnes bisexuelles, non-binaires et métisses souffrent davantage de problèmes de santé mentale que celles qui rentrent dans les cases binaires de la société dominante en matière de sexualité, de genre et/ou de condition raciale) ;

- **DIFFICULTÉS À SE SITUER EN TERMES DE PRIVILÈGES ET D'OPPRESSION** étant donné que le statut non binaire peut entraîner une combinaison compliquée des deux éléments (personnes bisexuelles perçues comme hétéros quand elles entretiennent une relation avec un·e partenaire du « genre opposé », ce qui leur confère certains privilèges et occulte une partie fondamentale de leur personnalité ; personnes métissées à la peau claire perçues comme des personnes de couleur ou blanches en fonction du contexte ou du pays dans lequel elles se trouvent…) ;

- **INCAPACITÉ À SAVOIR OÙ EST SA PLACE**, ou même à savoir si notre être tout entier peut trouver sa place quelque part (sentiment de ne pouvoir exprimer qu'une partie de notre personnalité dans un lieu ou une communauté, voire dans notre famille et auprès de nos ami·e·s, par exemple).

L'INTERSECTIONNALITÉ

L'intersectionnalité est un modèle qui permet d'analyser en partie cette complexité. Ce terme fut utilisé pour la première fois à la fin des années 1980 par **Kimberlé Crenshaw**, une universitaire afroféministe américaine, pour parler de l'expérience des femmes noires dans le système judiciaire pénal ainsi que de la façon dont elle différait de celle des femmes blanches et des hommes noirs. En tant qu'auteur·e·s, la notion d'intersectionnalité nous influence énormément. Néanmoins, il faut bien comprendre qu'elle est issue du féminisme noir à la suite de la marginalisation des voix noires au sein d'un mouvement féministe anglo-américain essentiellement blanc. Lorsque cette notion est appliquée à d'autres domaines, il est important de ne pas oublier qu'elle trouve ses racines dans la justice raciale et le féminisme.

L'intersectionnalité peut nous aider à réfléchir à notre position par rapport aux catégories d'identités binaires définies par la société telles que gay/hétéro, homme/femme, noir·e/blanc·he, col blanc/col bleu, en situation de handicap/valide, transgenre/cisgenre, riche/pauvre, urbain·e/rural·e, âgé·e/jeune, etc.

En particulier, elle peut nous aider à réfléchir aux pouvoirs et privilèges qui nous sont accordés par cette position. L'intersectionnalité est souvent **interprétée à tort** comme une notion concernant la façon dont les différents aspects de notre identité œuvrent de concert pour façonner notre expérience. Or, en réalité, elle concerne la façon dont l'imbrication des systèmes de pouvoir nous influence par le biais de modèles de privilèges et d'oppression. Figures majeures dans le domaine de l'intersectionnalité, **Patricia HillCollins**, **Audre Lorde** et **bell hooks** affirment toutes que la pensée binaire (« l'un *ou* l'autre ») a une influence considérable sur l'oppression, qui accentue la domination et la marginalisation.

Même pour les personnes dont les identités ou expériences ne sont pas explicitement non binaires, l'intersectionnalité remet en question l'interprétation binaire des divers aspects de leur vie. Cela est dû au fait que les gens perçoivent différemment les facettes de leur personnalité en fonction de leurs autres identités et de leur éducation, ainsi que du positionnement de ces dernières au sein des structures sociales et systèmes de pouvoir au sens large. Par exemple, le fait d'être une femme transgenre blanche de la classe moyenne n'est absolument pas pareil que d'être une femme transgenre de couleur issue de la classe ouvrière. En d'autres termes, **il est fort probable que leurs priorités et expériences de vie soient très différentes**. Pensez à l'accès aux traitements médicaux ou aux risques de violence quotidiens, par exemple.

EXERCICE DE RÉFLEXION : DRESSEZ LA CARTE DE VOS INTERSECTIONS

Prenez le temps de dresser la carte de vos propres intersections en termes d'éducation, d'identité et d'expérience. Vous pouvez élaborer une carte conceptuelle ou simplement indiquer où vous vous situez en termes de condition raciale, de classe sociale, de genre, de sexualité, de croyances, d'âge, de handicap, de lieu géographique, de génération, de culture, d'origine ethnique et de toute autre catégorie qui vous semble pertinente. Vous pouvez dresser une carte correspondant à votre position au moment de votre naissance et une autre correspondant à votre situation actuelle. La section suivante aborde les caractéristiques qui évoluent au fil du temps de manière plus détaillée.

Étant donné que nous nous intéressons particulièrement à l'expérience non binaire, demandez-vous où votre position par rapport à ces aspects qui s'entrecroisent vous situe sur un spectre allant des privilèges à l'oppression.

Il est également possible que les choses soient plus complexes que cela et que votre position vous privilégie à certains égards et vous opprime à d'autres en termes de structures et systèmes sociaux au sens large. Le chapitre 6 s'intéresse à l'opposition entre privilèges et oppression.

LES RÉGIONS FRONTALIÈRES

Précédemment, nous avons expliqué comment nous avions tou·te·s deux vécu dans des espaces-frontières et avions eu le sentiment d'appartenir – ou non – à différentes catégories, identités et expériences. Pour de nombreuses personnes, par exemple celles vivant à la limite des frontières coloniales, cet espace-frontière peut être très concret. **Gloria Evangelina Anzaldúa**, une activiste, intellectuelle et lesbienne américaine d'origine mexicaine ayant grandi à la frontière entre le Texas et le Mexique, a parlé de façon claire et convaincante de ces expériences dans son livre intitulé *Borderlands / La Frontera: The New Mestiza.* Même si celui-ci s'intéresse spécifiquement à « tous les Mexicains des deux côtés de la frontière » (pour reprendre les termes de l'auteure), nous ferions preuve de négligence si nous ne mentionnions pas cet ouvrage précurseur sachant qu'il existe à présent tout un domaine de recherche dédié aux régions frontalières.

Vivre à deux endroits en même temps est une expérience très particulière. Anzaldúa parle également du fait de vivre entre les catégories, par exemple entre homme et femme, et entre les identités et expériences hétéros et queers. **Le fait de vivre aux frontières, qu'elles soient politiques, géographiques, historiques, linguistiques ou sociales, nous change.** Bien entendu, le type de frontière où nous vivons fait également une différence. Vivre au niveau d'une frontière politique, par exemple celle entre le Mexique et les États-Unis, n'est pas la même chose que de vivre à la frontière entre deux héritages culturels et/ou linguistiques. Néanmoins, comme indiqué précédemment, ces expériences présentent des points communs.

Lorsque nous vivons dans un ou des espaces-frontières, nous devons souvent apprendre à **osciller entre deux cultures, deux langues, deux histoires, deux normes sociales, etc**. En agissant de la sorte, une troisième expérience se fait jour : celle consistant à osciller entre ces réalités. La vie aux frontières devient une expérience distincte en soi, qui va au-delà du fait d'évoluer dans un lieu ou un autre.

Alex, par exemple, se souvient de sa fille regardant *Raison, Déraison*, un court-métrage réalisé par Leo Matsuda et produit par Sean Lurie. Ce film raconte l'histoire du combat intérieur que se livrent chez un homme le Cerveau, protecteur pragmatique qui calcule le moindre mouvement, et le Cœur, aventurier qui rêve d'une liberté sans limite. Dans les bonus du DVD, Leo Matsuda parle de sa double nationalité japonaise et brésilienne, et de son influence sur *Raison, Déraison*. La fille d'Alex lui a dit à quel point elle avait aimé ce film et s'y reconnaissait. **Elle avait l'impression qu'il illustrait certains de ses sentiments et expériences en tant que personne « mi-italienne, mi-anglaise », pour reprendre ses termes.** Depuis dix ans, elle vit également aux États-Unis, où elle a pris l'accent du Minnesota. Toutefois, aujourd'hui, elle ignore toujours si elle s'y sent chez elle. En effet, depuis toute jeune, elle a toujours eu le sentiment d'être une immigrée.

Plus récemment, elle a indiqué à quel point elle aimait discuter avec l'une de ses amies qui est somalienne. Elles trouvent que leurs grands-mères et leurs familles sont assez similaires à bien des égards. Elles ne se ressemblent pas, la fille d'Alex étant blanche et son amie noire, et ne sont pas issues de la même culture. Pourtant, elles ont certaines expériences en commun. Par exemple, elles ne parlent pas la même langue que leurs grands-parents, sont bilingues et ont une famille qui fonctionne différemment des familles américaines autour d'elles.

C'est malheureux que nous devions raconter cette histoire. **Nous ne voulons pas que vous pensiez que nous pouvons tou·te·s bien nous entendre et ignorer la réalité du racisme, du colonialisme et de la violence des frontières géopolitiques.** Il existe des différences saisissantes et indéniables. L'impact de ces frontières est mortel pour les indigènes, les personnes noires et mates de peau. Nous ne voulons jamais l'oublier. Lorsque nous vivons entre les mondes, dans ces espaces-frontières, à deux endroits à la fois, nous vivons également des expériences uniques et pourtant communes qui défient ces mêmes frontières que la culture dominante essaie d'ériger entre les terres et entre nos corps.

4.2 LA FLUIDITÉ ET L'ÉVOLUTION PAR-DELÀ LES SYSTÈMES BINAIRES AU FIL DU TEMPS

Quand nous avons parlé du genre et de la sexualité dans les deux premiers chapitres de cet ouvrage, nous avons abordé la non-binarité en termes de position entre, au-delà et aux deux extrémités des systèmes binaires à un moment donné et avons indiqué comment cette position pouvait évoluer au fil du temps. Cette section s'intéresse à la façon dont la notion de fluidité – ou changement dans le temps – s'applique à d'autres aspects de notre expérience tels que l'âge, les croyances, l'émigration et le statut social. Quand nous pensons à nos expériences au fil des ans, nous remarquons que beaucoup d'entre elles sont non binaires dans la mesure où elles évoluent entre et par-delà les extrémités des systèmes binaires tout au long de notre vie.

EXPÉRIENCE D'ALEX

« J'ai parlé précédemment de l'impression de m'être senti·e étranger·ère quand j'ai déménagé au Royaume-Uni. Après y avoir vécu quinze ans et avoir été victime de xénophobie dans plusieurs contextes (travail, relations, amitié, communauté queer, système de santé et système juridique), j'ai émigré aux États-Unis en 2008. L'une des choses qui m'ont sauté aux yeux quand j'ai déménagé, c'est que je bénéficiais désormais de privilèges blancs de manière très différente des quinze années précédentes. Aux États-Unis, la plupart des gens me considéraient clairement comme une personne blanche. Ma blancheur peut être mise en doute à cause de mon accent, et par conséquent être plus facilement contestée, mais ma vie quotidienne est soudainement devenue plus simple à bien des égards. Il s'agissait d'un autre genre de choc culturel. Quand j'ai essayé de me mettre en relation avec la communauté italienne à Minneapolis, j'ai trouvé difficile d'y trouver une place en tant que personne non-binaire transgenre car, à cette époque, j'ignorais encore comment exprimer les divers aspects de ma personnalité dans les différents lieux que je fréquentais.

En plus de cela, compte tenu des antécédents de ségrégation aux États-Unis et de mon assimilation aux individus blancs, je me suis soudainement retrouvé·e entouré·e de nombreuses personnes blanches qui avaient été élevées dans une culture anglo-dominante. Beaucoup d'entre elles voulaient clairement que je sois juste comme elles, à savoir une personne blanche. D'après moi, mon expérience est un peu plus compliquée que cela. Par exemple, j'ai grandi dans une culture relativement axée sur la communauté et non dans une culture extrêmement individualiste comme c'est le cas aux États-Unis. Une fois de plus, c'est malheureux à dire, mais il m'a fallu du temps pour admettre que mon expérience était différente de celle de la plupart des personnes blanches américaines de mon âge. Quand je vivais au Royaume-Uni, j'avais connu la xénophobie, j'avais été considéré·e comme une personne exotique et étrangère, traité·e avec condescendance et discriminé·e en raison de mes origines ethniques, de mon accent et de ma citoyenneté. Aux États-Unis, mon expérience en tant qu'immigré·e italien·ne bénéficiant de privilèges blancs a donc été légèrement différente de celle des gens ayant vécu cette expérience à une autre époque. Tout cela pour dire que je poursuis mon analyse tous les jours. Ce que je sais, c'est qu'aujourd'hui je me concentre principalement sur la façon de vivre en tant qu'immigré·e sur une terre colonisée et sur mes responsabilités envers cette terre, ses indigènes et ma fille.

Une autre partie de mon identité ayant évolué au fil du temps concerne ma santé. Quand j'étais âgé·e d'une petite vingtaine d'années, j'ai commencé à me sentir malade et fatigué·e pour une raison inconnue. J'ai également commencé à souffrir d'asthme. À cette époque, je passais un doctorat sur les thèmes du handicap et du genre, et ne m'identifiais pas comme une personne en situation de handicap. Après plusieurs années d'examens médicaux et de visites chez le médecin, on m'a diagnostiqué une fibromyalgie peu avant mon trentième anniversaire. Je m'identifie aujourd'hui comme une personne souffrant de handicaps invisibles. Je me bats contre l'inévitable discrimination fondée sur la capacité physique ainsi que pour les droits des personnes en situation de handicap. Il m'arrive parfois de me demander si je suis "suffisamment handicapé·e" pour me présenter comme une personne non valide. D'autres jours, quand le simple fait de sortir du lit semble être la tâche la plus difficile qui soit et que je ne parviens pas à me lever, je me dis que je suis en droit de me présenter comme telle. Quand je passe plusieurs semaines en me sentant bien, il m'arrive même de me demander si je souffre bien de fibromyalgie. Pourtant, les symptômes finissent toujours par réapparaître ; les éruptions reviennent quoi que je fasse. J'ai également découvert l'influence qu'avaient sur moi mon syndrome de stress post-traumatique complexe (SSPT) et mon trouble traumatique du développement, ainsi que la façon dont ils modifient ma capacité à me révéler au monde tel·le que la culture dominante le souhaiterait.

Les idées préconçues sur le handicap que j'intériorise me poussent toujours à chercher un "remède", à me sentir bien, à considérer mon corps comme plus digne quand il parvient à produire quelque chose. Certains jours, j'ai peur que mon corps n'abandonne et ne lâche. Ces jours-là, je sais que je dois lever le pied et veiller à ne pas le traiter comme un objet, comme une marchandise que l'on utilise et que l'on jette. Je suis mon corps ; nous ne faisons qu'un. Ces jours-là, je lis et relis les ouvrages traitant du handicap de mes auteur·e·s et militant·e·s préféré·e·s, notamment de Jenny Morris et Eli Clare, pour me rappeler qu'il n'y a aucun souci à être tel·le que je suis.

Enfin, un autre aspect de mon identité ayant évolué au fil du temps concerne mon statut de parent. Quand j'ai donné naissance à mon enfant, je savais que j'étais quelque peu queer en termes de genre et surtout de sexualité. Néanmoins, je me faisais cette idée fausse selon laquelle je devais être androgyne pour être *gender queer*, ce que je ne suis de toute évidence pas. En d'autres termes, je m'identifiais encore comme une personne cisgenre se conformant quelque peu au genre. Quand j'ai accouché, je suis devenu·e maman. Pour ma fille, je reste sa maman car, selon elle, ce rôle ne doit pas être genré. Je suis sa mère, mais aussi une personne masculine transgenre. Elle parle de moi comme de sa mère et utilise le pronom "il" (j'utilise personnellement les deux pronoms "il" et "iel") sans difficulté dans la même phrase, comme si elle avait fait ça toute sa vie.

Je suis passé·e du statut de mère qui avait subi une césarienne en urgence, mis son enfant au monde et allaité au statut de parent non-binaire invisible. Comment accéder aux ressources quand celles-ci sont clairement destinées aux femmes alors que vous n'en êtes pas une ? Devais-je participer à des ateliers sur la gestion de la douleur provoquée par ma césarienne au risque que mon genre soit interprété de façon erronée, ou bien devais-je vivre cette expérience seul·e ? Quelle énergie dois-je consacrer à dire à mes ami·e·s que ce n'est pas parce que ma fille m'appelle maman qu'ils ne doivent plus utiliser mes pronoms ? J'ai conscience que cela va à l'encontre de la culture, mais mes ami·e·s aussi peuvent dissocier le rôle de mère d'un genre précis. Beaucoup d'autres parents non-binaires que je connais s'identifiaient déjà comme tels quand ils ont donné naissance à leur enfant. Personnellement, j'ai d'abord été maman et je cherche toujours à savoir où est ma place. La seule personne à qui cela ne semble pas poser trop de problèmes, c'est ma fille. Je suis sa mère et je suis transgenre, et elle a vécu dans des espaces frontières avec moi toute sa vie durant. »

EXPÉRIENCE DE MJ

« Chez moi, le genre, l'âge et la santé mentale ont évolué au fil du temps de manière telle qu'il s'agit d'expériences dynamiques plutôt que statiques, et plurielles plutôt que singulières. Ces expériences s'enchevêtrent à bien des égards, de sorte qu'il est impossible de les dissocier.

Je pourrais parler de ces trois aspects de manière linéaire pour en faire une histoire qui correspondrait davantage à celles de la société au sens large. Concernant mon âge, il s'agirait de l'histoire évidente racontant comment j'ai vieilli au fil du temps : comment, chaque année, j'ai pris un an de plus, gagné en maturité et acquis plus d'expérience que l'année précédente. Concernant mon genre, il s'agirait d'une histoire transgenre racontant comment j'ai été élevé·e comme une fille en sentant que quelque chose n'allait pas, jusqu'à devenir plus viril·e ou masculin·e au début de la trentaine, pour finalement m'identifier comme une personne masculine transgenre non-binaire et subir certaines transitions sociales et physiques (changement de nom et de pronoms, chirurgie et prise d'hormones). Concernant ma santé mentale, je pourrais raconter une histoire maintes fois entendue de guérison, qui commencerait par les événements de mon enfance "à l'origine" de mes difficultés psychologiques, se poursuivrait par des épisodes de dépression et d'anxiété entre 20 et 40 ans, et finirait par la résolution de nombreux problèmes ces dernières années, quand j'ai réalisé un travail thérapeutique et spirituel sur moi-même.

Le risque avec ce type d'histoires linéaires, c'est que nous pouvons nous sentir contraint·e·s de nous y conformer, par exemple en ayant recours à certains services ou en nous présentant comme des personnes "ayant réussi", même si ce n'est pas vraiment le cas. Cela peut nous donner le sentiment d'être des imposteurs ou d'être incapables de nous créer des histoires plus complexes qui nous permettraient de mieux comprendre et accepter nos expériences.

Permettez-moi de raconter une histoire différente sur mon âge, mon genre et ma santé mentale, qui semble davantage me correspondre. Dans cette histoire, je me vois comme une personne ayant des "moi" multiples – plutôt qu'un seul. J'ai toutefois renié ou rejeté certains aspects de ma personnalité à certaines époques de ma vie, quand j'ai appris que ceux-ci n'étaient pas acceptables. Par exemple, j'ai laissé derrière moi mon moi masculin et vulnérable, quand on me persécutait à l'école et me disait qu'une "fille" ne pouvait pas se comporter de la sorte. J'ai abandonné mon moi masculin suffisant et confiant un peu plus tard, quand le manque d'acceptation que je ressentais à l'école et à la maison m'a donné l'impression que quelque chose n'allait pas chez moi. Pendant l'enfance, il m'est également arrivé de laisser derrière moi un tout petit aspect traumatisé de ma personnalité qu'il ne me semblait pas prudent d'exprimer. Le fait de renier ces différents aspects m'a contraint·e à en mettre d'autres au premier plan pour pouvoir survivre à ma réalité : j'ai fait taire ma petite voix intérieure et suis devenu·e une personne qui cherchait à plaire aux gens et qui aurait fait n'importe quoi pour être acceptée, y compris apprendre comment avoir une "féminité acceptable". Cela a fortement contribué à mes difficultés psychologiques, car ma petite voix prenait parfois le dessus, me plongeant dans la dépression et l'automutilation.

Ces dernières années, la thérapie, l'écriture créative et la méditation m'ont permis d'explorer et de me réapproprier les aspects de ma personnalité que j'avais laissés de côté. Cela signifie que mon moi a désormais l'impression d'avoir de multiples facettes ayant des âges et des genres différents. La facette masculine vulnérable est un·e jeune adolescent·e et la facette masculine suffisante, un·e adolescent·e plus âgé·e. À ces deux facettes s'ajoute celle de la personne queer, qui renferme beaucoup de traumatismes mais aussi de joies. Je peux incarner ces différents aspects, ce qui signifie que je me perçois – au même titre que les gens qui m'entourent – comme une variété de genres et d'âges. Tout cela contribue à améliorer ma santé mentale. Dans le même temps, le fait de ressentir des émotions qui étaient prisonnières du passé me laisse un peu sensible et vulnérable. L'histoire dans son ensemble est complexe et mouvante. »

Dans le chapitre 6, nous reviendrons à l'idée selon laquelle nous - en tant que « moi » - sommes pluriel·le·s et évoluons. Dans l'intervalle, nous vous invitons à réfléchir à la notion de fluidité par rapport à votre identité, votre corps et votre histoire.

PISTE DE RÉFLEXION

DES EXPÉRIENCES ÉVOLUTIVES

Quels aspects de votre identité, de votre corps et de vos expériences ont évolué au fil du temps ? Lesquels n'ont pas changé ? Pensez aux discours dominants de la société concernant la façon dont les gens devraient changer et progresser au cours de leur vie (devenir matures et s'installer, connaître la réussite, surmonter les difficultés…). Parmi ces histoires, quelles sont celles qui correspondent ou non à votre expérience ? Contre lesquelles luttez-vous et quelles sont celles que vous acceptez facilement ? Il s'agit peut-être des mêmes histoires, car nous pouvons avoir des sentiments paradoxaux à l'égard de certains aspects de notre expérience.

RÉFLEXION SUR LE TEMPS

Nous avons indiqué comment nos identités et expériences avaient évolué au fil du temps et vous avons invité·e à réfléchir à la façon dont les vôtres avaient également changé. Néanmoins, quelle notion avons-nous du temps ? Peut-on dire qu'il existe une définition universelle du temps ? Vous ne serez pas surpris·e d'apprendre que nous pensons que non.

La façon dont nous conceptualisons le temps est profondément liée aux normes culturelles. Par exemple, considérons-nous le temps comme bipartite ou tripartite ? En d'autres termes, pensons-nous qu'il n'existe que le passé et le présent, sachant que le futur n'est qu'une potentialité et qu'il n'existe donc pas tant qu'il n'est pas survenu ? Ou bien, pensons-nous que le temps se compose du passé, du présent et du futur, et que nous nous dirigeons inexorablement vers ce dernier ?

En outre, considérons-nous le temps comme **linéaire**, comme circulaire, ou comme une **spirale** sur laquelle nous ne revenons jamais réellement au même endroit, mais où nous revisitons peut-être les mêmes modèles ? Et qu'en est-il du temps naturel, c'est-à-dire celui des saisons, des étoiles, du Soleil et de la Lune, par opposition à celui des êtres humains que nous mesurons de façon arbitraire au moyen de différents calendriers, montres et unités ?

D'où provient notre notion du temps ? A-t-elle été impactée par le colonialisme ou non ? Si l'idée que nous nous faisons du temps diffère de celle de la culture dominante, quel impact cela a-t-il sur nous ? Nous avons bien conscience que nous ne faisons ici que lancer quelques questions. Avec un peu de chance, vous les trouverez utiles dans votre démarche visant à envisager la vie par-delà les modèles binaires. En fait, **nous dirions que nous vivons à la fois dans le temps naturel et dans celui des êtres humains**. Nous consultons notre agenda et notre montre pour fixer nos rendez-vous et mener à bien nos différentes activités quotidiennes. Toutefois, nous regardons également la météo – et pas uniquement le calendrier – pour choisir nos vêtements. Le temps existe également à l'intérieur de notre corps. Nos battements de cœur, notre respiration et notre sénescence possèdent tous leur propre rythme. Nous existons sans grandes difficultés au sein de plusieurs types et constructions du temps.

LA TEMPORALITÉ TRANSGENRE

La temporalité transgenre est une autre façon d'appréhender le temps. **Kat Gupta** et **Ruth Pearce** ont étudié ce concept dans le cadre de leurs travaux. Tout d'abord, iels ont fait remarquer que la manière dont les personnes transgenres sont traitées les prive souvent des expériences temporelles importantes auxquelles les autres personnes ont accès. Par exemple, la façon dont les médias continuent souvent d'attribuer un genre erroné aux personnes transgenres quand ils parlent d'elles peut être perçue comme le refus qu'elles aient un éventuel avenir dans leur genre. En parallèle, les discours transgenres populaires peuvent être interprétés comme si les personnes trans pensaient devoir effacer leur passé. Les politiques et usages s'attendent également à ce qu'elles soient clairvoyantes en promettant de rester telles quelles pour toujours si elles souhaitent avoir accès à certains services ou changer de nom, par exemple. Enfin, compte tenu du manque de services en nombre suffisant pour les personnes transgenres, celles qui cherchent à subir une transition physique ont souvent l'impression que leur vie est retardée – ou mise sur pause – dans l'attente d'un traitement.

Néanmoins, les personnes transgenres ont trouvé de nombreuses façons de **défier, transcender et voyager dans le temps**. Par exemple, elles ont souvent des parcours de vie non linéaires qui incluent une interruption, une déconnexion et une discontinuité du temps. Elles peuvent avoir plusieurs pubertés, leur seconde adolescence se produisant plus tard au cours de leur vie et étant vécue de nombreuses manières différentes selon les individus. Beaucoup de personnes transgenres paraissent également plus jeunes que leur âge. Certaines parlent de leur âge en termes d'**« années trans »**, c'est-à-dire le nombre d'années depuis leur coming out. Ainsi, des personnes transgenres ayant le même âge biologique mais ayant fait leur coming out à des âges différents ont probablement une expérience transgenre du temps très différente, qui **ne donne pas l'impression qu'elles ont le même âge**. Le fait que MJ se soit réapproprié certains aspects différemment genrés de sa personnalité et ait connu de nouveaux départs à différents moments de sa vie est un autre exemple de temporalité transgenre.

Bien entendu, ces expériences ne se limitent pas nécessairement aux personnes transgenres ou aux cultures ayant une notion différente du temps. D'autres groupes adhèrent simplement davantage aux discours culturels dominants sur le temps linéaire. Il peut s'avérer utile de réfléchir à la façon dont chacun s'identifie à ses « moi » passé(s) et futur(s), envisage la vie comme une série de mini-naissances et de mini-morts, ou vit selon des spirales ou des cycles plutôt que de suivre un chemin linéaire allant de A à B, par exemple.

L'INSTANT *pause*

Puisque nous parlons du temps, accordons-nous-en pour prendre conscience de notre corps !

Nous vous invitons à prendre quelques instants pour vous mettre à l'aise. Soyez attentif·ve à votre respiration. Vous n'avez pas besoin de la modifier, mais juste d'en prendre conscience. Existe-t-il un moyen pour que vous puissiez vous sentir ne serait-ce qu'un peu plus à l'aise ? Si c'est le cas, prenez le temps pour y parvenir.

Une fois que vous êtes installé·e aussi confortablement que vous puissiez l'être en cet instant, et si vous êtes en mesure de le faire, prenez un peu de temps pour tapoter ou presser vos bras et vos mains, voire vos jambes et vos pieds. Si vous avez l'impression qu'il vous est plus agréable de juste remuer les bras et les jambes, n'hésitez pas à le faire. Vous pouvez également simplement respirer et vous concentrer sur les différentes parties de votre corps.

Pendant que vous réalisez cet exercice, prenez un moment pour remercier votre moi incarné pour toutes les choses qu'il vous permet de faire. Nous savons qu'il est également possible que vous ne puissiez pas faire certaines choses. Néanmoins, pour quoi pouvez-vous remercier votre corps en cet instant présent ? Il s'agit peut-être simplement de votre respiration ou de l'espoir que vous puissiez à nouveau vous montrer reconnaissant·e un jour, et cela suffit. Si possible, une fois que vous avez terminé, réfléchissez à un exercice quotidien que vous pourriez développer pour exprimer plus d'amour et de gratitude à votre corps. Si aucun exercice ne vous vient à l'esprit, ce n'est pas un souci. Vous pouvez décider de respirer consciemment au début de chaque journée. Le fait d'être suffit.

Une fois que vous êtes prêt·e, n'hésitez pas à reprendre votre lecture.

4.3 LE HANDICAP ET LES OPPOSITIONS ENTRE NORMAL·E/ANORMAL·E ET MALADE/EN BONNE SANTÉ

Dans l'introduction, puis dans l'histoire d'Alex, nous avons indiqué comment notre état de santé pouvait évoluer au fil du temps. Bien entendu, pour de nombreuses personnes, la santé peut prendre différents aspects. Certaines naissent avec un handicap, puis voient leur état évoluer au fil des ans. Néanmoins, la culture dominante tend à répartir nos corps parmi les catégories **valides/non valides**, **normaux/anormaux** et **en bonne santé/malades**, même si ceux-ci recèlent des tas d'expériences et de complexités.

Même si elles semblent fragiles et aisées à franchir, les limites de ces oppositions restent difficiles à explorer. Par exemple, les gens cherchent souvent à savoir s'ils sont « suffisamment malades » pour rester chez eux et ne pas se rendre au travail ou à l'école. De nombreuses personnes souffrant de problèmes de santé chroniques ignorent si elles doivent, voire si elles *peuvent*, se considérer comme non valides. Beaucoup de gens atteints de troubles psychiques graves peuvent se considérer comme des personnes en situation de handicap ou non, même s'ils ont vraiment du mal à se sentir « normaux ».

Ces oppositions sont clairement arbitraires et **dépendent énormément du contexte**. Par exemple, elles dépendent des messages qui nous ont été inculqués concernant la santé et la maladie, ainsi que de la distinction entre capacité physique, capacité sensorielle et capacité émotionnelle - et des prescriptions légales inhérentes. Elles dépendent également de nos différentes intersections. **Les personnes indigènes et de couleur en situation de handicap, notamment, peuvent avoir une expérience totalement différente de celles des personnes blanches non valides.** L'expérience des personnes féminines et masculines diffère également compte tenu des attentes genrées de la société par rapport au corps. Par exemple, des études ont montré que dans un couple marié composé de personnes de « genres opposés », si la femme développait un handicap, son époux avait davantage de chances de la quitter que si la situation était inversée.

EXPÉRIENCES DIVERSES

LES DIFFÉRENTS RAPPORTS AU HANDICAP

- « JE N'AI JAMAIS SU SI JE POUVAIS OCCUPER L'ESPACE RÉSERVÉ AUX PERSONNES EN SITUATION DE HANDICAP quand je participe à mon congrès préféré. Je suis une personne extrêmement anxieuse. Cette angoisse a eu une incidence sur tous les aspects de ma vie, du travail à mes relations familiales, en passant par l'envie de continuer à vivre. Néanmoins, je ne parviens toujours pas à dire que je suis handicapé·e. J'aurais l'impression de mentir, ou quelque chose de ce genre. En toute honnêteté, j'ignore si je reste conscient·e de mes privilèges ou si j'intériorise les idées préconçues sur les personnes en situation de handicap. »

- « JE TROUVE LES ÉTIQUETTES "HANDICAPÉ·E" ET "SOURD·E" PARTICULIÈREMENT PUISSANTES. J'ai été élevé·e dans l'idée que quelque chose clochait vraiment chez moi à cause de ma surdité. Par conséquent, quand j'ai découvert la communauté des personnes malentendantes, la langue des signes et la Fierté sourde, ce fut une révolution. Je sais que beaucoup de personnes sourdes ne se considèrent pas comme handicapées. Je concède que nous sommes un groupe linguistique et culturel à part entière. Néanmoins, je souhaite également attirer l'attention sur la façon dont la société me handicape. C'est pour cette raison que j'aime utiliser les deux étiquettes "handicapé·e" et "sourd·e". »

- « **CE FUT DIFFICILE DE TROUVER DES PROFESSIONNELS DE SANTÉ COMPÉTENTS DANS LES MALADIES AUTO-IMMUNES QUI TRAVAILLENT ÉGALEMENT AVEC LES PERSONNES AUTOCHTONES.** Là où je vis, les services spécialisés dans l'aide aux communautés autochtones ne semblent pas avoir de solides connaissances sur mon handicap, tandis que les professionnels de santé qui le connaissent ne comprennent pas mon identité en tant que membre du peuple ojibwé habité par deux esprits. »

- « **AVEC LE TEMPS, JE ME SUIS DE PLUS EN PLUS REPLIÉ·E SUR MOI-MÊME.** Si je fais quelque chose, j'ai peur d'être trop fatigué.e pour aller travailler le jour suivant. En d'autres termes, tout ce que je fais, c'est aller travailler et me rendre chez le médecin pour me soigner. Je suis épuisé·e, je m'ennuie et je suis en colère. Mes amis ont arrêté de m'appeler et je ne leur en veux pas. Je ne veux pas être handicapé·e, mais je pense l'être. Ensuite, j'éprouve de la honte à l'idée de ne pas vouloir l'être et cela ne m'aide en rien. »

- « **JE NE VEUX PAS DIRE À TOUT LE MONDE QUE JE SOUFFRE D'UN TROUBLE DE LA COMMUNICATION SOCIALE.** Par conséquent, les gens pensent que je suis toujours d'humeur morose ou que j'ai un mauvais caractère. C'est difficile de leur expliquer mon problème quand c'est justement ma capacité à communiquer avec les gens qui est "problématique" chez moi ! Je suis content·e de connaître d'autres personnes souffrant du même trouble. Je suis plus à l'aise en leur compagnie car elles me comprennent. »

EXERCICE DE RÉFLEXION : SANTÉ ET HANDICAP

Réfléchissez à votre propre expérience en termes de santé et de handicap. Vous considérez-vous comme une personne souffrant de problèmes de santé chroniques ou sujette à certains troubles aigus ? Diriez-vous que vous avez souffert d'un handicap ou non ? Dessinez un spectre allant de « malade » à « en bonne santé », ou de « non valide » à « valide ». Où vous situeriez-vous maintenant ? Votre position a-t-elle évolué au fil du temps ou est-elle relativement statique ? Est-elle différente quand vous envisagez différentes parties de votre corps ou de votre vécu émotionnel ?

Ce chapitre se concentre principalement sur la santé physique et le suivant sur la santé mentale, toutes deux constituant, bien entendu, une autre opposition devant être remise en question. Comme nous le verrons, les deux sont interconnectées et inséparables. Les traumatismes et les difficultés émotionnelles sont profondément ancrés dans notre corps. Les choses qui sont considérées comme physiques par convention, par exemple la douleur, laissent des séquelles affectives importantes et sont influencées par notre réaction psychologique face à elles.

RÉFLEXION SUR LE HANDICAP AU NIVEAU SOCIAL

À la différence d'autres façons d'appréhender le handicap, l'approche sociale remet profondément en question le modèle binaire visant à distinguer les personnes en situation de handicap de celles qui ne le sont pas. **Les modèles sociaux situent le handicap au niveau de la société plutôt qu'au niveau de l'individu.** Par exemple, plutôt que de percevoir le handicap comme inhérent au corps d'une personne en chaise roulante, la société perçoit les escaliers comme quelque chose qui *handicape* les gens.

Les limites qui empêchent les gens de mener des activités essentielles à la vie quotidienne sont imposées par des barrières structurelles et systémiques. Ces barrières font partie d'un système social qui considère **certains corps comme « normaux » et certains comme « autres »** au lieu d'envisager un large éventail de corps et de possibilités, par exemple lors de la conception d'un bâtiment ou d'un meuble. Cela relègue les individus en situation de handicap au statut de citoyens de second rang en raison des problèmes d'accessibilité auxquels ils sont confrontés.

Le handicap est un produit dérivé d'une société organisée autour de certains corps uniquement, que la législation, l'éducation, les institutions et la culture populaire définissent comme « normaux ». En partant de ce postulat, nous pourrions concentrer les solutions sur des actions sociétales plutôt que sur des actions médicales destinées à rendre les corps plus conformes à certaines normes. Par exemple, le fait de proposer des sous-titres ou des boucles magnétiques serait perçu comme une opportunité d'accès pour une communauté élargie, et non comme la réponse à un besoin individuel précis.

Enfin, en la matière, les modèles sociaux nous considèrent tou·te·s comme interdépendant·e·s. Ils ne suggèrent aucunement que les personnes en situation de handicap sont dépendantes afin d'alimenter le mythe selon lequel toute personne non handicapée est indépendante.

Le fait de dépendre d'un·e aide à domicile, par exemple, fait partie d'un système d'interdépendance plus vaste où chacun·e d'entre nous compte sur autrui pour produire la nourriture, éliminer nos déchets et faire fonctionner les transports en commun. L'accent mis par la société sur la santé et la « normalité » marginalise les corps souffrant de handicaps, car les gens ne veulent pas qu'on leur rappelle leur interdépendance, leurs limites, leur souffrance et leur statut de mortels.

Par conséquent, si nous optons pour un modèle plus social, nous pourrions :

- **adopter un regard critique** sur la pensée binaire, qui distingue les personnes souffrant de handicaps de celles qui n'en souffrent pas (opposition entre corps « normaux » et « autres ») ;
- arrêter de percevoir le handicap comme un **trouble** ou un **manque** dont souffrent certaines personnes, et reconnaître l'existence d'une grande variété de corps ;

- cesser de situer le handicap **au niveau de l'individu** pour le situer au niveau de la société ;

- considérer tous les individus comme **interdépendants**, plutôt que d'établir une distinction entre les personnes handicapées dépendantes et les personnes non handicapées indépendantes.

PISTE DE RÉFLEXION

VOTRE CORPS ET LE MONDE AU SENS LARGE

Réfléchissez à votre corps par rapport au monde qui vous entoure, y compris vos éventuels handicaps, vos différentes capacités sensorielles, votre forme, votre taille et toute autre chose qui vous semble pertinente. Dans quelle mesure les choses vous sont-elles accessibles ? Dans quelle mesure le monde limite-t-il votre accessibilité ? Vous pouvez envisager des choses telles que les transports publics, les magasins, les bâtiments, les meubles, mais aussi les normes culturelles relatives aux activités auxquelles vous « devriez » pouvoir vous adonner et leur impact sur vous.

4.4 LES CORPS QUI COMPTENT ET CEUX QUI NE COMPTENT PAS

Dans la section précédente, nous avons indiqué que le handicap est un produit dérivé d'une culture dominante qui définit certains corps comme « la norme ». La santé n'est pas le seul critère que cette culture utilise pour définir ce qui est « normal ». Prenons l'exemple des **tests psychologiques** ; aux États-Unis et au Canada, ceux-ci sont souvent « normés », c'est-à-dire testés et validés en menant des recherches auprès d'étudiants universitaires. Ces derniers ont tendance à être jeunes, blancs et en bonne santé et, en règle générale, ne souffrent d'aucun handicap. Néanmoins, ces tests psychologiques sont ensuite réalisés et utilisés auprès d'un éventail plus large de personnes et même au-delà des frontières, dans les pays où l'on parle la même langue.

Au cours des dernières années, nous avons assisté à plusieurs mouvements mettant en exergue la façon dont certains corps sont considérés comme « la norme » (et donc protégés), les autres étant en quelque sorte considérés comme jetables. Aux États-Unis et au Royaume-Uni, l'un des mouvements les plus importants est le mouvement *Black Lives Matter*. Celui-ci a attiré l'attention sur les **inégalités qui existent entre les individus noirs et les individus blancs** - en termes de perte de vie et d'autres problèmes. Le tollé suscité par ce mouvement montre que ces inégalités restent totalement ignorées. Si les parents blancs n'ont pas à craindre pour la vie de leurs enfants quand ces derniers jouent à l'extérieur ou conduisent une voiture, les parents noirs n'ont pas d'autre choix que de s'inquiéter et sont souvent dévastés par le chagrin quand un nouvel enfant noir est tué par la police. Le mouvement *Black Lives Matter* n'a jamais nié que toutes les vies étaient sacrées ; **il a plutôt mis en évidence le fait que les vies noires n'étaient pas traitées comme telles et que les corps noirs et mats n'étaient pas uniquement considérés comme jetables dans les films hollywoodiens, mais aussi dans la vie de tous les jours**. Ils sont également sujets à des violences et meurtres systémiques perpétrés par des systèmes dont l'objectif premier n'a jamais été de les protéger.

Les féministes de couleur, en particulier les féministes noires, ont déjà réalisé un travail considérable sur la façon dont la « féminité » est généralement assimilée à la « féminité blanche ». Par exemple, aux États-Unis, plusieurs « Marches des femmes » ont été organisées après les élections présidentielles de 2016. Malgré de « bonnes intentions », plusieurs femmes transgenres, indigènes et de couleur ont signalé des incidents lors de ces marches. Bien entendu, certaines femmes ont passé un bon moment et vécu une expérience différente. Il est rare qu'une chose soit totalement positive ou totalement négative. Néanmoins, ce que ces micro et macro-agressions illustrent, c'est que certaines personnes ont le sentiment d'être autorisées à se trouver à un certain endroit, à un certain moment, et se considèrent comme un élément central d'un mouvement.

Beaucoup de femmes cisgenres blanches ont le sentiment d'être au cœur du mouvement de libération de la femme et peuvent avoir du mal à reconnaître l'existence et les contributions importantes des femmes transgenres, indigènes, noires et mates de peau, des femmes en situation de handicap et des femmes non-binaires. Cela peut entraîner différentes formes d'essentialisme.

Si la « féminité » se définit comme le fait d'avoir un vagin, alors certaines femmes transgenres sont automatiquement exclues. Néanmoins, si la définition de la « féminité » est associée aux expériences liées au fait d'avoir un vagin, c'est-à-dire avoir ses règles, donner naissance à un enfant, etc., cela signifie-t-il que le mouvement exclut les femmes qui souffrent d'aménorrhée ou ont choisi de ne pas avoir d'enfants ?

Si le vagin est un élément fondamental, quels sont les vagins qui comptent ? Les femmes noires, mates de peau et indigènes, qui ont été objectifiées et sexualisées à l'excès, peuvent-elles être considérées comme des objets ? Les femmes transgenres – en particulier celles de couleur –, qui sont impactées de manière disproportionnée par les violences misogynes, peuvent-elles réellement être écartées parce que leurs organes génitaux ne correspondent pas aux attentes de la société dominante ?

Dans cette section, nous nous demandons **quels sont les corps qui comptent et ceux qui ne comptent pas**. Traditionnellement, au Royaume-Uni et aux États-Unis, les corps blancs ont toujours compté davantage, au même titre que les corps cisgenres, valides, masculins, minces, jeunes et hétéros et que les corps issus des classes sociales moyenne et supérieure. Ce fait est corroboré par les données statistiques sur les inégalités en matière de santé, la discrimination et la violence. Il est également vérifié par les témoignages et la représentation majoritaire de ces corps dans les médias traditionnels.

Quels corps sont représentés comme étant la « norme » et quels sont ceux assimilés à des objets ?

Par exemple, les corps noirs, mats, indigènes, transgenres, en situation de handicap et queers sont-ils uniquement représentés lorsqu'ils sont assassinés ou en souffrance ? Sont-ils uniquement illustrés comme un spectacle – plutôt que comme une partie intégrante des diverses expériences humaines ? À qui prêtons-nous attention ? Par exemple, beaucoup de femmes blanches ont été touchées par la série télévisée *La Servante écarlate*, qu'elles considèrent comme la représentation d'un futur dystopique qui pourrait dangereusement devenir réalité. Néanmoins, aux États-Unis, les femmes noires ont déjà vécu ce futur par le passé, quand, à l'époque de l'esclavagisme, leur corps était utilisé sans leur consentement à des fins de reproduction. Qui est représenté, dans quel contexte, et comment ? L'histoire de qui raconte-t-on ? Qui contrôle le récit ? Qui raconte l'histoire, prend la photo, réalise le film ?

EXERCICE DE RÉFLEXION : ACCORDER DE L'ATTENTION AUX HISTOIRES AUTOUR DE NOUS

Ces prochains jours, accordez-vous un moment pour observer les images et les histoires autour de vous. Quels corps sont représentés ? L'histoire de qui raconte-t-on et comment ? N'hésitez pas à utiliser les questions mentionnées dans ce paragraphe juste avant cet exercice de réflexion. Si possible, consignez vos observations par écrit. Si certains corps ne sont pas représentés dans les médias que vous consommez déjà, pensez-vous pouvoir trouver ces images et/ou récits d'une manière ou d'une autre ? Dans ce cas, remarquez-vous l'effet qu'ont sur vous ces histoires et images d'autres corps ? La fin de ce chapitre propose plusieurs ressources sur le régime visuel ; n'hésitez pas à les consulter avant ou après avoir réalisé cet exercice.

« L'ATTIRANCE »

Un autre système binaire influence fortement la façon dont la culture dominante traite les individus : l'**opposition entre séduisant·e et repoussant·e**. Même si les gens peuvent avancer qu'il ne s'agit pas d'un système totalement binaire, la pensée binaire indique néanmoins à nos sens qu'il existe un spectre où nous pouvons situer les individus en termes d'apparence.

Ce mode de pensée est à l'origine de cette façon que nous avons de nous noter - ou de nous noter mutuellement - sur une échelle de 1 à 10, ou de considérer quelqu'un comme « hors course ». Les applications où l'on balaie les partenaires potentiel·le·s en nous appuyant uniquement sur leur apparence ne nous aident pas à adopter un autre mode de pensée.

Parmi les personnes qui parviennent à correspondre à l'**idéal de « beauté »**, peu se trouvent en réalité séduisantes. Par ailleurs, elles sont souvent anxieuses à l'idée de devoir conserver cette beauté. Dans une société qui accorde tant d'importance à l'esthétisme, il est très tentant pour une personne qualifiée de « belle » de s'identifier comme telle et d'utiliser son apparence pour se faire accepter. Bien entendu, cela revient à s'identifier par rapport à un critère qui est inévitablement voué à évoluer. Même si vous évitez les accidents et maladies qui modifient soudainement l'apparence, personne n'échappe au processus de vieillissement qui nous éloigne des **idéaux assimilant la beauté à la jeunesse**.

De nombreuses personnes consacrent beaucoup de temps et d'énergie à cette quête d'idéal esthétique, et souffrent énormément quand elles ne parviennent pas à atteindre leur objectif. Il suffit de penser au rejet et au ridicule que notre culture associe toujours au fait d'être « repoussant·e ». Néanmoins, il est difficile de critiquer cette opposition - et la souffrance qu'elle provoque - car il existe une idée profondément ancrée dans la société selon laquelle le fait de chercher à avoir un physique agréable n'est pas un problème puisqu'il s'agit d'un choix et que cela est amusant, plaisant, voire valorisant.

En matière d'attirance, les idéaux occultent également souvent le racisme, la misogynie, la discrimination due à l'âge et la discrimination fondée sur la capacité physique. Par exemple, sur les applications de rencontre, beaucoup d'hommes blancs gays pensent toujours qu'il est acceptable d'indiquer qu'ils ne sont pas intéressés par les individus de certains groupes raciaux – ou, à l'inverse, qu'ils privilégient les individus de certains groupes – au prétexte qu'ils ne sont pas « naturellement » attirés par ces derniers. Évidemment, aucun·e d'entre nous ne peut échapper à sa culture et – dans notre cas – à l'influence des idéaux esthétiques sectaires qui présentent les corps minces, jeunes, blancs et valides comme séduisants et nous incitent tou·te·s à porter un jugement sur nous-mêmes par rapport à ces modèles.

En matière d'apparence, les oppositions montrent clairement quels types de corps sont considérés comme appréciables – en tant qu'objets de désir, partenaires potentiel·le·s ou plaisir des yeux – et ceux qui ne le sont pas. Comme pour le handicap, le monde qui nous entoure s'articule autour de postulats binaires concernant la normalité des corps, qui ne correspondent pas à la diversité des corps existants. Par exemple, bien qu'il soit critiqué, l'indice de masse corporelle (IMC[21]) est toujours utilisé pour apprécier l'état de santé d'un individu. Dans la même veine, beaucoup de boutiques ne vendent que des vêtements dont la taille maximale est inférieure à la taille moyenne, en particulier des vêtements féminins.

21. Par exemple, l'IMC ne fait aucune distinction entre la masse musculaire et la masse graisseuse. Il ne tient pas non plus compte de l'ossature ni du tour de taille des individus. Il a également fait l'objet de critiques car il serait un mauvais indicateur de l'état de santé général.

Le corps des personnes indigènes, noires et mates de peau est souvent considéré comme un objet, qualifié d'exotique et touché en public sans leur consentement, en particulier – mais pas uniquement – s'il se présente comme féminin. C'est comme si les corps qui « ne comptent pas » pour la culture dominante devenaient la propriété collective de ceux qui « comptent ». **Étant donné que cette culture est ancrée dans le colonialisme et le racisme, ces injustices et agressions semblent malheureusement logiques.** Nous n'avons pas encore éradiqué la colonisation et l'esclavage de ces corps de notre culture ni de la conscience collective. Pourtant, beaucoup d'entre nous refusent d'admettre que nous continuons à rendre ces atrocités possibles dans notre vie quotidienne.

Des activistes comme **Eugene Grant** ont indiqué comment les transports publics, les bâtiments, les magasins… prenaient rarement en considération l'accessibilité des personnes de petite taille, et comment la grande majorité des gens considérait encore comme acceptable que l'on fasse des commentaires sur l'aspect des personnes naines, qu'on les prenne en photo ou qu'on les ridiculise comme si elles n'étaient pas des êtres humains. D'autres activistes ont émis des remarques similaires concernant le traitement des personnes obèses en public, en indiquant par ailleurs que celles-ci sont souvent tenues pour responsables de leur surpoids, même si les craintes morales liées à l'« obésité » s'appuient pour la plupart sur des mythes et des arguments infondés[22]. Le film d'animation *Flying While Fat*[23] réalisé par Stacy Bias illustre à quel point la société stigmatise

22. Voir Cooper (Charlotte), *Fat Activism: A Radical Social Movement*, HammerOn Press, Bristol, 2016.
23. NdT – « *Prendre l'avion quand on est obèse* ».

l'obésité. Il montre que la taille des sièges d'avion a diminué à un point tel au fil des ans que les voyages sont devenus douloureux pour beaucoup de personnes en surpoids. Cette souffrance est exacerbée par les réactions négatives d'autres passagers qui aimeraient que les personnes obèses se serrent autant que possible et évitent de se déplacer dans l'avion – même si cela provoque chez elles beaucoup d'inconfort et est préjudiciable pour leur santé.

On peut établir ici une comparaison utile avec beaucoup d'autres oppositions hiérarchiques qui accordent **plus d'importance à certains corps qu'à d'autres**. Si les individus dont le corps prend moins de place dans les avions pouvaient faire de la place à ceux dont le corps en prend plus, tout le monde serait plus à l'aise. De la même manière, d'autres aspects de la vie seraient plus agréables pour tou·te·s si les personnes les plus privilégiées et les plus puissantes pouvaient partager une partie de leurs privilèges plutôt que de s'y accrocher.

PISTE DE RÉFLEXION

VOTRE CORPS

Dans quelle mesure la société au sens large considère-t-elle votre corps comme plus normal, plus idéal ou plus important ? Dans quelle mesure avez-vous plus facilement accès à certaines installations ? Ensuite, posez-vous les questions inverses. Quel est l'impact sur votre vie au quotidien ? Comment les choses pourraient-elles évoluer pour vous à l'avenir ?

Le prochain chapitre s'intéresse aux émotions. Il aborde la distinction culturelle entre corps et esprit, qui est en grande partie responsable de notre propension à traiter notre corps comme une surface perfectible en termes d'apparence, ou comme une machine nous servant à être productifs, alors que nous devrions nous considérer comme des êtres incarnés.

RESSOURCES SUPPLÉMENTAIRES

Les ouvrages suivants abordent le corps sous des angles de vue similaires à ceux du présent chapitre :

- Anzaldúa (Gloria), *Borderlands/La Frontera: The New Mestiza*, Aunt Lute Books, San Francisco (CA), 2012.

- Bernhard (Toni), *How to Be Sick: A Buddhist-Inspired Guide for the Chronically Ill and Their Caregivers*, Wisdom, Somerville (MA), 2010.

- Clare (Eli), *Exile and Pride: Disability, Queerness, and Liberation*, Duke University Press, Durham (NC), 2015.

- Clare (Eli), *Brilliant Imperfection: Grappling with Cure*, Duke University Press, Durham (NC), 2017.

- Crenshaw (Kimberlé), *On Intersectionality: Essential Writings*, The New Press, New York, 2019.

- Eddo-Lodge (Reni), *Why I'm No Longer Talking to White People About Race*, Bloomsbury Publishing, Londres, 2017.

- Hill-Collins (Patricia) et Bilge (Sirma), *Intersectionality*, Polity Press, Bristol, 2016.

• hooks (bell), *Ain't I a Woman: Black Women and Feminism*, Routledge, Londres, 2015.

• Lorde (Audre), *Sister Outsider : Essais et propos sur la poésie, l'érotisme, le racisme, le sexisme…*, Mamamélis, Genève, 2018.

• Morris (Jenny), *Pride against Prejudice: Transforming Attitudes to Disability*, The Women's Press, Londres, 1991.

• Serano (Julia), *Excluded: Making Feminist and Queer Movements More Inclusive*, Seal Press, Berkeley (CA), 2013.

• Shukla (Nikesh), *The Good Immigrant*, Unbound Digital, Londres, 2017.

• Taylor (Sonya Renee), *The Body is Not an Apology: The Power of Radical Self-Love*, Berrett-Koehler Publishers, Oakland (CA), 2018.

Pour établir un lien entre ces idées et votre vie, n'hésitez pas à consulter les ressources suivantes :

• http://everydayfeminism.com

• https://thebodyisnotanapology.com

• Propos enflammés d'Erica Hanna sur le régime visuel : https://www.youtube.com/watch?v=Dfq4iU3x1ZM, page consultée le 21 novembre 2018.

- Podcast *Gender Stories* : Alex Iantaffi s'entretient avec Erica Hanna sur les problèmes liés à l'image corporelle et les violences sexuelles, entre autres choses : https://genderstories.buzzsprout.com/156032/717775-navigating-the-world-as-a-woman

- Conférence TED de Lillian Bustle intitulée *Stripping Away Negative Body Image* : https://www.youtube.com/watch?v=ME-cOl8oTkY, page consultée le 21 novembre 2018.

Vous trouverez des informations supplémentaires sur les travaux menés par les personnes mentionnées dans le présent chapitre sur leurs sites Web et leurs pages Twitter respectifs :

- http://stacybias.net
- https://ruthpearce.net
- http://mixosaurus.co.uk
- http://twitter.com/mreugenegrant

CHAPITRE 5

LES ÉMOTIONS

La culture dominante considère souvent que les émotions sont distinctes du corps et que nous pouvons les **contrôler**. En fait, cela semble presque souhaitable. À défaut, nous pouvons parfois avoir l'impression qu'elles pourraient se répandre partout ! Il existe une partie de notre corps dont nous n'avons pas encore parlé : notre système nerveux. Nos émotions sont profondément ancrées dans notre corps et dans notre système nerveux qui, bien entendu, fait lui aussi partie de notre organisme.

N'ayez crainte si tout cela vous paraît un peu déroutant. Dans ce chapitre, nous approfondirons le sujet et aborderons les émotions comme des expériences incarnées. Nous nous intéresserons également à la façon dont la culture dominante en est venue à accorder plus d'importance à la **rationalité** qu'aux émotions, ainsi qu'aux raisons pour lesquelles cette opposition est, selon nous, dangereuse et préjudiciable. Nous parlerons aussi d'autres oppositions telles que celle entre **sentiments négatifs** et **sentiments positifs**. Enfin, nous déconstruirons le système binaire qui oppose les personnes aliénées aux personnes saines d'esprit afin de tendre vers un bien-être émotionnel individuel et collectif.

5.1 L'INCARNATION DES ÉMOTIONS ET L'OPPOSITION ENTRE CORPS ET ESPRIT

Dans l'introduction, nous avons avancé des arguments quelque peu circulaires et potentiellement déroutants concernant le corps, les émotions et le système nerveux. Voyons cela de plus près dans la section qui suit. Comme indiqué dans le chapitre précédent qui s'intéressait au corps, la distinction entre corps et esprit n'est pas universelle. Dans les pays d'Europe de l'Ouest et les pays anglo-dominants, cette distinction remonte clairement au XVIIe siècle et à la philosophie de Descartes. La théorie de Descartes est une forme de rationalisme qui perçoit **la pensée comme une façon d'appréhender le monde** ; nos connaissances ne seraient donc pas dérivées d'expériences sensorielles directes. Cette théorie a conduit au développement de l'opposition entre corps et esprit, qui est aujourd'hui très répandue – et problématique – dans la culture dominante. Pour commencer, mettons les choses au point : **ce n'est pas ainsi que fonctionne notre corps !** Le cerveau fait partie de ce dernier et n'est qu'un élément de notre système nerveux. Le cerveau et la moelle épinière font partie de notre système nerveux central, tandis que le système nerveux périphérique inclut les systèmes nerveux autonome et somatique. Le système nerveux périphérique se compose de nerfs qui se propagent dans les bras, les mains, les jambes et les pieds depuis la moelle épinière, ainsi que de nerfs qui se diffusent jusqu'au cœur, aux poumons, à l'estomac, aux intestins, à la vessie et aux organes génitaux. Le système nerveux central inclut des nerfs qui se prolongent jusqu'aux yeux, à la bouche, aux oreilles et à d'autres parties de notre tête. De nombreux nerfs et cellules se transmettent donc constamment des informations.

Qu'est-ce que tout cela a à voir avec les émotions ? Contrairement à ce que pensait Descartes, nous n'existons pas en tant qu'organisme composé de deux éléments distincts : le corps et l'esprit. Notre esprit fait partie intégrante de notre corps. Nous sommes des êtres incarnés, dotés de pensées, d'émotions et de réactions.

Par exemple, lorsque nous sommes angoissé·e·s, notre rythme cardiaque et notre respiration se modifient, et nous ressentons des **sensations** au niveau de l'abdomen - par exemple, une « boule au ventre ». Dans certains cas, nous pouvons également transpirer, trembler ou être soudainement pris·es de diarrhée (d'où l'expression « faire dans son froc » quand nous avons peur !). Tout cela est le signe que notre système nerveux est à l'œuvre.

Nous savons que nous ressentons une émotion car nous vivons une **expérience physique et incarnée**. Certaines pensées peuvent accompagner ces émotions. Néanmoins, si nous prêtons attention à notre corps, nous remarquons que c'est de lui qu'émanent les informations. Quand nous sommes tristes, par exemple, nous pouvons pleurer ou avoir les membres lourds, ce qui nous empêche d'avancer et d'agir. Quand nous sommes en colère, nous pouvons avoir chaud, trembler et même pleurer. **Nos émotions s'expriment de façon somatique (c'est-à-dire via le corps), d'une manière qui nous est plus ou moins familière.**

Notre environnement et notre façon de nous mouvoir influencent également nos émotions. Tout est lié de façon circulaire et réciproque au sein de notre corps. Nous recevons les signaux envoyés par notre environnement et notre corps, et envoyons des messages au cerveau sur les événements qui se produisent, et inversement. Il s'agit en effet d'un système complexe. Parfois, comprendre ce qui se passe au niveau de nos émotions peut s'apparenter à se demander qui de l'œuf ou de la poule est arrivé en premier. Par exemple, le fait de ne pas assez dormir ou de mal dormir, de ne pas faire assez d'exercice, de ne pas manger et de ne pas boire d'eau en quantités suffisantes peut avoir une **incidence sur notre humeur**. En retour, ces émotions ont une incidence sur notre capacité à dormir, manger, boire et faire de l'exercice. Ainsi va la vie de notre premier jusqu'à notre dernier souffle. Pourtant, beaucoup d'entre nous ignorent cette danse des émotions qui paraît échapper à notre contrôle et nous effraie.

PISTE DE RÉFLEXION

COMMENT SAVEZ-VOUS CE QUE VOUS RESSENTEZ ?

Prenez un moment pour lever le pied et prêter attention à ce que vous ressentez. Il est possible que vous ne ressentiez rien ; il s'agit là aussi d'une émotion. Peut-être ressentez-vous de l'indifférence, de la satisfaction ou d'autres émotions qui sont un peu difficiles à saisir. Quoi que vous soyez en train de faire, pouvez-vous prêter attention à votre corps ? Comment se comporte votre cœur ? Comment respirez-vous ? Que se passe-t-il au niveau de votre ventre ? Qu'en est-il de vos muscles ? Sont-ils tendus ou détendus ? Si vous ignorez comment faire la différence, réalisez l'exercice suivant. Contractez votre corps au moment d'inspirer, puis détendez-vous et décontractez votre corps au moment d'expirer. Après avoir réalisé cet exercice quelques fois, vous devriez remarquer la différence au niveau de vos muscles quand ils sont tendus et détendus.

Au cours des prochains jours, si vous le souhaitez, faites deux ou trois pauses quotidiennes pour prêter attention à vos émotions. Que ressentez-vous ? Comment savez-vous ce que vous ressentez ? Par exemple, si vous vous sentez enthousiaste, quelles sensations vous amènent à penser que vous ressentez de l'enthousiasme ? Vous pouvez noter vos expériences pour apprendre à mieux connaître vos émotions et la façon dont elles se manifestent sur le plan somatique, c'est-à-dire au niveau de votre corps.

L'IMPACT DES TRAUMATISMES SUR NOTRE BIEN-ÊTRE ÉMOTIONNEL

Nous avons indiqué que beaucoup d'entre nous ne sont pas habitué·e·s à la **danse des émotions** qui a lieu à l'intérieur de notre corps. Celle-ci peut également paraître pénible, désagréable, indésirable, voire dangereuse. Cela peut être dû au fait que nos systèmes nerveux n'ont pas eu l'occasion de développer un sentiment de sécurité et de contenance. Alex, par exemple, s'est senti·e extrêmement soulagé·e quand iel a découvert qu'iel souffrait du **syndrome de stress post-traumatique complexe (SSPT) et du trouble traumatique du développement**. Ces traumatismes apparaissent dans l'enfance, quand notre cerveau est encore en plein développement, pendant l'adolescence, voire au début de la vie d'adulte (généralement avant l'âge de 25 ans). Ces étiquettes ont enfin expliqué de nombreuses expériences qu'iel avait vécues, auxquelles iel avait du mal à trouver un sens auparavant. Elles expliquaient également de nombreuses expériences dont lui avaient parlé ses patients lors de leurs séances de thérapie.

En opposant corps et esprit, nous risquons également de penser que notre esprit contrôle notre corps. Cela ne correspond toutefois pas à l'expérience que beaucoup d'entre nous ont vécue, c'est-à-dire nous retrouver **« hors de contrôle »** quand nous ressentons des émotions fortes. En fait, quand nos émotions sont intenses, nous pouvons avoir une réaction d'attaque ou de fuite, ou être paralysé·e·s. En d'autres termes, nous pouvons nous sentir combatif·ve·s, pugnaces et agressif·ve·s, et avoir envie de frapper quelqu'un, un objet ou nous-mêmes. Dans d'autres cas, nous pouvons être paralysé·e·s – incapables d'agir, de bouger ou de fuir. Nous pouvons également avoir l'impression que la meilleure et la seule chose à faire, c'est de fuir aussi vite que possible, que ce soit physiquement ou émotionnellement. Nous pouvons avoir le sentiment que notre vie dépend de cette fuite et que nous n'avons pas d'autre choix. Il s'agit là de **réactions face à un traumatisme**.

Ces réactions sont nécessaires à notre survie. Quand nous sommes sur le point d'être attaqué·e·s par un lion, nous n'avons pas vraiment envie de nous asseoir et de débattre de la meilleure façon de procéder ; nous voulons juste réagir – et réagissons – « sans réfléchir ». Ce qui se passe en réalité, c'est que d'autres parties de notre système nerveux réfléchissent à la place de notre cortex préfrontal – qui est le siège des fonctions exécutives, comme la **planification** et la **prise de décisions**. Notre mode de fonctionnement et notre capacité à attaquer, fuir ou rester paralysé·e·s sont parfaits lorsqu'il s'agit de réagir face à un lion qui nous attaque, mais le sont moins quand tout s'apparente à un lion.

Quand un traumatisme survient tôt (trouble traumatique du développement) ou de manière intense et répétée (SSPT), tout peut finir par ressembler à un lion, y compris nos proches ainsi que des situations ou personnes plus neutres. Le sentiment de sécurité et de contenance peut faire défaut, en particulier quand nous nous trouvons au-delà de notre **seuil de tolérance**, c'est-à-dire de notre capacité à affronter les événements.

Le mot « traumatisme » est un bien grand mot. Beaucoup de personnes pensent qu'il doit désigner un traumatisme « grave » comme une agression sexuelle et/ou des violences physiques. Toutefois, en particulier chez les enfants et les adolescents, les traumatismes peuvent être d'ordre affectif. Par exemple, ils peuvent être élevés par des parents qui ne leur témoignent aucune affection, ou par des parents qui ont également souffert de SSPT ou d'un trouble traumatique du développement et qui n'ont pas eu accès aux outils pour se soigner. Cette seconde situation est assez fréquente étant donné que ces pathologies sont des concepts relativement récents en neurobiologie, en psychologie et en thérapie.

Les traumatismes peuvent également être historiques, culturels et sociaux. Beaucoup d'entre nous viennent au monde sous une « nuée de traumatismes ». Par exemple, toutes les personnes qui naissent dans la société occidentale dominante voient le jour dans un monde qui a établi une distinction entre le corps et l'esprit. Nous voyons également le jour dans un monde où l'opposition entre homme et femme (voir chapitre 2) provoque ses propres traumatismes culturels et sociaux. Nous naissons dans un monde où le colonialisme et le racisme ont créé d'autres oppositions, par exemple celle entre individus noirs et individus blancs, qui déshumanise les corps noirs et mats de peau (voir chapitre 4). En d'autres termes, **nos émotions ne sont pas toujours utiles, tolérables, voire compréhensibles**. Nous pouvons avoir des difficultés à les accepter ou chercher activement à nous en débarrasser en nous distrayant, en faisant preuve d'indifférence ou en nous occupant en permanence. Nous regardons trop la télé, consommons de l'alcool et des drogues pour gérer nos sentiments, ou avons un agenda bien rempli. Malgré tout, nous avons toujours l'impression d'être à la fois trop et pas assez. Lorsque cela se produit, nous pouvons avoir peur de nous-mêmes. Au lieu de devenir des guides utiles, nos émotions deviennent alors des démons que nous devons éviter à tout prix.

Quand les émotions cessent d'être de précieux guides, nous pouvons nous raccrocher à d'autres oppositions inutiles. Par exemple, nous pouvons distinguer les bonnes émotions des mauvaises et essayer d'éviter ces dernières. Nous pouvons également nous qualifier de personnes saines d'esprit ou aliénées, voire de personnes dignes ou indignes, ce qui peut conduire beaucoup d'entre nous à se sentir dingues ou indignes à moins que nous ne nous prouvions le contraire encore et encore, sans jamais être satisfaits. Nous pouvons également nous retrouver coincé·e·s dans la pensée binaire « tout ou rien ». En d'autres termes, nous pouvons être incroyablement actif·ve·s, puis nous effondrer quand nous ne parvenons pas à maintenir ce niveau d'activité. Nous pouvons penser être les meilleures personnes qui soient un jour, et les pires le lendemain. **Nous pouvons avoir des difficultés à entreprendre quelque chose mais, dès que nous avons commencé, nous avons du mal à nous arrêter et à faire une pause.** Nous pouvons continuer à mener une activité jusqu'à ce que nous pensions avoir terminé, ou être simplement trop épuisé·e·s pour poursuivre.

Il va sans dire que tout cela peut être effrayant. C'est pour cette raison qu'Alex s'est senti·e si soulagé·e quand iel a découvert qu'iel souffrait du syndrome de stress post-traumatique complexe et du trouble traumatique du développement. C'est ce qui lui a permis de donner un sens à ses expériences et émotions disparates ! Une autre chose peut paraître effrayante : nous pouvons avoir le sentiment que nous « devrions » pouvoir faire mieux si seulement nous étions « suffisamment fort·e·s ». Pourquoi ne pouvons-nous pas simplement ignorer ces émotions et ces réactions ? Pourquoi certains d'entre nous ont l'impression de conduire un train qui déraille, mais qu'il est impossible de l'arrêter ? Parce que, comme l'indique Kathy Kain, l'une des formatrices d'Alex spécialisée en *Somatic Experiencing*®, notre cortex préfrontal n'a jamais eu pour fonction d'ignorer les réactions face aux traumatismes.

Comme indiqué précédemment, si nous voyons un lion, nous ne voulons pas prendre le temps de décider d'un plan d'action ; nous devons réagir. Notre capacité à attaquer, fuir ou rester paralysé·e·s est nécessaire et fait partie de notre survie. L'idée n'est pas de ne plus jamais avoir ces réactions, mais de **ne pas vivre dans un état constant de stress** où nous sommes entouré·e·s de lions métaphoriques en permanence ! Comme l'ont clairement démontré les études portant sur les événements indésirables de l'enfance, le fait de vivre dans un état de stress permanent a un réel impact sur notre bien-être et nous-mêmes. Par exemple, nous pouvons tomber malades plus souvent, avoir un système immunitaire affaibli ou ressentir beaucoup de souffrance parce que notre corps est sur le qui-vive la plupart du temps. Néanmoins, la distinction entre corps et esprit établie par la culture dominante peut nous inciter à nous accrocher à l'idée selon laquelle nous « devrions » faire mieux et être plus « rationnel·le·s », et que c'est de notre faute si nous ne nous sentons pas – ou ne faisons pas – mieux. La prochaine section de ce chapitre s'intéresse à l'opposition entre émotionnel et rationnel. Dans l'intervalle, après ce discours sur les traumatismes, nous aimerions terminer cette section par de bonnes nouvelles. Tout comme les traumatismes qui peuvent se transmettre de génération en génération et vivent dans notre système nerveux, la sagesse de guérison se transmet également et se trouve déjà en nous. Notre corps – c'est-à-dire nous – est incroyablement intelligent.

Par exemple, notre cerveau a la capacité de réorganiser notre système nerveux pour créer de nouveaux réseaux neuronaux. C'est ce qu'on appelle la **plasticité neuronale**. Nous ne sommes pas destiné·e·s à vivre dans un état permanent de stress, même si nous souffrons de SSPT ou du trouble traumatique du développement. De façon assez intéressante, comme la physiologie des traumatismes apprécie les extrêmes (bon/mauvais, normal·e/aliéné·e, faire/ne pas faire, tout/rien), la guérison consiste essentiellement à nous entraîner à prendre du recul par rapport aux systèmes binaires. Il y a encore beaucoup à dire sur le sujet. C'est pourquoi vous trouverez des ressources supplémentaires à la fin de ce chapitre. Il ne s'agit ici que d'une introduction aux émotions en tant qu'événements somatiques, et aux raisons pour lesquelles il convient d'être attentif·ve·s aux oppositions inutiles qui peuvent nous bloquer sur le plan émotionnel.

EXERCICE DE RÉFLEXION : NOUS ÉTIONS DESTINÉ·E·S À AVOIR DES HAUTS ET DES BAS

Au cours des prochains jours, accordez-vous un peu de temps pour observer à quels moments votre rythme cardiaque accélère ou ralentit, et à quels moments votre respiration est légère et saccadée, ou lente et détendue. Cela peut s'avérer difficile, en particulier si vous prêtez beaucoup d'attention à votre corps par crainte que quelque chose n'aille pas. Si c'est le cas, plutôt que de vous observer, regardez un animal de compagnie ou d'autres personnes, notamment les enfants. Que se passe-t-il au niveau du corps quand vous – ou quelqu'un d'autre – êtes enthousiaste ? Sentez-vous la chaleur monter et votre rythme cardiaque accélérer ? Remarquez-vous les joues des autres personnes rougir ou leur respiration accélérer ? Que se passe-t-il au niveau du corps quand vous – ou quelqu'un d'autre – êtes détendu·e ? Vous sentez-vous plus calme et plus nonchalant·e ? Que remarquez-vous chez les autres personnes quand elles sont détendues ? Leur mâchoire est-elle moins tendue et leurs épaules plus basses ? Leur peau est-elle moins rouge ? Leur respiration est-elle plus lente ?

Prenez le temps de noter la façon dont le système nerveux s'excite et dont il se détend et se relâche. Il s'agit de notre rythme biologique : dilatation et contraction. Notre cœur

et nos poumons fonctionnent également de cette manière. Ils se dilatent et se contractent en permanence, à chaque battement de cœur et à chaque respiration. Nous sommes enthousiastes, puis nous nous écroulons. Nous sommes déprimés, puis nous finissons par devoir nous remettre en mouvement pour survivre. Si les émotions intenses vous effraient, vous pouvez enclencher un minuteur quand vous les ressentez ; vous remarquerez que leur pic d'intensité ne dure généralement que quelques minutes avant de baisser légèrement. Bien entendu, les émotions peuvent toujours redevenir intenses. Néanmoins, nous ne pouvons supporter les pleurs ou l'hyperventilation, par exemple, que pendant un certain temps. Ensuite, notre système nerveux doit s'apaiser – ce qu'il fait si on lui en laisse le temps. Si nécessaire, nous pouvons trouver de l'aide auprès d'une personne calme, concentrée et présente qui peut nous accompagner.
Cette activité a pour but de vous faire remarquer que vous pouvez peut-être faire un peu plus confiance à votre corps, à vos émotions et, par conséquent, à vous-même chaque fois que vous observez ce phénomène de dilatation et de contraction qui se produit chez tous les êtres vivants.

5.2 L'OPPOSITION ENTRE ÉMOTIONNEL ET RATIONNEL

Nous avons indiqué que nous vivons dans des cultures occidentales dominantes qui semblent accorder plus d'importance à la rationalité qu'à l'état émotionnel. MJ vit au Royaume-Uni, tandis qu'Alex vit actuellement aux États-Unis après avoir vécu une quinzaine d'années au Royaume-Uni et avoir grandi en Italie jusqu'à l'âge de 22 ans. En d'autres termes, nous avons tou·te·s deux vécu dans des contextes culturels, sociaux et historiques différents en termes d'émotions.

Dans le cadre de notre amitié qui évolue sans cesse, nous avons parfois connu les **tensions qui peuvent apparaître entre des personnes qui ont grandi dans des paradigmes très différents**. Ces tensions sont réelles et parfois douloureuses. Néanmoins, il n'est pas possible de les apaiser en décidant quel est le « meilleur » paradigme. En fait, si nous nous étions engagé·e·s sur cette voie, notre amitié n'aurait pas fait long feu. À ce stade du livre, vous ne serez pas du tout surpris·e d'apprendre que, selon nous, l'opposition entre émotionnel et rationnel est inutile. Trop souvent, celle-ci devient une manière codée de prendre de la distance par rapport aux émotions, mais aussi de perpétuer le racisme, la misogynie et la discrimination fondée sur la classe sociale. Permettez-nous d'expliquer pourquoi.

QUI PEUT AFFICHER SES ÉMOTIONS EN TOUTE SÉCURITÉ ?

Nous ne sommes pas tou·te·s égaux·ales quand il s'agit d'**exprimer nos émotions** et d'**afficher la vulnérabilité** qui en découle parfois. Dans son livre intitulé *Daring Greatly*[24], l'auteure américaine Brené Brown avance des arguments irréfutables concernant le pouvoir de la vulnérabilité. Même si nous sommes d'accord avec elle sur de nombreux points, nous pensons également que nous ne sommes pas tou·te·s sur un pied d'égalité quand nous exprimons nos émotions et nous dévoilons. Par exemple, quand Alex lui a posé une question sur les jeunes transgenres – en particulier les jeunes transgenres de couleur – et leur « vulnérabilité contrainte » lors de certains événements, Brené a concédé qu'il existait une différence entre ceux qui font preuve de « témérité » en entrant dans une arène composée de pairs et ceux qui sont confrontés à une arène constituée de personnes qui se considèrent comme la norme.

Nous avons utilisé l'expression **« vulnérabilité contrainte »** pour indiquer le fait que de nombreuses personnes marginalisées n'ont pas la possibilité de garder certains sujets privés (y compris leur état émotionnel dans certains cas), sachant que beaucoup sont scrutées, objectifiées et surveillées de manière – et avec une intensité – différente des personnes se trouvant au cœur de la culture dominante. En gros, beaucoup d'entre nous sont déjà vulnérables, que cela nous plaise ou non. Pour survivre, certaines personnes marginalisées doivent accepter cette réalité et être totalement transparentes sur leur

....

24. Brown (Brené), *Daring Greatly: How the Courage to Be Vulnerable Transforms the Way We Live, Love, Parent and Lead*, Penguin, Londres, 2013.

mode de fonctionnement, tandis que d'autres non. Comme vous l'aurez deviné, aucune méthode n'est selon nous meilleure que l'autre.

Quelle que soit la stratégie de survie que nous choisissons, **nous vivons toujours dans un monde où la rationalité est considérée comme supérieure aux émotions**, en particulier chez certaines personnes. Là où des personnes cisgenres, hétéros et blanches pourraient être perçues comme « courageuses et vulnérables » quand elles affichent leurs émotions, beaucoup de personnes marginalisées (personnes de couleur, minorités ethniques, personnes transgenres ou en situation de handicap, pour n'en citer que quelques-unes) seraient perçues comme « en colère et hostiles ».

À ce stade, certains d'entre vous pourraient avancer que c'est la « façon » dont ces émotions sont exprimées qui compte, et que certains d'entre nous s'expriment simplement « mal » et sont en effet « trop en colère ». Nous aborderons la critique du ton employé plus en détail dans la section suivante. En attendant, nous aimerions indiquer que c'est faux et que ce n'est pas la « façon », mais plutôt la « personne » qui importe. Qui peut afficher en toute sécurité certaines émotions et pas d'autres ? À qui profite la rhétorique du « discours rationnel à tout prix », et cela malgré la violence de l'oppression systémique ?

Si nous nous penchons sur les clichés et les stéréotypes, la réponse devient claire. Il n'existe aucun stéréotype de la « femme blanche en colère », mais il existe un stéréotype de la « femme noire en colère » ou encore de la « personne transgenre en colère » (en particulier les femmes transgenres). Pour certaines personnes, notamment les femmes transgenres de couleur, le fait d'avoir une réaction émotionnelle appropriée peut être mortel.

Par exemple, quand **CeCe McDonald**, une jeune femme transgenre afro-américaine de Minneapolis (États-Unis), s'est défendue en 2011 après avoir été attaquée devant un bar par un adepte du suprémacisme blanc ayant des antécédents de violence, son acte n'a pas été considéré comme de l'autodéfense, mais comme un meurtre. En 2012, elle a accepté de plaider coupable de meurtre au second degré car le jury auquel elle aurait été confrontée n'était pas composé de ses pairs. Il y avait peu de chances que le jury voie en elle une jeune femme, une étudiante de 20 ans à peine, qui avait craint pour sa vie après qu'on lui avait brisé un verre sur le visage, mais plutôt un « homme » noir « dangereux » et en colère. Réfléchissez un instant à ce qui se serait passé si CeCe avait été blanche et son agresseur noir. Il n'y aurait probablement pas eu d'affaire ni de poursuites - sachant que c'est ce qui s'était déjà produit par le passé dans des cas similaires instruits par le même procureur.

L'affaire a à peine été couverte par les médias. Néanmoins, des activistes de plusieurs pays, notamment **Leslie Feinberg** et **Laverne Cox**, ont attiré l'attention sur cette histoire. Le cas de CeCe illustre à quel point il peut être dangereux pour une femme transgenre noire d'agir comme n'importe qui l'aurait fait en pareil cas : utiliser ce qui lui tombe sous la main pour se défendre, en l'occurrence une paire de ciseaux de couture qui se trouvait dans son sac puisque, à l'époque, CeCe étudiait la mode au Community College.

Cette histoire peut paraître extrême, mais elle est ancrée dans le **rejet des personnes de couleur**, la **transphobie**, la **queerphobie** et la **misogynie**. On attendait de CeCe qu'elle agisse de manière rationnelle dans une situation chargée en émotions. Par contre, personne n'attendait de son agresseur blanc, hétéro, cisgenre et ivre qu'il agisse de façon plus rationnelle. Celui-ci s'est comporté comme de nombreux hommes se comportent souvent dans la culture dominante : de manière violente et agressive, affichant un degré de masculinité toxique que nous n'avons pas seulement appris à tolérer, mais que nous célébrons presque comme une caractéristique intrinsèque de la masculinité elle-même.

LA RACE, LA CLASSE SOCIALE ET L'OPPOSITION ENTRE RATIONNEL ET ÉMOTIONNEL

L'opposition entre rationnel et émotionnel est en elle-même une opposition raciste et xénophobe. Une grande partie du sentiment de supériorité des peaux blanches par rapport aux « autres » est issue de la capacité à garder la tête froide dans des situations difficiles. Pensez à l'extrait du célèbre poème de Rudyard Kipling : « Si tu peux conserver ton courage et ta tête quand tous les autres les perdront ». Celui-ci n'est pas seulement lié au genre (« Tu seras un homme, mon fils »), mais aussi au colonialisme, car Kipling pensait également que les peuples colonisés devaient reconnaître leur infériorité et accepter leur statut de personnes sous gouvernance. Dans un autre poème, il fait d'ailleurs référence au « fardeau de l'homme blanc » qui gouverne les « peuples boudeurs, tout juste pris, moitié démon et moitié enfant ». Bien entendu, ces propos sont clairement et explicitement racistes. En tant que tels, nous pourrions penser qu'ils sont une exception. Néanmoins, les gens assimilent trop souvent la rationalité à la droiture morale. Par exemple, nous pouvons penser que si nous - ou notre entourage - devenons trop émotif·ve·s, crions ou affichons un degré d'émotivité que nous estimons inapproprié, nous avons **automatiquement « tort »**, peu importe la situation dans laquelle nous nous trouvons.

À titre d'exemple, Alex a mis de nombreuses années avant de réaliser à quel point son déménagement au Royaume-Uni à l'âge de 22 ans l'avait impacté·e sur le plan affectif. D'un jour à l'autre, iel est passé·e du statut de personne relativement calme, introvertie et studieuse à celui d'une personne perçue comme bruyante et agressive parce qu'iel faisait preuve de franchise et affichait ses émotions. Bien entendu, cela n'était pas uniquement lié à son origine ethnique, mais aussi à sa classe sociale.

Si l'on se fie à des séries télévisées britanniques telles que *Coronation Street* et *EastEnders*, par exemple, il semble clair qu'il est acceptable pour les personnes issues de la classe ouvrière de s'exprimer bruyamment, mais pas pour les personnes des classes moyenne et supérieure. Néanmoins, une fois de plus, la classe sociale n'est pas une explication suffisante ; il existe également une différence entre la classe ouvrière blanche et la classe ouvrière noire (ou issue de minorités ethniques).

Le fait d'être assimilé à une personne blanche implique en partie de se tenir droit, de faire preuve de discrétion et de faire fi de nos émotions, car celles-ci sont considérées comme inférieures et « primitives » par rapport à la rationalité, qui, elle, est perçue comme supérieure et « plus évoluée ». Le système binaire rationnel/émotionnel n'est donc pas qu'une simple opposition : il s'agit d'une **opposition hiérarchique**. Comme indiqué au chapitre précédent, les corps colonisés sont supposés être sous contrôle. Les corps de couleur, mais aussi, à bien des égards, les corps transgenres et en situation de handicap - et, en particulier, les corps situés à l'intersection de ces identités, histoires et expériences - sont considérés comme « dangereux » et « réfractaires » à cet ordre hiérarchique, notamment lorsqu'il s'agit d'afficher nos émotions.

Aux États-Unis, beaucoup de militants, artistes et journalistes noirs ont, par exemple, beaucoup débattu et montré comment, dans des séries télévisées comme *Black-ish* et *Dear White People*, les parents devaient parler des préjugés raciaux à leurs enfants pour que ceux-ci soient en sécurité. Étant donné que la culture américaine dominante ne considère pas les enfants noirs comme des enfants, il est peu prudent pour eux d'afficher leurs émotions ou de se comporter de façon similaire aux enfants blancs. En effet, cela peut avoir des conséquences mortelles : assassinat par la police, incarcération ou placement en foyer d'accueil. Très tôt, les enfants noirs doivent apprendre une forme de « rationalité forcée » pour pouvoir survivre dans un **système biaisé par l'opposition entre rationnel et émotionnel**, où leurs émotions - y compris celles associées au jeu et/ou au développement - sont considérées comme des menaces potentielles. Par exemple, le jeune **Tamir Rice** a été abattu par la police à l'âge de 12 ans alors qu'il jouait avec un revolver en plastique. La jeune **Dymond Milburn**, âgée de 12 ans également, a été rouée de coups par des policiers quand elle s'est mise à crier alors que ces derniers tentaient de l'arrêter par erreur devant sa maison.

Par conséquent, il est impossible de parler de l'opposition entre rationnel et émotionnel sans parler de **pouvoir** et de **privilèges**. Seuls certains corps peuvent avoir accès à l'intégralité du spectre rationnel-émotionnel sans être dénigrés, traités avec condescendance, jugés comme inférieurs, voire agressés ou assassinés. Malheureusement, même si les personnes marginalisées se comportaient de façon « parfaitement rationnelle », cela ne suffirait pas, comme en témoignent les nombreuses affaires de meurtres de personnes noires et en situation de handicap aux États-Unis, en particulier celles souffrant de troubles mentaux graves, quel que soit leur comportement.

À ce stade de votre lecture, il est possible que vous vous sentiez un peu abattu·e. Ne vous inquiétez pas ; nous avons intégré un encart « L'instant pause » entre cette section et la suivante ! Cela fait en effet beaucoup d'informations à assimiler si vous n'aviez pas réfléchi au sujet auparavant. Ce type de préjugés peut être assimilé à l'air qui nous entoure. Nous le respirons inconsciemment et ne pouvons pas nous en empêcher. Si vous êtes impacté·e par ces problèmes, vous ne les connaissez que trop bien. Cette section pourrait alors vous paraître provocante ou éreintante. Avant de faire une pause, nous aimerions toutefois vous faire part de quelques expériences à ce sujet.

EXPÉRIENCES DIVERSES

QUELLES ÉMOTIONS SONT APPROPRIÉES ET DANS QUELLES CIRCONSTANCES ?

- « QUAND J'ÉTAIS ENFANT, J'AVAIS L'IMPRESSION DE DEVOIR ME COMPORTER DIFFÉREMMENT LORSQUE JE RENDAIS VISITE À CERTAIN·E·S DE MES AMI·E·S. Chez nous, il y avait du bruit et des gens la plupart du temps ; nous pouvions courir et jouer, sauf quand on nous disait de rester tranquilles pour une raison ou une autre. Nous parlions tou·te·s italien et anglais, parfois même espagnol, selon les personnes qui nous rendaient visite. La maison de certain·e·s de mes ami·e·s était si calme que je faisais toujours attention quand j'allais chez eux, comme si j'allais casser quelque chose. »

- « COMME JE SOUFFRE DU SYNDROME DE STRESS POST-TRAUMATIQUE COMPLEXE, IL ARRIVE QUE MES RÉACTIONS SOIENT VIOLENTES. Je peux sursauter, crier ou me mettre à pleurer quand je suis surpris·e par un bruit sourd ou un mouvement soudain. Les gens sont mal à l'aise quand je me comporte de la sorte. Parfois, je ne parviens pas à gérer la façon dont ils me regardent quand cela se produit ; j'évite donc les lieux bondés ou les personnes que je ne connais pas bien. Cela n'en vaut simplement pas la peine et me donne l'impression d'être dingue. »

- « **AU TRAVAIL, LES FEMMES BLANCHES PARLENT TOUJOURS DE MES VÊTEMENTS COLORÉS ET ESSAIENT DE TOUCHER MES CHEVEUX, CERTAINES OUVERTEMENT, D'AUTRES NON.** Je ressens beaucoup de colère, mais j'ai l'impression de ne pas pouvoir l'exprimer. Je ne veux pas être perçue comme une autre "femme noire en colère" et, qui plus est, j'ai peur de ce qui pourrait advenir de ma carrière car je travaille dans un secteur de niche. Je rentre à la maison épuisée parce que je dois constamment taire mes émotions et donner l'impression d'aller bien quand ce n'est pas le cas. »

- « **EN TANT QUE FEMME TRANSGENRE, J'AI TOUJOURS L'IMPRESSION D'ESSAYER DE ME FAIRE PLUS PETITE ET PLUS DISCRÈTE.** Quand je suis enthousiaste ou quand je prends "trop de place" parce qu'un sujet me tient à cœur, je suis souvent accusé·e d'avoir grandi avec des "privilèges d'homme". Lorsque des femmes cisgenres se comportent de la même façon, les autres femmes les considèrent parfois comme fortes et sûres d'elles. Par contre, ce n'est pas ainsi qu'elles me perçoivent. J'ai parfois l'impression que je n'ai pas droit à la solidarité féminine. »

- « **JE SUIS UN HOMME ASSEZ "DOUX".** Je n'ai jamais aimé les jeux brutaux, je ne suis ni extraverti ni agressif, et je n'ai aucune envie de jouer au plus fort avec les autres hommes. Parfois, quand je me mets à pleurer, c'est comme si on avait ouvert les vannes. J'essaie juste de laisser les larmes venir, mais cela fait peur aux gens. Ils pensent que quelque chose ne va pas chez moi. Si je n'étais pas si grand, ils me considéreraient probablement comme une personne faible parce que je suis émotif. Quand j'étais plus jeune, les gens pensaient que j'étais gay, car il semblerait que l'on soit homo si l'on n'est pas macho. Cela ne m'ennuyait pas, mais ça ne me correspondait pas. »

L'INSTANT pause

Quelles que soient vos identités, histoires et expériences, il semblerait que le moment soit venu de faire une pause. Nous vous avons déjà confronté·e à de nombreuses émotions !

Prenez le temps de lever le pied et de respirer. Quand vous respirez, voyez si vous pouvez expirer plus longtemps que vous n'inspirez. Par exemple, si vous comptez jusqu'à trois au moment d'inspirer, essayez de compter jusqu'à six quand vous expirez.

Répétez l'exercice quelques fois. Pendant que vous respirez, notez ce qui se produit au niveau de votre rythme cardiaque, de vos muscles, de vos pensées et de vos sentiments. Il est possible que vous deviez réaliser cet exercice plusieurs fois avant de remarquer son impact sur vous.

L'objectif est que vous vous sentiez un peu plus détendu·e et présent·e. Si vous remarquez que vous devenez plus agité·e ou angoissé·e, interrompez l'exercice et réalisez une activité qui vous détend quand vous êtes contrarié·e. Ensuite, buvez un verre d'eau ou une tasse de thé ou de chocolat chaud, respirez à nouveau normalement et poursuivez votre lecture...

5.3 AU-DELÀ DE L'OPPOSITION ENTRE SENTIMENTS « POSITIFS » ET SENTIMENTS « NÉGATIFS »

En plus de prendre de la distance par rapport à nos émotions, nous avons pour habitude de distinguer les sentiments « positifs » des sentiments « négatifs » et nous efforçons de nous concentrer uniquement sur les premiers au détriment des seconds. Nous nous accrochons à des sentiments tels que la joie, l'enthousiasme, le contentement et la satisfaction, et en rejetons d'autres tels que la peur, la colère, la tristesse et la honte.

MJ ressent particulièrement cette opposition, car elle a très fortement façonné sa vie.

EXPÉRIENCE DE MJ

« Quand mes parents se sont rencontrés, ils se sont promis de toujours accueillir les sentiments positifs et d'écarter les émotions négatives. Tous deux ont été élevés par un parent qui souffrait de troubles mentaux importants, ce qui signifie qu'ils ont probablement été confrontés à des émotions changeantes qui ont dû leur paraître effrayantes et incontrôlables. Ils se sont dit que la meilleure façon de gérer cela était de s'habituer – et d'habituer leurs enfants – à rejeter les émotions négatives.

Lorsque j'étais enfant, je pleurais beaucoup, en particulier après notre déménagement quand j'avais 5 ans. Il semblerait que ma mère ait demandé à mon professeur ce qu'elle pouvait faire à ce sujet. Celui-ci lui a recommandé de créer un « tableau des pleurs ». Globalement, si je passais une journée sans pleurer, mes parents ajoutaient une étoile au tableau et, si j'avais reçu suffisamment d'étoiles en fin de semaine, j'avais droit à une bande dessinée ou des bonbons.

Loin de m'apprendre à ne plus pleurer – et à comprendre les émotions à l'origine de mes pleurs – cette stratégie m'a plutôt inculqué que les pleurs et le chagrin étaient inacceptables. Si j'avais le malheur d'exprimer ces sentiments, je savais que ma journée tout entière, voire la semaine, était ruinée : je n'avais plus aucune chance d'obtenir une étoile. J'ai appris à éprouver de la honte et de la colère vis-à-vis de moi-même parce que je ressentais des émotions négatives, ce qui a conduit ces émotions à s'intensifier et à devenir beaucoup plus douloureuses et difficiles à gérer. »

LES MESSAGES QUI NOUS SONT TRANSMIS SUR LES SENTIMENTS

Avant d'aborder les différents états émotionnels plus en détail, réfléchissons aux messages qui nous sont transmis sur les sentiments et qui ont une incidence majeure sur les émotions qu'il nous semble approprié et inapproprié de ressentir et d'exprimer. L'expérience de MJ montre comment les traumatismes de ses parents – mais aussi les messages que nous inculque la société sur le degré adéquat d'expression des sentiments – lui ont transmis toute une série d'informations sur le caractère inapproprié et honteux de certains états et expressions émotionnels.

SCHÉMA 5.1 : LES DIFFÉRENTS NIVEAUX D'EXPÉRIENCES GENRÉES

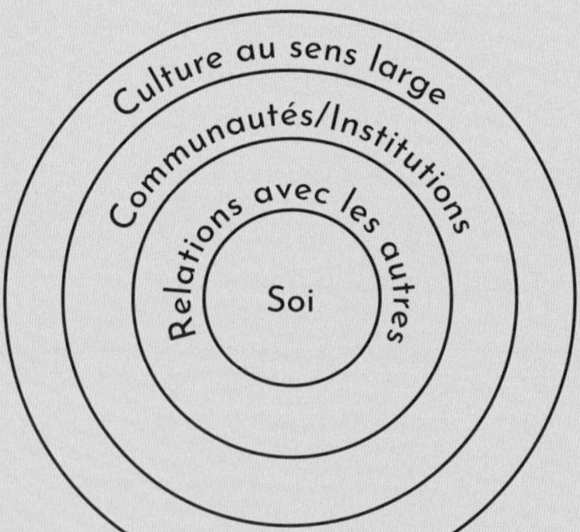

Nous trouvons le schéma 5.1 extrêmement utile pour réfléchir aux messages qui nous sont transmis sur toutes sortes de choses. Vous pouvez l'utiliser pour envisager votre rapport au sexe, au genre, aux relations ou à votre corps, par exemple. Dans le cas présent, nous l'utiliserons pour examiner les émotions.

LA CULTURE

Au niveau du premier cercle se trouve la culture au sens large, qui nous transmet des messages forts sur les émotions qu'il est approprié et inapproprié d'exprimer ou de ressentir. En règle générale, dans les cultures occidentales dominantes, **nous sommes encouragé·e·s à exprimer des sentiments « positifs » et non des sentiments « négatifs »**. Par exemple, le « flegme » britannique dissuade les individus d'exprimer de la crainte et de la tristesse. En Amérique du Nord, la culture favorise souvent les histoires de réussite et de positivité au détriment des histoires de combats menés en vain. Par ailleurs, les messages diffèrent en fonction de nos identités, certaines émotions étant plus ou moins acceptables chez les individus d'un certain genre, d'une certaine classe sociale, d'un certain âge ou d'une certaine nationalité.

LES COMMUNAUTÉS ET INSTITUTIONS

Au niveau du cercle suivant, les communautés et institutions viennent corroborer bon nombre de ces messages. À l'école, par exemple, nous pouvons être jugé·e·s parce que nous sommes ringard·e·s ou encore parce que nous faisons preuve de trop d'enthousiasme. Au travail, nous pouvons être encouragé·e·s à donner l'impression d'être constamment débordé·e·s et anxieux·ses, ou à ne pas être émotif·ve·s. Les normes fixées par la communauté peuvent nous inculquer s'il est approprié ou non d'exprimer de la colère ou de la jalousie.

Au sein de nos communautés, où **l'expression de certaines émotions est considérée comme inacceptable** (par certains membres ou par tous), nous pouvons facilement en venir à *contrôler notre ton*. Nous devons en être conscient·e·s quand nous nous surprenons à juger les sentiments qu'une personne « devrait » ou « ne devrait pas » éprouver vis-à-vis de quelque chose.

LES RELATIONS AVEC LES AUTRES

Au niveau interpersonnel, nos relations avec nos proches, en particulier avec notre famille et nos amis pendant notre enfance, nous en apprennent énormément sur les sentiments jugés comme acceptables et inacceptables.

Il est important que nous nous rappelions que nos parents - et le reste de nos proches - vivent dans la même culture que nous, avec tous ses messages délétères sur les **sentiments inappropriés**. Ils font également partie d'institutions et de communautés qui leur ont transmis différents messages. En outre, ils sont eux-mêmes issus de familles où certaines émotions étaient perçues comme une menace ou considérées comme trop dangereuses. Par conséquent, il est possible qu'ils aient réagi en nous faisant clairement savoir qu'ils ne pouvaient pas tolérer notre crainte, notre tristesse, notre colère, notre joie ou d'autres sentiments, que nous devrions les en prémunir ou qu'ils ne pourraient pas nous aimer si nous les exprimions. Bien entendu, comme indiqué dans la section précédente, l'expression des émotions est littéralement **dangereuse** pour beaucoup de personnes marginalisées, car celles-ci s'exposent à un danger mortel émanant de systèmes tels que les établissements de soins psychiatriques et la police.

Les thérapies systémiques expliquent également comment certains membres d'une famille ou d'un groupe d'amis sont catégorisés par rapport à certains sentiments, par exemple comme la personne « joyeuse », « à problèmes », « qui s'inquiète pour tout » ou « que tout le monde a peur de contrarier ». Le système dans son ensemble peut nous coller indéfiniment ces étiquettes.

LE SOI

Nous intériorisons tou·te·s les messages que nous transmettent les autres niveaux. Nous nous retrouvons alors face à deux possibilités : soit nous parvenons à **faire taire totalement les « mauvaises » émotions**, soit, en essayant de les rejeter, nous en venons au contraire à **les exprimer plus fort**, jusqu'à ce qu'elles finissent par nous définir.

PISTE DE RÉFLEXION

VOTRE RAPPORT AUX ÉMOTIONS

Sur le schéma 5.1 ci-dessus, essayez de noter les messages qui vous ont été transmis par le passé (mais aussi à l'heure actuelle) sur les « bons » et « mauvais » sentiments : qu'est-il acceptable et inacceptable d'exprimer et de ressentir ?

POURQUOI TOUS LES SENTIMENTS SONT-ILS IMPORTANTS ?

Le long-métrage d'animation *Vice-versa* de Pixar illustre parfaitement les raisons pour lesquelles il est dangereux de faire taire les sentiments « négatifs » et d'essayer de ressentir uniquement des sentiments « positifs ». Le film raconte l'histoire de Riley, une jeune fille de 11 ans, et de ses émotions, **véritables personnages incarnés** (Joie, Tristesse, Dégoût, Colère et Peur) alors que Riley et sa famille quittent le Minnesota pour emménager à San Francisco. Jusque-là, son monde intérieur était dominé par Joie. Celle-ci a fait en sorte que Riley soit aussi heureuse que possible, lui créant un monde de souvenirs pour la plupart heureux qui, à leur tour, ont façonné sa personnalité. Néanmoins, à la suite du déménagement, beaucoup de ces souvenirs s'assombrissent sous l'influence de Tristesse – qui ne semble pas pouvoir s'empêcher de les rendre tristes et nostalgiques.

Alors qu'elle essaie d'empêcher Tristesse de causer plus de dégâts, Joie est éjectée du Quartier cérébral avec Tristesse et se retrouve dans la mémoire à long terme de Riley. Colère, Peur et Dégoût restent alors seuls maîtres à bord, tandis que Joie et Tristesse font tout ce qu'elles peuvent pour revenir avant que Riley ne fasse une fugue.

Le message que nous transmet ce film, c'est que nous avons besoin de toutes nos émotions, et pas uniquement de celles qualifiées de positives. Très vite, on se rend compte que la tendance de Joie à ignorer et effacer les empreintes de Tristesse se transforme pour toutes deux en une vaine tentative de retrouver leur chemin. Il semblerait que les choses aillent plutôt mal quand une seule émotion est à la barre, et qu'elles aillent beaucoup mieux quand toutes les émotions œuvrent de concert sur un pied d'égalité.

La thérapeute **Emmy van Deurzen** explique clairement les raisons pour lesquelles la tentative de faire taire et d'éradiquer certaines émotions est une mauvaise idée[25]. Elle situe toutes les émotions sur une roue sur laquelle nous voyageons en permanence, allant de sentiments « intenses » tels que la joie et la fierté à des sentiments plus négatifs comme la tristesse, en passant par d'autres tels que la colère et la peur, avant de basculer du côté de l'envie et de l'espoir pour finir par revenir à la joie (voir schéma 5.2).

25. VAN DEURZEN (Emmy), *Psychotherapy and the Quest for Happiness*, Sage, Londres, 2008.

D'après Emmy van Deuzen, nous devons ressentir toutes les émotions pour pouvoir voyager librement sur cette roue. Si nous taisons ou évitons certaines émotions, nous courons le risque de rester coincé·e·s quelque part. De manière paradoxale, si nous mettons une émotion de côté (la tristesse, par exemple), nous avons de fortes chances de stagner et de cesser de ressentir de la joie également. Quand nous perdons notre capacité à ressentir pleinement certaines émotions, nous risquons de faire une dépression et de ne plus éprouver **aucun sentiment**.

SCHÉMA 5.2 : LE COMPAS DES ÉMOTIONS

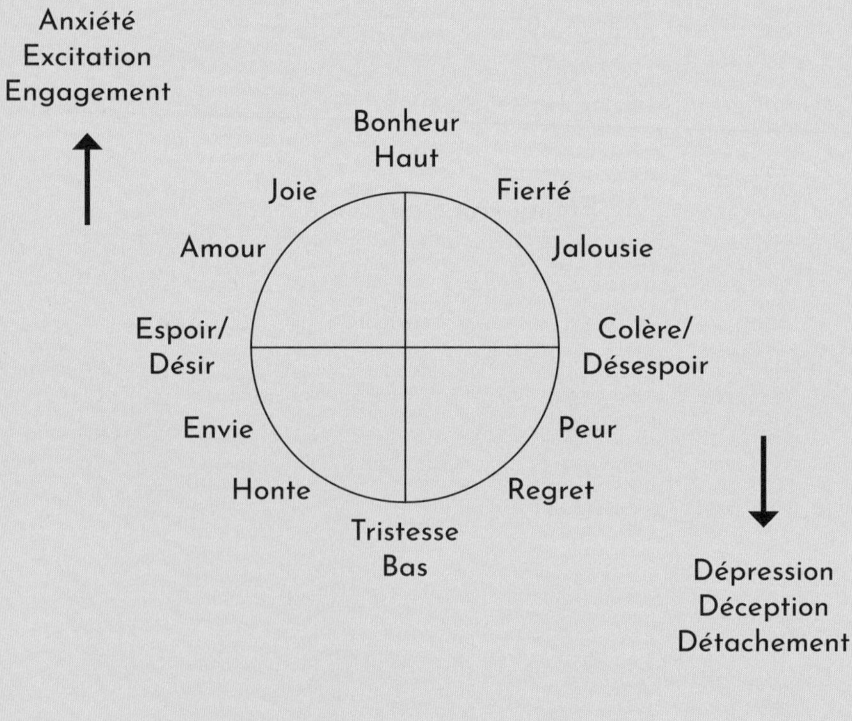

Il est possible que nous ne nous déplacions pas toujours dans le même sens sur la roue, ou que certaines émotions ne succèdent pas toujours à d'autres. En effet, nous pouvons souvent ressentir simultanément des émotions que tout oppose en apparence (joie et tristesse, colère et espoir, peur et détermination). Les thérapeutes considèrent tous les sentiments comme des réactions adaptées qui ont un message à nous transmettre tant que nous sommes à leur écoute.

Comme MJ l'a découvert, le fait d'éviter d'éprouver certains sentiments négatifs nous expose davantage au risque de ressentir beaucoup plus d'émotions pénibles que si nous avions laissé ces sentiments s'exprimer dès le départ. C'est ce que les bouddhistes appellent la « deuxième flèche ». C'est comme si nous étions frappé·e·s par une flèche (le sentiment), puis par une autre (le sentiment éprouvé par rapport à ce sentiment).

Par exemple, quand on nous a enseigné à protéger les autres de notre colère, tout sentiment de colère est susceptible de s'accompagner d'une vague de culpabilité ou de honte.

Cela nous expose également au risque de **« détournement émotionnel »**. Quand nous cherchons à taire ou réprimer nos sentiments, les autres s'en emparent, en particulier les personnes dont nous sommes proches et/ou celles qui ont appris à être extrêmement vigilantes aux états émotionnels d'autrui en raison des traumatismes qu'elles ont vécus. Par exemple, MJ a souvent ressenti les émotions que ses parents n'exprimaient pas, à la suite de quoi iel a éprouvé des doutes et s'est senti·e dingue quand la réalité de ces émotions était contestée. Iel s'est également sentie·e responsable et s'en est voulu pour avoir eu ces réactions inadmissibles. De manière implicite ou explicite, nous pouvons de même condamner les autres pour avoir exprimé des sentiments auxquels nous tentons d'échapper ou que nous cherchons à faire disparaître, ce qui peut s'avérer extrêmement difficile et déroutant pour eux.

COMMENT RESTER À L'ÉCOUTE DE TOUS NOS SENTIMENTS ?

Que pouvons-nous donc faire si - comme la plupart des gens - nous avons appris à accepter certains états émotionnels et à en rejeter d'autres ? Si l'on se fie aux pratiques thérapeutiques et spirituelles, la solution consisterait à rester à l'écoute de nos sentiments. Chaque fois que nous accueillons un sentiment (plutôt que d'essayer de le combattre ou d'y échapper), nous apprenons que **toutes les émotions sont fondées et acceptables**, et découvrons beaucoup de choses sur nous-mêmes.

Le thérapeute **Eugene Gendlin** a prouvé qu'il était important que nous acceptions toutes nos émotions. Il a étudié les différences entre les individus dont la vie s'était améliorée après une thérapie, et ceux qui ne ressentaient aucune amélioration. Après avoir écouté de nombreux enregistrements de séances thérapeutiques, il a remarqué que les patients pour qui la thérapie avait été utile avaient fait quelque chose que les autres patients n'avaient pas fait : **ils avaient levé le pied, fait le point sur eux-mêmes, parlé de ce qu'ils vivaient, expliquant souvent ce qu'ils ressentaient au niveau de**

leur corps tout en essayant de trouver les mots justes pour décrire leur vécu émotionnel.

Gendlin a poursuivi ses observations jusqu'à développer l'approche appelée *focusing*, une pratique qui apprend aux individus à prêter attention à ce qu'ils ressentent au niveau de leur corps. Cette approche implique d'être à l'écoute des sensations que procurent les émotions au niveau du corps et de trouver les mots, images et/ou métaphores les plus appropriés pour les décrire. Les exercices de pleine conscience incluent également des pratiques similaires, souvent basées sur le bouddhisme. Par exemple, des auteurs tels que **Lama Tsultrim Allione** ont adapté la pratique appelée *chöd* aux cultures occidentales. Comme le *focusing*, celle-ci implique d'être à l'écoute de ses émotions au niveau du corps, mais aussi de les visualiser comme un démon auquel le patient fait face. Le patient demande alors au démon ce qu'il veut, de quoi il a besoin et comment il se sentirait si ses désirs étaient exaucés. Il s'incarne ensuite dans ce dernier pour ressentir ses émotions et répondre à ces questions. Une fois que le patient réintègre son corps, il s'imagine se perdant dans les désirs du démon et les alimenter. Il observe alors ce qui se passe.

La section « Ressources supplémentaires » figurant en fin de chapitre inclut des ressources sur le *focusing* et le *chöd*, dans l'éventualité où vous aimeriez vous essayer à ces pratiques. Celles-ci fonctionnent particulièrement bien chez les personnes qui apprécient les pratiques basées sur le corps et/ou la visualisation. Dans l'intervalle, voici un exercice plus simple de Pema Chödrön[26] pour rester connecté·e à vos émotions.

26. CHÖDRÖN (Pema), *Walking the Walk: Putting the Teachings into Practice When It Matters Most* (CD), Sounds True, Louisville, 2014.

EXERCICE DE RÉFLEXION : EXERCICE DE PEMA CHÖDRÖN

Essayez de réaliser l'exercice suivant en vous appuyant sur un sentiment que vous éprouvez pour le moment (que vous le qualifiez de positif ou de négatif) :

- situez ce sentiment au niveau de votre corps ;
- accueillez-le (plutôt que d'essayer de vous en débarrasser ou de vous en détourner) ;
- laissez vos pensées à ce sujet se dissiper et acceptez le sentiment ;
- rappelez-vous toutes les personnes qui éprouvent et ont déjà éprouvé ce sentiment.

En matière de sentiments, Pema indique comment nous sommes souvent rattrapé·e·s par un **scénario**. Par exemple, « Oh non, j'ai le moral à plat, que se passe-t-il ? Je suis peut-être en train de faire une dépression. Qu'est-ce qui ne va pas chez moi ? Tout va bien ; je ne devrais pas me sentir déprimé·e. C'est idiot de penser cela. Je suis las·se de moi-même. Les autres ont des problèmes bien plus graves que les miens. Etc. Etc. Etc. » **Laisser les pensées se dissiper, c'est se libérer de ces scénarios et éprouver le sentiment tel qu'il est** : sa texture, son intensité, sa couleur, l'endroit où il se situe au niveau du corps, les sensations qu'il procure, etc.

Le fait d'utiliser les sentiments pénibles comme une manière de se connecter à toutes les autres personnes qui les ressentent également peut aussi s'avérer très utile. Cela nous permet de nous ouvrir au monde extérieur, de développer de la compassion et de nous sentir moins seul·e·s.

Dans ses écrits, Pema suggère d'**accueillir les sentiments désagréables** et de faire de cette pratique une habitude. Ce serait pour elle le moyen de nous ouvrir davantage à la vie et aux relations avec autrui. Quand nous nous renfermons et essayons de nous protéger des émotions difficiles, nous nous éloignons de nous-mêmes et des autres.

RESTER À L'ÉCOUTE DES SENTIMENTS D'AUTRUI

Le fait d'être à l'écoute des sentiments d'autrui est tout aussi important que d'être à l'écoute des nôtres. C'est pour cette raison qu'il est nécessaire que nous cultivions notre capacité à accepter nos propres émotions. Néanmoins, une autre opposition se fait jour quand nous envisageons les sentiments d'autrui, à savoir qui est responsable de ces émotions : les autres ou nous-mêmes ? Selon nous, cela revient à opposer le point de vue « engendrer chez autrui le sentiment que... » au point de vue « chacun est maître de ses sentiments ».

Nous **appréhendons** souvent les sentiments comme quelque chose que nous provoquons chez les autres et dont nous devrions assumer l'entière responsabilité. Les gens tiennent souvent des propos tels que « tu m'as mis en colère/fait peur/rendu·e heureux·se, etc. » et nous ne nous interrogeons que rarement sur leur bien-fondé. En d'autres termes, si une personne exprime un sentiment par rapport à quelque chose qui nous implique, nous nous sentons souvent seul·e·s responsables de ce qu'elle éprouve. Par ailleurs, quand nous veillons à ce que les gens ne ressentent que des sentiments « positifs » (et aucun sentiment « négatif »), nous nous sentons merveilleusement bien si toutes les personnes autour de nous sont heureuses (dans la mesure où nous les incitons à l'être), et désemparé·e·s si elles ne le sont pas.

C'est peut-être en réaction à cette façon problématique d'envisager les sentiments d'autrui que plusieurs auteurs s'intéressant à des sujets comme l'**affirmation de soi**, les **relations** et la **gestion des conflits** ont proposé une approche alternative affirmant que nous ne sommes pas du tout responsables des émotions des autres. L'idée que nous sommes seuls maîtres de nos émotions suggère que personne ne nous fait ressentir quoi que ce soit à l'exception de nous-mêmes. Nous pouvons choisir quel sens donner aux comportements des autres et donc maîtriser notre réaction émotionnelle : celle-ci nous appartient. Par extension, cette idée suggère de rejeter les accusations selon lesquelles nous sommes responsables des sentiments d'autrui.

Ces deux approches considèrent les gens comme s'ils étaient des êtres totalement **distincts**. Le fait de se sentir responsable des sentiments d'autrui revient à traiter les gens comme si nous étions des boules de billard isolées qui se cognent les unes aux autres, entraînant une réaction. Le fait d'être maître de ses émotions suggère que nous sommes des individus à part entière qui décidons de nos propres sentiments, indépendamment de ce qu'il se passe autour de nous. Comme nous l'avons vu tout au long de cet ouvrage, nous sommes mieux compris·e·s en tant qu'êtres interdépendants et interconnectés.

Par conséquent, aucune de ces deux approches n'est particulièrement utile. Quand nous adhérons au point de vue « engendrer chez autrui le sentiment que… », nous finissons souvent par être envahi·e·s par la culpabilité quand une personne exprime son mécontentement vis-à-vis de quelque chose que nous avons fait, voire quand elle ne se montre tout simplement pas heureuse en notre présence. Imaginons que vous rendiez visite à une ami·e et que vous cassiez son vase préféré. Si vous exprimez visiblement un profond désarroi, votre ami·e peut finir par vous réconforter et mettre de côté le sentiment de perte qu'il ou elle éprouve. C'est comme quand une personne blanche dit ou fait quelque chose qui marginalise ou exclut les personnes de couleur. Quand on le lui fait remarquer, elle est tellement envahie par la crainte d'être perçue comme quelqu'un de raciste que les personnes présentes finissent par s'occuper d'elle plutôt que de la personne qui a été blessée par ses propos ou son comportement.

D'un autre côté, **le point de vue « chacun est maître de ses émotions » peut facilement être utilisé comme une excuse pour refuser d'admettre les sentiments d'autrui**. Par exemple, quand nous opérons des changements dans notre vie qui peuvent être difficiles pour un·e partenaire ou un·e ami·e parce que nous ne pouvons plus lui offrir ce que nous lui offrions auparavant, la tentation est forte de blâmer l'autre personne pour les sentiments qu'elle éprouve par rapport à la situation, de se confondre en excuses et en explications et/ou de prétendre que ses sentiments ne sont pas raisonnables. Ce type de comportement est également fréquent dans les conversations raciales : les gens disent que ce n'était pas intentionnel de leur part ou que la personne face à eux est trop sensible, en fait trop ou déraille.

Plutôt que d'endosser toutes les responsabilités ou aucune, une approche alternative consiste à reconnaître que nous sommes tou·te·s lié·e·s et interdépendant·e·s de sorte que nous puissions apprécier la façon dont nous créons ensemble notre réalité, mais aussi à considérer les émotions comme *relatives*. Ainsi, ce que nous disons et faisons permet d'ouvrir le champ des possibles ou de clore la discussion, et inversement, dans une dynamique permanente.

Par exemple, si nous avons opéré un changement qui s'avère douloureux dans la vie d'une personne, nous pouvons être à l'écoute et respecter ses émotions tout en restant convaincu·e·s que ce changement était nécessaire pour nous (plutôt que de rejeter ses sentiments ou de revenir sur notre décision et finir par lui en vouloir). Si nous avons tenu des **propos ou eu un comportement qui marginalisent ou excluent les autres**, nous pouvons l'admettre sans pour autant nous en vouloir pour nos (inévitables) limites et imperfections et, avec un peu de chance, nous engager à **être plus vigilant·e·s** la prochaine fois (plutôt que d'être tellement épuisé·e·s par l'expérience qu'il n'y aura pas de prochaine fois).

Nous reviendrons sur cette façon d'appréhender les choses dans le dernier chapitre de cet ouvrage.
Pour l'heure, intéressons-nous à une dernière opposition : celle entre troubles psychologiques et santé mentale.

5.4 L'OPPOSITION ENTRE TROUBLES PSYCHOLOGIQUES ET SANTÉ MENTALE

Comme mentionné dans ce chapitre, nous avons tou·te·s deux mené différentes sortes de **combats internes** tout au long de notre vie. Précédemment, nous avons indiqué comment le syndrome de stress post-traumatique complexe pouvait conduire Alex à lutter contre des sentiments intenses et des pensées autocritiques. Après avoir été persécuté·e et s'être senti·e non accepté·e quand iel était jeune, MJ aussi a dû faire face à beaucoup de pensées autocritiques : idée selon laquelle iel avait fait – ou allait faire – quelque chose de terriblement mal ou selon laquelle quelque chose n'allait pas chez iel. Cela nous a conduit·e·s à **alterner entre des états d'anxiété, où nous cherchions à plaire aux gens, et des états de dépression et de dégoût de soi**. Le fait de commencer à accepter notre mode de pensée non binaire nous a aidé·e·s. Nous y reviendrons au prochain chapitre.

Malgré ces expériences, nous avons tou·te·s deux toujours eu un œil critique sur les approches standards de la santé mentale, en particulier sur certaines étiquettes qui sont souvent utilisées pour désigner les personnes qui vivent ces expériences, ainsi que sur la façon dont les systèmes de santé mentale distinguent volontiers les professionnels (nous – ceux qui allons bien) des patients (eux – ceux qui sont malades).

À une certaine époque, nous avons probablement répondu aux critères de plusieurs « troubles psychiatriques » reconnus. Toutefois, nous ne sommes pas à l'aise avec l'idée de nous identifier à certains de ces troubles, notamment parce que plusieurs situent les « problèmes de personnalité » au niveau interne plutôt que de mettre l'accent sur les causes externes (comme c'est le cas avec le syndrome de stress post-traumatique complexe). Comme pour bien des aspects de la vie, nous avons le sentiment que cette opposition – troubles psychologiques/santé mentale, en l'occurrence – fait partie intégrante du problème.

PISTE DE RÉFLEXION

LA SANTÉ MENTALE

Vous décririez-vous comme une personne souffrant de problèmes psychologiques ? Si la réponse est oui, comment savez-vous que c'est le cas ? Quels mots utiliseriez-vous pour les définir – le cas échéant – et pourquoi ? Dans l'éventualité où vous pensez ne pas souffrir de troubles psychologiques, vous considérez-vous comme « sain·e d'esprit » ou « mentalement normal·e » ? Dans ce cas, qu'est-ce que cela signifie pour vous et qu'est-ce qui justifie que vous vous perceviez de cette façon ?

LA SANTÉ MENTALE PAR OPPOSITION À LA MALADIE

L'opposition entre troubles psychologiques et santé mentale est présente dans tous les messages grand public qui nous sont transmis à ce sujet. Par exemple, les campagnes médiatiques qui visent à éradiquer les discriminations à l'encontre des personnes souffrant de troubles psychologiques se concentrent souvent sur un seul trouble susceptible de changer la donne et s'appuient sur des statistiques (telles que « 1 personne sur 4 souffre de tel problème de santé mentale »). Des célébrités comme **Stephen Fry** et **Ruby Wax** ont utilisé les chiffres pour parler avec courage et en toute sincérité de leurs problèmes de santé mentale. Toutefois, le risque avec les statistiques, c'est qu'elles suggèrent que 75 % de la population ne souffrent d'aucun problème psychologique. Plutôt que de concevoir la santé mentale comme un spectre sur lequel nous pouvons tou·te·s nous positionner différemment au cours de notre vie, nous sommes contraint·e·s de situer notre identité d'un côté ou de l'autre d'une ligne de séparation immuable :

- **soit je souffre d'un trouble psychologique**, j'ai besoin d'aide, je ne suis pas responsable ;

- **soit je ne souffre d'aucun trouble psychologique**, je n'ai pas besoin d'aide, je suis responsable.

Ainsi, nous nous retrouvons face à une double contrainte, car le fait de nous situer d'un côté implique inévitablement de rejeter l'autre, alors qu'aucun n'offre la promesse d'une issue réjouissante. Si nous sommes perçu·e·s comme souffrant d'un trouble psychologique, nous pouvons nous sentir totalement désemparé·e·s, comme si nous ne pouvions rien faire pour améliorer notre situation. Si, au contraire, nous donnons le sentiment de ne souffrir d'aucun trouble psychologique, nous pouvons avoir l'impression de ne pas pouvoir admettre avoir un problème ni pouvoir demander de l'aide, car nous sommes seul·e·s responsables de notre bonheur et de notre bien-être. Cette **responsabilité** est totalement entre les mains d'autrui ou de nous-mêmes. Dans tous les cas, cela nous met dans une position intenable. Au-delà de cela, les deux extrémités de cette opposition contribuent à intérioriser la souffrance et à considérer cette dernière comme purement individuelle plutôt que comme symptomatique de problématiques sociales plus globales. Nous sommes contraint·e·s de considérer les problèmes de santé mentale comme **innés** ou comme le **résultat d'une maladie** (prédisposition génétique et/ou problème de chimie cérébrale) ou d'une **lacune personnelle** (mauvaises habitudes, analyse erronée ou faiblesse morale). Cela peut être extrêmement préjudiciable car, comme nous l'avons déjà indiqué à plusieurs reprises dans cet ouvrage, les preuves montrent que toutes les expériences humaines sont biopsychosociales. Elles sont une interaction complexe entre le monde qui nous entoure, nos expériences personnelles, notre corps et notre cerveau, tous ces aspects s'influençant mutuellement. Nous risquons de nuire davantage à nous-mêmes si nous essayons de modifier notre expérience individuelle sans reconnaître le rôle que jouent l'injustice sociale et/ou les messages culturels dans notre souffrance.

> Quel que soit le côté du système binaire « responsabilité personnelle/problème biologique » où l'on situe prétendument un individu, le rôle que jouent les messages culturels et les structures sociétales dans sa souffrance est peu - voire pas - reconnu.

LA SOUFFRANCE SOCIALE

Il est évident que l'oppression structurelle et l'injustice sociale jouent un rôle majeur dans les problèmes psychologiques, puisque l'on remarque que ces difficultés sont bien plus fréquentes chez les groupes marginalisés. **D'après une étude récente menée au Royaume-Uni, les femmes ont 40 % de chances en plus de développer un état anxieux ou dépressif que les hommes.** Selon une autre étude, les personnes LGB ont deux fois plus de chances d'être suicidaires que les hétéros. Enfin, une autre étude a montré que la probabilité pour les personnes de couleur d'être admises comme patients dans les établissements de soins de santé mentale était six fois plus élevée que pour les personnes blanches. Nous devons reconnaître le rôle que joue la marginalisation transversale dans les problèmes de santé mentale ainsi que les liens étroits qui existent entre la détresse psychologique et des expériences telles que la pauvreté, la discrimination et les traumatismes.

Nous vivons également dans une culture qui encourage ce mode de pensée autocritique caractéristique de la plupart des problèmes de santé mentale courants. Le philosophe français **Michel Foucault** a comparé notre culture à une prison panoptique. Dans cet établissement carcéral, un unique gardien se tient en haut d'un mirador central d'où il peut observer toutes les cellules de la prison. Les prisonniers finissent par maîtriser leur comportement en permanence, juste au cas où ils seraient observés.

D'après Foucault, notre culture fonctionne de cette façon en raison de la pression qu'elle exerce sur les individus pour qu'ils s'améliorent et renvoient l'image de personnes positives et accomplies. D'une certaine manière, nous sommes amené·e·s à craindre l'échec. Pour dissiper ces craintes, la société nous vend toutes sortes de produits supposés nous aider. Les émissions de relooking, les ouvrages de développement personnel et les produits de beauté ne sont que quelques exemples. Les réseaux sociaux nous encouragent également à maintenir l'**illusion de la perfection en ligne**, entraînant un processus d'autoévaluation et de comparaison sans fin.

Dans un monde où de nombreuses personnes sont confrontées à des **problèmes sociaux** bien réels, il est fondamental que nous reconnaissions le contexte culturel dans lequel nous nous trouvons et que nous résistions à l'envie d'individualiser notre souffrance. L'opposition entre troubles psychologiques et santé mentale est très efficace pour éviter toute remise en question des politiques et pratiques toxiques, car les gens n'ont pas conscience du contexte social de leurs difficultés et craignent d'être qualifiés de « malades mentaux » s'ils expriment ce qu'ils ont sur le cœur.

En témoignent les récents mouvements qui, dans certains pays, visent à considérer le chômage comme un problème psychologique et l'insistance avec laquelle il est demandé aux personnes sans emploi qui souhaitent être indemnisées de suivre une thérapie comportementale et cognitive. **La responsabilité repose sur les épaules des individus plutôt que sur les problèmes sociétaux au sens large**, tandis que les ressources se concentrent sur le changement psychologique plutôt que de traiter les inégalités économiques. Il y a de fortes chances pour que les gens restent dans cette situation préjudiciable et estiment, en plus, qu'ils en sont responsables.

UNE RÉPONSE SAINE À UN MONDE INSENSÉ ?

Le psychothérapeute **Winnicott** a tenu les célèbres propos suivants sur la dépression :

> « Notre capacité à tomber dans la dépression… n'est pas innée, et ce n'est pas une maladie ; c'est plutôt la conséquence d'un développement émotionnel sain… La vie est une épreuve… or la plus grande souffrance de notre humanité, c'est probablement de voir souffrir des personnes mûres et en bonne santé[27]. »

Peut-être ferions-nous mieux de considérer la dépression, l'anxiété et les autres troubles psychologiques auxquels la plupart d'entre nous sont confronté·e·s à un moment ou un autre comme une réaction saine face à un monde insensé. Cela permettrait de **faire endosser la responsabilité du changement aux structures sociétales et aux messages culturels**, et non plus aux individus.

Dans son livre *The Promise of Happiness*, **Sara Ahmed** établit un lien avec les émotions « positives » et « négatives ». Elle indique dans quelle mesure le bonheur est plus accessible à certains qu'à d'autres, souvent à ceux qui se conforment plus facilement à la « norme », pour qui « tout est bien qui finit bien » et qui parviennent à atteindre ce que notre culture considère comme la « réussite ». Elle suggère que nous demandions aux « rabat-joie féministes », aux « immigrés mélancoliques » et aux « queers malheureux » de laisser

27. Winnicott (Donald W.), *Human Nature*, Free Association Books, Londres, 1988, p. 149.

parler leurs « émotions négatives » si nous souhaitons tendre vers une société plus égalitaire, où le plaisir ne s'obtient pas au détriment d'autrui ou en se conformant à des hiérarchies de pouvoir problématiques qui accordent plus d'importance à certains corps, vies et professions qu'à d'autres, que ce soit sur le plan financier ou autre (voir chapitre 4).

Toutefois, les systèmes de santé mentale peuvent être particulièrement résistants à de tels points de vue. Dans son ouvrage *Users and Abusers of Psychiatry*, **Lucy Johnstone** suggère qu'il est très tentant pour les professionnels de la santé mentale de répartir les praticiens et les patients en deux catégories (« nous », les personnes qui allons bien, et « eux », les personnes malades) en raison de leur investissement dans le système actuel. Sans ces distinctions claires, ces praticiens risqueraient de mettre leur profession en danger. En outre, leur expertise et leur capacité professionnelle perdraient tout crédit si, par exemple, on assistait à une **démédicalisation du désarroi** ou à une **déprofessionnalisation du soutien** apporté aux personnes rencontrant des difficultés psychologiques. De manière plus globale, il existe un risque que les personnes ayant un intérêt à être perçues comme saines d'esprit, professionnelles et maîtresses de la situation exigent d'avoir un groupe de comparaison composé de personnes n'étant pas perçues comme telles. Le mouvement **Mad Pride** et les communautés de survivants des systèmes de santé mentale s'efforcent d'aborder ces questions dans le cadre de leurs travaux.

Nous savons que le fait de reconnaître les aspects culturels et sociaux de nos difficultés nous a beaucoup aidé·e·s. Ce peut être un énorme soulagement que de se débarrasser du poids de la responsabilité et d'admettre le rôle de l'autocritique et des traumatismes consécutifs à la marginalisation de nos expériences.

Cette reconnaissance nous permet également d'avoir un œil critique sur l'opposition entre santé et maladie mentale, c'est-à-dire de résister à l'envie de nous sentir totalement responsables de nos difficultés et au sentiment que nous ne sommes pas du tout en mesure de nous apporter l'aide dont nous avons besoin. Ainsi, nous pouvons tou·te·s entretenir une relation plus bienveillante avec nous-mêmes, mais aussi avec toutes les autres personnes embarquées dans la même « galère culturelle » que nous. Ces liens nous permettent de résister collectivement et ouvrent la voie vers l'activisme social. Il nous semble qu'il s'agit là d'une meilleure façon d'investir notre énergie que d'essayer sans cesse de changer qui nous sommes.

EXPÉRIENCES DIVERSES

LES ÉTIQUETTES DE MALADIES MENTALES

Qu'en est-il du diagnostic dans tout cela ? Nous pourrions résister à toutes les formes de diagnostic en tant que moyen d'individualiser et de médicaliser les problèmes – qui sont en réalité fortement dus à la culture et à la société – et de renforcer l'opposition entre santé et maladie mentale. Néanmoins, les diagnostics peuvent également s'avérer très utiles. Plutôt que de faire en sorte qu'ils débouchent sur une décision binaire « bon ou mauvais », il serait peut-être plus utile de se demander quelles possibilités et limites s'offrent aux patients, en gardant à l'esprit que les deux vont souvent de pair. Les récits suivants illustrent la façon dont certaines personnes perçoivent les étiquettes.

- « **À L'ORIGINE, ON M'A DIAGNOSTIQUÉ UN TROUBLE DE LA PERSONNALITÉ LIMITE (TPL).** Cela m'a paru épouvantable. Le fait que quelque chose cloche chez moi, associé à la négativité liée au TPL, m'a donné le sentiment que je resterais coincé pour toujours dans cet état et que je ne pourrais jamais entretenir de relations satisfaisantes. Quand le diagnostic a évolué vers le syndrome de stress post-traumatique complexe, ce fut énorme pour moi, car celui-ci mettait l'accent sur le traumatisme que j'avais vécu et les systèmes qui en étaient la cause. J'ai également eu l'impression d'y voir beaucoup plus clair sur les éléments ayant déclenché mon traumatisme. »

- « **QUAND JE PASSE PAR DES MOMENTS DIFFICILES, JE REGARDE BEAUCOUP DE PORNO.** Ma compagne pensait que j'étais peut-être accro au sexe. Quand j'ai fait des recherches en ligne, cela m'a fait du bien de me dire qu'il pouvait y avoir une explication à ce que je traversais (plutôt que de me dire que c'était ma faute) et qu'il existait une communauté de personnes qui étaient confrontées au même problème et pouvaient m'aider. Néanmoins, j'ai lutté contre l'idée de devoir accepter que je suis et serai toujours accro. Certaines personnes ont vécu une expérience relativement différente de la mienne. Par ailleurs, je souhaiterais davantage modifier la façon dont j'appréhende le porno. Je reste convaincu que le visionnage de vidéos pornos éthiques peut être un excellent moyen d'agrémenter ma vie sexuelle. »

- « **JE DÉTESTE LE FAIT QUE LES EXPÉRIENCES TRANSGENRES SOIENT ENCORE CONSIDÉRÉES COMME DES TROUBLES PSYCHIATRIQUES.** C'est totalement inapproprié ; nous devrions simplement accorder la même importance à tous les genres dans leur diversité et proposer une aide médicale aux personnes qui ont besoin de se sentir plus à l'aise avec elles-mêmes, peu importe qu'elles soient transgenres ou cisgenres. Néanmoins, je dois admettre que, quand je discutais avec mon psychiatre – qui est un formidable allié – afin d'obtenir son accord pour la chirurgie, le fait d'être perçu·e et reconnu·e comme personne transgenre pendant un instant m'a donné le sentiment de m'affirmer, même si celui-ci était lié à une étiquette psychiatrique problématique. »

- « J'AI DÉLIBÉRÉMENT ADOPTÉ L'ÉTIQUETTE "FOU" pour remettre en question les préjugés associés à la maladie mentale et exprimer ma rage à l'encontre des systèmes psychiatriques. En tant que survivant psychiatrique, je veux voir mettre un terme à la violence des institutions, aux atteintes aux droits humains et à d'autres formes d'oppression dont font l'objet les patients de psychiatrie. »

- « J'AI LONGTEMPS RÉSISTÉ AU TERME "DÉPRESSION" CAR JE REFUSAIS D'ADMETTRE QUE QUELQUE CHOSE N'ALLAIT PAS CHEZ MOI. Toutefois, je l'utilise aujourd'hui car il s'agit du meilleur moyen d'expliquer et de faire comprendre aux autres ce que je traverse. De plus, j'ai besoin d'une étiquette pour justifier mes arrêts maladie quand je vais mal. De manière similaire, j'ai résisté aux médicaments car je pensais que je parviendrais à régler mes problèmes moi-même. À présent, je trouve que les antidépresseurs sont utiles, au même titre que la thérapie par la parole et les actions que je mène dans le domaine de la santé mentale. Je suis heureux·se de m'être autorisé·e à faire quelque chose qui me remonte le moral ; ce fut un acte de bienveillance. »

Cette approche consistant à se demander quelles possibilités et limites s'offrent à chacun nous amène doucement au dernier chapitre de cet ouvrage, qui s'intéresse à la pensée non binaire. Dans tous les domaines abordés dans ce livre – et plus encore – pourquoi restons-nous coincé·e·s dans un mode de pensée binaire ? Que pouvons-nous faire si nous voulons envisager les choses différemment ?

RESSOURCES SUPPLÉMENTAIRES

Les ouvrages suivants abordent les émotions et la santé mentale sous des angles de vue similaires à ceux du présent chapitre :

- AHMED (Sara), *The Promise of Happiness*, Duke University Press, Durham (NC), 2010. (http://feministkilljoys.com)

- BENTALL (Richard P.), *Doctoring the Mind: Why Psychiatric Treatments Fail*, Penguin, Londres, 2010.

- CHÖDRÖN (Pema), *The Wisdom of No Escape: And the Path of Loving-Kindness*, Shambhala Publications, Boulder (CO), 2010. (http://pemachodronfoundation.org)

- CORNELL (Ann Weiser), *The Power of Focusing*, MJF Books, New York, 1998. (https://focusing.org)

- DEGRUY (Joy), *Post Traumatic Slave Syndrome: America's Legacy of Enduring Injury and Healing*, Uptone Press, Milwaukie (OR), 2005.

- FREDMAN (Glenda), *Transforming Emotion: Conversations in Counselling and Psychotherapy*, Whurr, Londres, 2004.

- Johnstone (Lucy), *Users and Abusers of Psychiatry: A Critical Look at Psychiatric Practice*, Routledge, Londres, 2000.

- Kain (Kathy L.) et Terrell (Stephen J.), *Nurturing Resilience: Helping Clients Move Forward from Developmental Trauma. An Integrative Somatic Approach*, North Atlantic Books, Berkeley (CA), 2018.

- Magid (Barry), *Ending the Pursuit of Happiness: A Zen Guide*, Wisdom Publications, Boston (MA), 2008.

- Menakem (Resmaa), *My Grandmother's Hands: Racialized Trauma and the Pathway to Mending Our Hearts and Bodies*, Central Recovery Press, Las Vegas (NV), 2017.

- Metzl (Jonathan M.), *The Protest Psychosis: How Schizophrenia Became a Black Disease*, Beacon Press, Boston (MA), 2010.

- van Deurzen (Emmy), *Psychotherapy and the Quest for Happiness*, Sage, Londres, 2009. (http://www.emmyvandeurzen.com)

Pour établir un lien entre ces idées et votre vie, n'hésitez pas à consulter les ressources suivantes :

- ALLIONE (Tsultrim), *How to Feed Your Demons*, 2017. Disponible depuis la page : http://lionsroar.com/how-to-practice-feeding-your-demons

- BARKER (Meg-John), rubrique *Social Mindfulness*, 2015. Disponible depuis la page : http://rewriting-the-rules.com/zines

- BARKER (Meg-John), fanzine *Staying With Feelings*, 2016. Disponible depuis la page : http://rewriting-the-rules.com/zines

- BARKER (Meg-John) et HANCOCK (Justin), podcast *Staying With Feelings in Relationship*, 2018. Disponible depuis la page : http://megjohnandjustin.com/relationships/staying-with-feelings-in-relationships

Nous tenons à remercier le magazine *Ladybeard* pour avoir publié une version préliminaire de la dernière section de ce chapitre.

CHAPITRE 6

LA PENSÉE

Au fil des pages, nous avons analysé les raisons pour lesquelles la pensée binaire était vaine. En matière de sexualité, nous avons indiqué comment elle rendait les identités bisexuelles **invisibles** et suggérait que certaines formes de sexualité étaient plus **« appropriées »** ou **« normales »** que d'autres, empêchant ainsi les gens d'être à l'écoute de leurs désirs et d'agir de manière consensuelle. Dans le domaine du genre, nous avons montré que la pensée binaire avait été un élément fondamental dans l'histoire de l'oppression patriarcale, qu'elle marginalisait les expériences transgenres et non binaires, et qu'elle donnait aux individus l'impression de devoir se raccrocher à des rôles de genre rigides qui sont souvent douloureux et préjudiciables. Nous avons également indiqué que les gens envisageaient les relations de manière binaire : ils distinguent les différents types de relations (par exemple, monogamie/non-monogamie, conjoint·e·s/ami·e·s) et en privilégient certains à d'autres. Dans le chapitre s'intéressant au corps, nous avons expliqué comment les corps étaient également répartis selon des oppositions hiérarchiques qui légitiment le fait d'accorder plus de valeur à certains qu'à d'autres. Enfin, dans le chapitre précédent, nous avons montré que les systèmes binaires qui opposent corps et esprit, rationnel et émotionnel, et sentiments positifs et négatifs étaient à l'origine de beaucoup de détresse humaine.

Dans ce dernier chapitre, nous aimerions élargir le thème de la pensée non binaire et analyser, dans un premier temps, dans quelle mesure celle-ci est **à l'origine de nos difficultés psychologiques** (au-delà des exemples dont nous avons parlé jusqu'à présent) et, dans un second temps, comment nous pourrions réfléchir de manière différente. Nous nous interrogerons sur le rôle que joue la pensée non binaire dans les différents aspects de la souffrance humaine tels que les **conflits** et les **troubles psychologiques**. Enfin, dans la mesure où nous sommes d'accord pour dire que la pensée binaire n'est pas d'une grande aide dans de nombreux domaines de l'expérience humaine, nous nous intéresserons à la forme que peut prendre un mode de pensée non binaire. Pour vous aider à réfléchir de façon moins binaire, plus inclusive et avec moins de certitudes, nous vous proposerons une série d'exercices qui s'appuient, entre autres, sur les exercices de pleine conscience du bouddhisme, les rituels païens et les théories queers.

6.1 LE RÔLE DE LA PENSÉE BINAIRE DANS LES DÉBATS ET LES CONFLITS

Cette section s'intéresse au rôle de la pensée binaire dans les conflits. La première étape d'un conflit implique souvent – sinon toujours – de formuler un **sujet sous forme de débat** entre deux positions, l'une étant présumée « bonne » et l'autre « mauvaise ». Nous choisissons alors « un côté » et nous divisons entre « nous et eux », où « nous » avons raison et, par conséquent, « eux » ont tort. Cela légitime souvent les comportements de plus en plus inacceptables à l'encontre d'« eux ». En effet, si nous sommes du côté de ceux qui ont « raison », cela justifie que nous utilisions tous les moyens nécessaires pour gagner (plutôt que de perdre). Par ailleurs, le fait d'être hanté·e·s par l'idée que nous pourrions nous retrouver de l'autre côté de cette opposition (bonne ou mauvaise) peut nous amener à lutter de toutes nos forces pour défendre notre position.

AVANCER SES ARGUMENTS SOUS LA FORME DE DÉBATS

D'une manière générale, quand les gens discutent d'une question litigieuse, ils se divisent entre ceux qui sont « pour » et ceux qui sont « contre ». La question qui sous-tend le débat consiste à se demander si le sujet dont on parle est une bonne chose ou une mauvaise chose en soi : aide-t-il les gens ou leur nuit-il ? Il est à noter que son existence peut même parfois être remise en question. **Il est très difficile de ne pas adopter ces modes de réflexion et ces discours binaires, car ils sont particulièrement ancrés dans notre culture.** Le fait de tout argumenter sous forme de débat est tellement considéré comme acquis dans les médias traditionnels que les journalistes et les producteurs audiovisuels ont souvent du mal à comprendre quand nous leur indiquons que la présence d'« opposants » pour « équilibrer le débat » n'est pas une très bonne approche.

L'argumentation sous forme de débat est une manière relativement **dangereuse** de s'intéresser à certains sujets, car elle contribue à embrouiller les esprits et à diviser les gens entre « nous » et « eux » sur la base de leur position. Bien entendu, « nous » sommes les personnes éclairées et rationnelles qui disposons des connaissances objectives sur le sujet, tandis qu'« eux » sont des individus irrationnels et partiaux qui fondent leur point de vue sur la pseudoscience et le jugement. Ce type de division nous empêche d'être ouvertement à l'écoute d'autrui, de développer potentiellement des connaissances plus complexes et plus nuancées, et de résoudre intelligemment les problèmes auxquels nous sommes confronté·e·s.

L'argumentation sous forme de débat légitime également souvent des points de vue problématiques. Par exemple, MJ se souvient avoir été invité·e à participer à un débat sur l'existence de la bisexualité. Les organisateurs pensaient agir de manière transparente et positive en proposant un débat sur ce sujet souvent méconnu, et prouver qu'ils voulaient donner la parole aux « deux points de vue ». Néanmoins, le fait de débattre sur un sujet qui ne pose pas réellement question - de toute évidence, il existe dans le monde des personnes qui sont attirées par plusieurs genres - implique une remise en question qui n'a, de fait, pas lieu d'être. Sachant que certains émettent déjà des doutes sur l'existence de la bisexualité, cette façon de procéder est des plus inutiles.

Le **changement climatique** est un autre exemple pertinent où les médias pensent souvent que la meilleure façon d'aborder le sujet - comme la plupart des sujets dont ils traitent - est d'inviter des individus des « deux bords » à débattre. Une nouvelle fois, cela légitime le très faible nombre de personnes qui refusent d'admettre la réalité du changement climatique, avec le risque que le reste de la population ignore les conséquences préjudiciables de ses comportements - et des comportements des grandes entreprises - puisque le changement climatique est ainsi présenté comme « toujours sujet à débat ».

LA DIVISION

Quand nous transformons tous les sujets en débat, tout finit par s'apparenter à une **compétition**. Nous sommes habitué·e·s à « perdre » ou à « gagner » (une autre opposition binaire !), ou à résoudre les débats en « acceptant de ne pas être d'accord », ce qui, comme nous le verrons plus loin, n'est pas seulement insatisfaisant, mais aussi particulièrement dangereux pour les communautés marginalisées. Une autre opposition fondamentale se trouve au cœur de ce type d'argumentation :

celle entre « eux » et « nous ». Nous la qualifions de fondamentale car elle fait littéralement partie des fondements de la plupart des modes de pensée binaires qui conduisent au conflit et à l'injustice, comme indiqué au chapitre 3.

Comme **Nat Titman** l'indique, l'argumentation sous forme de débat est une stratégie politique qui peut s'avérer extrêmement dangereuse :

> « L'une des principales tactiques de propagande utilisées par les groupes extrémistes qui propagent la haine et la terreur consiste à provoquer et amplifier la division au sein de la société pour contraindre les individus à s'opposer. Par conséquent, comment s'opposer aux groupes racistes haineux avec toute la force qui s'impose sans rentrer dans le jeu des discours de division que ceux-ci veulent créer et employer abusivement pour pousser les individus à se retrancher dans leur idéologie haineuse et à s'isoler des influences modératrices ?
>
> À l'heure actuelle, nous constatons que différents pays ont recours à ces tactiques à l'échelle mondiale. Nous sommes en effet témoins d'une résurgence de la suprématie blanche et d'autres formes d'extrémisme[28]. »

28. Citation extraite d'une conversation entre les auteur·e·s et Nat Titman.

Ces tactiques sont souvent employées sous le couvert de la liberté d'expression qui, comme beaucoup le concéderont, est en soi une bonne chose. Les individus qui débattent de l'existence ou de la légitimité d'autrui invoquent souvent la liberté de parole pour défendre leur droit d'exprimer ce qu'ils veulent. Cela semble avoir donné lieu à un système binaire erroné qui oppose les défenseurs de la liberté de parole aux combattants de la justice sociale, ces derniers étant considérés comme des individus qui censurent les penseurs « libres » ou « impopulaires ». Ce système est erroné car il assimile les opinions aux faits et au droit des personnes d'exister en toute sécurité dans le monde. Par exemple, le fait que l'on aime ou non les ananas sur les pizzas, ou encore la détermination du montant des impôts à prélever peuvent être des questions de point de vue. En revanche, l'existence des personnes transgenres, mais aussi le nombre de personnes de couleur, indigènes, transgenres et en situation de handicap victimes de discrimination, de harcèlement et de meurtre sont des faits. Dès lors que les opinions sont assimilées à des faits et que la vie des individus devient sujette à débat, les eaux mortelles de la rhétorique fasciste se déguisent en liberté de parole.

Pour reprendre les propos de **Whitney Phillips** :

> « Que faites-vous, par exemple, quand les appels à la liberté d'expression ébranlent l'objectif visant à cultiver l'expression libre, notamment lorsque l'on tient compte des formes d'expression racistes, misogynes et autrement sectaires qui passent sous silence ou, tout du moins, tentent de considérer comme anormales les opinions que l'histoire a marginalisées ? Qui fixe les limites entre les discours démocratiquement sains et démocratiquement toxiques ? Qui décide qui s'exprime[29] ? »

Nous avons nous-mêmes profondément ressenti les problèmes liés à l'argumentation sous forme de débat dans les « discussions » sur l'expérience transgenre. De nombreuses personnes partent du principe que ces discussions sont fondées. En effet, **pourquoi refuserions-nous un débat ouvert ?** Toutefois, comme l'indique à juste titre **Samantha Allen** dans son article[30], le « journalisme bilatéral » n'atteint pas les objectifs escomptés quand le débat remet en question l'existence même d'un groupe d'individus déjà marginalisés ou les droits qui leur sont accordés.

29. Voir https://motherboard.vice.com/en_us/article/vb73zm/berkeley-doesnt-have-to-choose-between-social-justice-and-free-speech
30. Voir www.thedailybeast.com/how-both-sides-journalism-is-failing-transgender-people

Quand un sujet se présente sous forme de débat, il convient de se poser les questions suivantes :

1. Les deux « arguments » sont-ils **tout aussi valables**, par exemple par rapport aux résultats de la recherche dans le domaine ?

2. Les deux « arguments » ont-ils **le même poids**, ou l'un a-t-il initialement plus de poids que l'autre ?

3. Quelles sont les personnes dont les voix sont **entendues** et celles dont les voix sont **ignorées** ?

4. S'agit-il des **seuls arguments** existant à ce sujet ? Pourrait-il y avoir d'autres points de vue occultés par cette argumentation sous forme de débat ?

5. **À qui profite** le fait d'organiser un débat sur le sujet ?

Par exemple, au Royaume-Uni, le « débat transgenre » oppose souvent les féministes transgenres aux féministes qui excluent les trans. Cela rappelle un modèle médiatique beaucoup plus ancien qui consiste à mettre en scène plusieurs féministes se crêpant le chignon, ce qui a pour effet de délégitimer le féminisme dans son ensemble, d'entretenir les stéréotypes selon lesquels les femmes seraient émotives, et de concentrer l'énergie des féministes sur des luttes internes plutôt que sur l'objectif – essentiel – plus global visant à faire table rase du patriarcat.

PISTE DE RÉFLEXION

VOTRE EXPÉRIENCE DES DÉBATS

Pensez à des débats qui vous tiennent à cœur que l'on retrouve dans les médias traditionnels et sur les réseaux sociaux. Quels sont les problèmes engendrés par la tendance à envisager le sujet sous forme de débat et à opposer bon et mauvais points de vue ? Par exemple, vous pouvez vous remémorer les débats sur le véganisme et la façon dont ils abordent - ou non - la complexité liée à la consommation éthique d'aliments, ou encore les débats sur l'immigration, le travail du sexe, l'avortement ou d'autres sujets.

Quand tout est formulé sous forme de débat, nous pouvons être amené·e·s à **nous tenir à l'écart** ou à **nous préserver autant que possible des conflits**. Dans la culture dominante, les conflits peuvent être perçus comme quelque chose de « négatif » qu'il faut éviter au profit de l'« harmonie » et de l'« unité ». Néanmoins, le conflit peut être envisagé comme un élément fondamental de l'intimité (voir chapitre 3). C'est souvent par ce biais que nous apprenons à mieux nous connaître si nous osons nous montrer vulnérables. Quand nous tentons d'échapper au conflit à tout prix, nous pouvons rester coincé·e·s de notre côté de la barrière : nous nous renfermons, pensant que nous devons « agir correctement », car « mal agir » équivaut à « être nul·le », ce qui est intolérable en soi. La section suivante explique plus en détail la façon dont ce mode de pensée peut infliger des souffrances aux autres et à nous-mêmes. Toutefois, avant de poursuivre, accordons-nous un moment pour réfléchir à notre rapport au conflit et à la façon dont nous avons appris à nous y engager ou non.

EXERCICE DE RÉFLEXION : VOTRE RAPPORT AU CONFLIT

Pour cet exercice, vous aurez besoin d'une feuille et d'un stylo/crayon. Sinon, vous pouvez simplement faire appel à votre imagination. Nous vous invitons à envisager votre vie comme s'il s'agissait d'une rivière. Si vous le souhaitez, cette rivière peut avoir des affluents, mais ce n'est pas une obligation. Chaque méandre correspond à un moment, une rencontre, une personne, un film, un livre ou une idée qui a contribué d'une manière ou d'une autre à façonner votre personnalité. Avant de dessiner – ou d'imaginer – votre rivière, réfléchissez à ce que vous savez du conflit. Quel est votre rapport au conflit ? Dans quelles situations et avec qui avez-vous découvert son existence ? À présent, alors que vous dessinez ou imaginez votre rivière, chaque méandre représente un moment charnière, une rencontre, une personne, un film, un livre ou une idée qui a déterminé la façon dont vous appréhendez et prenez part aux conflits à l'heure actuelle. Vous pouvez annoter chaque méandre avec des mots-clés ou des illustrations pour vous rappeler ce qu'il représente. Une fois que vous avez dessiné ou imaginé votre rivière, prenez un moment pour l'examiner à nouveau et réfléchir à l'impact qu'ont eu ces différents méandres sur vous-même et les autres. Quels rapports entretenez-vous avec cette rivière ? Comment a-t-elle évolué au fil du temps ? Si vous souhaitez continuer à utiliser cette métaphore, demandez-vous par exemple si vous y avez nagé, si vous vous êtes assis·e sur ses rives, si vous y avez navigué, si vous vous y êtes noyé·e ou si vous avez flotté à sa surface. Quel temps faisait-il lors des différentes étapes de votre voyage ?

Une fois que vous avez terminé, nous vous invitons à examiner votre rivière une dernière fois. Qu'est-ce que chaque méandre vous a appris sur l'opposition entre « nous » et « eux » ? Est-ce que celle-ci fait partie de votre mode de pensée ? Dans quelle mesure le fait de savoir qui vous êtes et qui sont les « autres » a-t-il contribué à votre survie ? Dans quelle mesure cela a-t-il entravé vos possibilités de nouer des liens ? Quelles sont les possibilités offertes ou les limites imposées par chaque méandre ? Essayez de réaliser cet exercice en faisant preuve de curiosité et de bienveillance. Cela peut faire beaucoup d'informations à assimiler. Par conséquent, soyez indulgent·e avec vous-même.

6.2 LE RÔLE DE LA PENSÉE BINAIRE DANS LA SOUFFRANCE

Dans la section précédente, nous avons indiqué que nous souhaitions parfois prendre de la distance par rapport aux situations conflictuelles. L'exercice ci-dessus vous en a peut-être appris un peu plus sur votre rapport au conflit. Le fait de ressentir les émotions qui lui sont associées, par exemple la peur et la colère, peut nous paraître difficile.

Quand nous sommes en conflit avec quelqu'un, nous craignons de perdre la relation que nous entretenons avec cette personne. Nous avons également peur de perdre notre emploi, notre famille, notre communauté confessionnelle ou notre communauté identitaire, qui nous confèrent un sentiment d'appartenance. Par conséquent, l'idée d'être en conflit peut devenir insupportable car elle peut être associée à la notion de perte - et lui être si profondément liée qu'il devient impossible de distinguer l'une de l'autre.

Quand nous nous trouvons dans une situation conflictuelle, nous pouvons également ressentir de la colère, dont l'intensité varie en fonction de ce que nous pouvons supporter. Celle-ci peut se manifester sous forme d'irritation, de détachement ou d'accusation, par exemple. Dans la culture dominante, la colère est souvent dépeinte comme une émotion négative exprimée de manière « impulsive ». Par exemple, dans le film *Vice-versa* évoqué au chapitre précédent, Colère est représentée avec des flammes qui lui sortent littéralement de la tête. Néanmoins, la colère peut également être froide. Il peut s'agir de la façon dont nous nous éloignons d'une personne et coupons les liens avec elle en ne partageant plus rien à notre sujet avec elle. La colère peut ressembler à un mur de glace qui se dresse entre nous et les autres.

En tant qu'êtres humains, la colère et la perte sont des choses que nous sommes tenté·e·s d'éviter et qui ont **« mauvaise presse » dans la culture dominante**. Néanmoins, nous pouvons nous retrouver face à un paradoxe : quand nous attachons trop d'importance à notre peur du conflit et aux sentiments de colère et de perte qui peuvent l'accompagner, nous n'accordons pas suffisamment d'attention à la souffrance que cause notre tentative d'y échapper.

LES CHOSES AUXQUELLES NOUS PRÊTONS ATTENTION ONT DE L'IMPORTANCE

La notion de **préjugés négatifs** est l'une des théories qui expliquent les raisons pour lesquelles nous sommes enclin·e·s à prêter attention à notre crainte du conflit – et non à la souffrance qu'engendre notre tentative d'y échapper. Selon cette théorie, les gens ont davantage tendance à accorder de l'attention aux états négatifs et à être impactés par ces derniers. D'aucuns pensent que cette caractéristique est liée au développement de notre instinct de survie : nous devons être particulièrement attentif·ve·s aux choses qui pourraient s'avérer dangereuses puisqu'elles peuvent nous faire du mal.

Néanmoins, cela signifie que tout peut paraître **dangereux** et potentiellement **nocif**. Quand cela se produit, il devient difficile d'avoir confiance en nous-mêmes et autrui. Nous avons déjà évoqué le **syndrome de stress post-traumatique complexe** et le **trouble traumatique du développement** au chapitre 5. Lorsque notre corps porte en lui les stigmates d'un traumatisme (c'est-à-dire l'impact de ce qui nous est arrivé), notre pensée aussi est impactée, car elle n'est souvent plus initiée par notre cortex préfrontal, mais par d'autres parties de notre cerveau, à commencer par l'amygdale qui agit ensuite sur notre système nerveux.

Le souci, c'est que l'amygdale n'est pas conçue pour faire preuve de discernement. Elle ne peut donc pas reconnaître si nous sommes confronté·e·s à une **menace réelle** ou si les réactions qui se produisent au niveau de notre corps sont dues à un **traumatisme antérieur**, y compris un **traumatisme culturel, social, historique ou intergénérationnel**. Le conflit devient alors encore plus terrifiant. Nous ne pouvons pas compter sur nous-mêmes pour distinguer une saine agressivité d'une colère inappropriée déchaînée contre nous – ou par nous.

Nous avons déjà expliqué comment les personnes souffrant du syndrome de stress post-traumatique complexe, et particulièrement d'un trouble traumatique du développement, pouvaient se retrouver prises au piège dans une pensée polarisée. Elles peuvent avoir l'impression que seule telle ou telle option est envisageable et qu'aucune autre possibilité ne s'offre à elles quand elles se retrouvent dans une situation conflictuelle. Ce type de pensée peut intensifier leur souffrance, les entraînant dans un cercle de douleur vicieux qui leur paraît inéluctable. Elles peuvent également s'isoler ou bien se retrouver seules et déconnectées, consommer des substances ou pratiquer des activités dans le but d'anesthésier et/ou de gérer leur douleur.

TRAUMATISMES ET SOUFFRANCE

L'une des choses les plus insidieuses à propos des traumatismes, c'est qu'ils ne concernent pas les « mauvaises choses » qui nous sont arrivées, mais plutôt la **façon dont ils nous ont impacté·e·s**, restent ancrés en nous, au plus profond de notre être, et engendrent une souffrance permanente. La pensée polarisée mentionnée plus haut est l'une des façons dont cette souffrance peut s'exprimer. Nous commençons à nous percevoir et à percevoir les autres comme de « bonnes » ou de « mauvaises » personnes, comme des **« victimes »** ou des **« agresseurs »**, comme une « réussite » ou un « échec ». Nous sommes alors coincé·e·s dans une pensée de type « tout ou rien » où nous sommes à la fois trop et pas assez. Nous ne sommes jamais assez bien, mais l'idée que nous sommes nul·le·s est intolérable.

Quand nous essayons de compenser nos « lacunes », nous pouvons facilement basculer vers le sentiment inverse et penser que nous sommes « trop » pour que les autres nous supportent. Nous faisons alors preuve d'une vigilance excessive et avons tendance à rechercher la perfection. Par exemple, une chose doit être parfaite, sinon elle n'en vaut pas la peine. Les erreurs deviennent intolérables car elles sont désormais le signe de notre manque de valeur – et de celui d'autrui. Nous cessons simplement d'accorder à nous-mêmes et aux autres l'autorisation d'être pleinement humain·e·s. Nous finissons par vivre dans la crainte de tout et de toutes les personnes qui nous entourent, mais aussi et surtout dans la crainte de nous-mêmes.

Puisque l'idée que nous pourrions être « vraiment nul·le·s » est intolérable, nous en venons souvent à blâmer les autres quand nous sommes en situation de conflit. Si nous ne pouvons pas être « les mauvaises personnes » ni les « agresseurs », **alors quelqu'un d'autre doit l'être**. Nous commençons également à associer des comportements aux gens. Nous ne nions pas ici que certaines personnes ont de mauvais comportements et commettent des actes terribles, et ne cherchons pas non plus à faire des autres des monstres, même si nous admettons qu'il peut être agréable de considérer ceux qui nous blessent comme des intrus puisque c'est souvent la seule façon pour nous d'exprimer de la colère envers eux.

Le problème quand nous agissons de la sorte, c'est que nos croyances deviennent dogmatiques et que les dogmes génèrent souvent encore plus de souffrance. Nous commençons à perdre la multiversalité de vue, c'est-à-dire l'idée selon laquelle il existe plusieurs réalités, et **notre monde se rétrécit de plus en plus**. Ce ne sont plus seulement les autres qui doivent comprendre notre vision étriquée du monde, mais aussi nous-mêmes. Nous avons de moins en moins de place pour être pleinement humain·e·s, commettre des erreurs et apprendre. Nous devenons de plus en plus critiques envers nous-mêmes, notre pensée se rigidifie et nos idéaux sont souvent impossibles à atteindre.

Sachant que nous risquons d'être perçu·e·s comme ce que nous redoutons le plus d'être, nous finissons également par **dissimuler notre véritable personnalité**. Quand nous nous comportons de la sorte, notre système vagal ventral (une autre partie de notre système nerveux située au niveau du ventre et essentielle à notre bien-être) n'est plus réellement connecté. En d'autres termes, nous ne pouvons plus nous abandonner totalement à l'intimité avec nous-mêmes, avec les autres et avec le monde qui nous entoure, et souffrons de ce manque de liens essentiels. Nous vivons à présent dans un état constant de stress et d'hypervigilance. Globalement, nous ne parvenons jamais à baisser la garde quel que soit l'endroit où nous nous trouvons ou les personnes avec qui nous sommes.

Bien entendu, cela est intenable. Quand nous vivons dans un **état de stress permanent**, nous n'avons plus accès à la créativité et au jeu, qui sont essentiels pour notre santé mentale. Nous trouvons également qu'il est difficile, voire impossible, d'acquérir de nouvelles connaissances. L'apprentissage du langage, par exemple, implique beaucoup de jeu : les enfants imaginent leurs propres règles, jouent avec les règles existantes, communiquent avec les autres et finissent par apprendre leur langue maternelle. Notre vie s'appauvrit, nous ne parvenons pas à trouver la paix ni parfois même le sommeil ou, à l'inverse, dormons trop.

Nous nous retrouvons **coincé·e·s à l'intérieur de nous-mêmes**, prisonnier·ère·s de toutes les terribles choses consécutives à nos blessures qui se trouvent dans notre esprit. Quand nous rejetons la colère que nous n'avons pas pu exprimer envers les personnes qui nous ont blessé·e·s, nous finissons par retourner cette colère contre nous-mêmes de bien des manières. Quand nous rejetons la douleur qu'engendre une perte potentielle, nous finissons par nous isoler de plus en plus puisque nous craignons de nous montrer vulnérables aux yeux des autres. Malheureusement, nous ne voyons aucune autre possibilité, aucun autre choix ni aucune autre manière d'être.

Comme indiqué au chapitre 5, la bonne nouvelle, c'est que notre cerveau est doué de plasticité neuronale et que nous n'avons pas besoin de rester ancré·e·s dans la souffrance. Néanmoins, comme nous le verrons dans la suite de cette section, cela est plus facile à dire qu'à faire. Nous vous fournirons ensuite des stratégies supplémentaires pour vous entraîner à ne plus avoir un mode de pensée binaire.

LES DÉCISIONS

Comme pour l'argumentation sous forme de débat abordée dans la première section de ce chapitre, **nous pensons souvent qu'il n'y a que deux options possibles quand nous devons prendre une décision : une bonne et une mauvaise**. Dès lors que nous tenons ce postulat pour acquis, nous en arrivons facilement à essayer de démêler les bonnes décisions des mauvaises. Si nous avons vécu des événements traumatiques tôt dans notre vie ou de manière répétée, l'exercice peut s'avérer encore plus difficile.

Il serait plus utile de remettre ce postulat dominant en question. **Existe-t-il seulement deux options ou se pourrait-il que les choses soient plus nuancées ?** Quand nous envisageons les deux options disponibles, celles-ci offrent-elles des possibilités positives *et* négatives (plutôt que des possibilités positives *ou* négatives uniquement) ? Par ailleurs, dans le cas présent, nous pourrions également remettre en question l'opposition entre « positif » et « négatif », et admettre que ce que nous considérons comme positif peut inclure des éléments négatifs, et inversement. Nous pouvons réfléchir à ces moments où les choses que nous voulions vraiment se sont accompagnées de difficultés imprévues, et à ceux où les choses que nous appréhendions se sont avérées très utiles d'une manière ou d'une autre.

De la même façon, quand nous réfléchissons à tout ce qui compose notre vie (emploi, personnes, relations, vacances, tâches, etc.), **nous pouvons remarquer que nous avons tendance à tout opposer**. Notre job est soit totalement génial soit totalement nul, ce qui signifie que nous devrions soit rester, soit démissionner. La personne que nous avons rencontrée correspond soit totalement à notre idéal et nous restons avec elle, soit pas du tout et nous la quittons. Nous adoptons ou rejetons telle ou telle étiquette. Ce que nous accomplissons est soit une réussite que nous devons célébrer, soit un échec dont nous devons assumer la responsabilité. Ce groupe, cette façon de penser ou ces idées s'assimilent à « nous » ou à « eux ». Par conséquent, nous les acceptons ou les rejetons.

PISTE DE RÉFLEXION

LA PENSÉE POLARISÉE

Réfléchissez à la dernière fois où vous avez pris une décision.

Dans quelle mesure aviez-vous le sentiment qu'il existait une « bonne » ou une « mauvaise » solution ?

L'idée selon laquelle nous catégorisons tout de manière binaire dans tous les domaines vous paraît-elle logique ? Comment cela s'exprime-t-il dans votre vie ?

PERCEPTIONS TAOÏSTE ET BOUDDHISTE DE LA SOUFFRANCE

Une fable taoïste illustre notre tendance à tout considérer comme une « bénédiction » ou une « malédiction », et la souffrance que cela peut engendrer :

> « La situation… est semblable à celle du sage fermier chinois dont le cheval avait disparu. Quand son voisin vint pour le consoler, le fermier dit : "Souvent, ce qui semble être une malédiction est en fait une bénédiction."
>
> Quand le cheval revint le jour suivant accompagné d'un troupeau de chevaux, le voisin stupide vint féliciter le fermier pour sa bonne fortune. "Souvent, ce qui semble être une bénédiction est en fait une malédiction", dit le fermier.
>
> Ensuite, le fils du fermier se cassa la jambe en essayant de monter l'un des nouveaux chevaux. Une nouvelle fois, le voisin stupide vint pour le consoler. "Souvent, ce qui semble être une malédiction est en fait une bénédiction", dit le fermier.
>
> Quand l'armée vint au village pour appeler les hommes au combat, elle ne mobilisa pas le fils du fermier à cause de sa jambe cassée. Quand le voisin stupide vint féliciter le fermier parce que son fils avait été épargné, une nouvelle fois, le fermier lui répondit : "Souvent, ce qui semble être une bénédiction est en fait une malédiction."
>
> Quand pouvons-nous espérer voir l'histoire se terminer ? »

Il y a ici un lien avec la perception bouddhiste de la souffrance. D'après celle-ci, la souffrance ne serait pas le résultat des événements de la vie (qui peuvent être douloureux à certains moments et formidables à d'autres), mais le résultat de notre réaction face à ces événements, qui consiste à nous accrocher aux expériences « positives » et à éviter ou bannir les expériences « négatives » - tout comme le voisin qui félicite ou éprouve de la compassion pour le fermier.

Selon les bouddhistes, l'envie s'apparente à notre désir de nous approprier tout ce que nous voulons (l'approbation d'autrui, les choses matérielles et les sentiments positifs...) et à rejeter tout ce que nous ne voulons pas (la désapprobation, la souffrance, le malheur...). **Martine Batchelor** établit une analogie avec un objet précieux :

> « Imaginons que je possède un objet en or. Il est précieux et il est à moi – j'ai l'impression qu'il faut que je m'y cramponne. Je m'y agrippe, serrant mes doigts autour de lui pour qu'il ne tombe pas et que personne ne s'en empare. Que se passe-t-il après un certain temps ? Non seulement j'ai des crampes à la main et au bras, mais, en plus, je ne peux pas utiliser ma main pour faire autre chose. Quand vous vous cramponnez à quelque chose, vous créez des tensions et vous imposez des limites.

La solution ne consiste pas à laisser tomber cet objet en or. Se détacher, c'est apprendre à se détendre pour desserrer les doigts et ouvrir doucement la main. Quand ma main est grande ouverte et que je ne ressens aucune tension, l'objet précieux peut simplement reposer sur ma paume. Je peux toujours l'apprécier et en prendre soin ; je peux le poser et le ramasser ; je peux utiliser ma main pour faire autre chose[31]. »

Il est possible que la tendance à tout catégoriser de manière binaire soit ancrée dans ces schémas d'appropriation et de rejet habituels. Comme nous avons l'habitude d'appréhender le monde de cette façon et nous sommes comporté·e·s de la sorte toute notre vie, il devient difficile de faire autrement. Ainsi, quelques secondes à peine après avoir rédigé ces lignes sur les problèmes liés à la pensée binaire, nous – vos auteur·e·s – nous surprenons à nous demander si nous avons eu une journée de travail productive ou non, et craignons les sentiments « négatifs » qui pourraient en résulter !

....

31. Batchelor (Martine), *Meditation for Life*, Frances Lincoln, Londres, 2001.

Pema Chödrön répertorie quatre paires d'oppositions qui imprègnent notre expérience du monde : le plaisir et la souffrance, le bénéfice et la perte, l'éloge et le blâme, la renommée et la disgrâce. Nous essayons toujours d'obtenir plus de plaisir, de bénéfices, d'éloges et de renommée, tandis que nous fuyons la souffrance, la perte, le blâme et la disgrâce.

Les premiers semblent être de bonnes choses, tandis que les seconds nous donnent le sentiment d'être d'horribles personnes. **D'après Pema, nous sommes dépendant·e·s de ces modèles de quête et de fuite.** En d'autres termes, nous avons beaucoup plus de mal à supporter les choses « négatives » et éprouvons moins de plaisir quand des choses « positives » se présentent à nous parce que nous nous y cramponnons vite fermement. La section suivante s'intéresse aux pratiques issues de plusieurs approches thérapeutiques et spirituelles en vue d'envisager différemment ces oppositions.

L'INSTANT pause

Comme vous le savez maintenant, le moment est venu de faire une pause si vous le souhaitez. Le fait de parler de tous ces sujets peut être vraiment stimulant.
Cette fois, nous aimerions vous inviter à faire quelque chose qui vous fait du bien. Nous vous encourageons à choisir une activité qui vous procure du bien-être sur l'instant, mais aussi à long terme. Alex, par exemple, adore le gluten mais y est intolérant·e. Manger un beignet au gluten lui procurerait beaucoup de bien-être sur l'instant, mais iel le regretterait rapidement !
Si aucune activité ne vous vient à l'esprit, voici quelques exemples qui pourront vous aider. Peut-être aimeriez-vous :

- faire une sieste
- lire votre poème préféré
- écouter de la musique
- danser
- aller marcher
- sentir le parfum d'une fleur
- boire une tasse de chocolat chaud
- écrire dans votre journal
- prendre une douche ou un bain chaud
- regarder des animaux mignons sur Internet
- réaliser une tâche que vous aviez remise à plus tard
- prévoir de voir un·e ami·e
- vous envelopper dans votre plaid préféré
- simplement faire une pause et respirer

Quelle que soit l'activité que vous choisissez, prenez le temps d'en profiter. Appréciez le sentiment d'avoir fait quelque chose qui vous procure du bien-être. Ensuite, une fois que vous serez prêt·e, poursuivez votre lecture.

6.3 ALTERNATIVES À LA PENSÉE BINAIRE

Tout au long de ce livre, nous vous avons donné des exemples d'alternatives à la pensée binaire. Nous avons notamment analysé comment nous pouvions appréhender notre sexualité et notre genre différemment en les situant sur un ou plusieurs spectres. Nous nous sommes intéressé·e·s aux possibilités offertes par certains événements culturels tels que le **mouvement #MeToo**, mais aussi aux limites que ceux-ci présentent. Nous nous sommes également demandé si nous pouvions soutenir une proposition paradoxale et envisager les choses comme négatives et positives à la fois.

Cette section propose quatre manières différentes – mais connexes – de penser de façon non binaire que vous pourriez trouver utiles quand vous vous surprenez à penser de manière binaire.

LA PENSÉE INCLUSIVE

Au chapitre 4, nous avons expliqué que le corps défiait les systèmes binaires. Nous vivons des tas d'expériences complexes, notamment dans des espaces-frontières et entre les catégories définies de manière arbitraire. Il n'y a pas que le corps humain qui défie les systèmes binaires ; il en va de même pour la nature au sens large. Par exemple, les animaux et les végétaux (arbres, plantes, végétation) se reproduisent de nombreuses manières différentes ! Cela ne veut pas dire qu'il n'y a pas d'« opposés », parce qu'il y en a ; cela signifie simplement que le monde ne se limite pas à des forces qui s'opposent.

Pour commencer, il y a tout ce qui peut se produire entre ces forces, quand elles existent. On trouve un large éventail de phénomènes entre les deux. L'eau, par exemple, peut être liquide, solide ou gazeuse. Au sein de ces trois états, elle se manifeste de différentes manières. Sous sa forme liquide, on trouve l'eau dans les rivières, la mer et les étangs, mais elle peut également tomber du ciel sous forme de pluie légère ou d'averse torrentielle. Sous sa forme solide, on trouve l'eau dans les lacs gelés et les glaciers, mais elle peut aussi tomber sous forme de grêle. L'eau peut s'échapper de notre corps et de la terre sous forme de vapeur quand elle entre en contact avec la chaleur.

Si l'eau peut se manifester de nombreuses façons différentes (et encore, nous n'avons pas expliqué en détail ce qu'il se produit quand plusieurs éléments sont combinés), alors nous aussi présentons bien plus de nuances et de possibilités que la pensée binaire voudrait nous le faire croire.

Quand nous parvenons à nous percevoir - et à percevoir tout ce qui nous entoure - comme des êtres multidimensionnels, la pensée binaire est de plus en plus remise en question car il existe plus de deux axes - ou deux variables. Globalement, nous ne sommes plus des personnages de dessins animés plats en deux dimensions, mais des êtres complexes en trois dimensions (au moins), au même titre que toutes les personnes et toutes les choses qui nous entourent !

Que vous envisagiez les identités, expériences et phénomènes sur un spectre ou que vous les conceptualisiez sous forme de paysages (les deux métaphores utilisées dans cet ouvrage), nous espérons que vous pourrez commencer à percevoir les possibilités offertes par un mode de pensée inclusif. Qu'entendons-nous par « pensée inclusive » ?

Ce mode de pensée peut prendre **plusieurs formes**. Par exemple, il peut être appliqué au processus de **prise de décision dans le cadre du travail**. Il est également utilisé dans les **approches thérapeutiques narratives**. En outre, les comédien·ne·s qui pratiquent l'improvisation ont souvent recours à la technique du « oui, et ». La pensée inclusive nécessite de se détacher du système binaire rigide (« l'un *ou* l'autre ») - qui ferme la porte aux possibilités - pour envisager un système offrant davantage d'options. Nous pouvons à la fois avoir peur *et* faire quelque chose. Quand nous adoptons une approche inclusive (« l'un *et* l'autre »), nous pouvons pleinement accueillir les nombreux sentiments, expériences et identités paradoxaux que l'on retrouve chez la plupart d'entre nous. Nous - vos auteur·e·s - pouvons tou·te·s deux être profondément impacté·e·s par la transphobie, mais nous réjouissons également de notre identité transgenre. Les choses qui paraissent en décalage coexistent en permanence. La pensée inclusive nous permet d'exprimer cette réalité.

Néanmoins, comme toujours, il n'y a pas de panacée. Le fait d'adopter un mode de pensée inclusif ne suffit pas à résoudre tous nos problèmes (si seulement cela pouvait être le cas !). En fait, même la pensée inclusive peut être préjudiciable. **De nombreuses personnes qui n'acceptent pas certaines expériences humaines différentes des leurs peuvent parfois utiliser la pensée inclusive de façon destructrice.** Par exemple, certaines féministes radicales excluant les personnes transgenres aimeraient nous faire croire que l'on peut avoir d'une part l'essentialisme de genre (c'est-à-dire l'idée selon laquelle nos organes génitaux déterminent nos identités, rôles et expériences de genre) et, d'autre part, des personnes transgenres vivant heureuses en parallèle des personnes cisgenres. À ce stade, nous espérons que vous comprenez la ligne de fracture que crée ce type de pensée. La notion « l'un *et* l'autre » ne peut simplement pas s'appliquer dans le cas présent, car l'essentialisme de genre écarte par définition toute possibilité d'ouverture d'esprit et de coexistence puisqu'il s'agit d'une **théorie dogmatique et binaire qui prône l'exclusion**. Une nouvelle fois, nous devons faire preuve de discernement afin de ne pas nous laisser avoir par de faux arguments qui n'offrent que des possibilités et une ouverture d'esprit illusoires quand, en réalité, toutes les portes ont déjà été fermées et la voie à suivre déjà tracée.

C'est ici que la **pensée intermédiaire** peut s'avérer utile. Qu'est-ce qui se trouve entre « l'un *et* l'autre » ? Où sont les limites et par qui sont-elles fixées ? Les espaces-frontières sont souvent des lieux de rêve, de créativité et de possibilités. Pensez au crépuscule ou à la lumière naissante de l'aube : ce sont des espaces intermédiaires, des lieux où une chose n'est encore ni l'une, ni l'autre ; ce n'est pas encore le jour, et pourtant ce n'est plus la nuit. La pensée intermédiaire est plus nuancée et nécessite de nous libérer des catégories habituelles. Il s'agit du moment entre inspiration et expiration, où nous pouvons éventuellement faire une pause et prendre conscience des manières d'être, de faire et de penser auxquelles nous sommes prêt·e·s à nous ouvrir ou nous fermer.

PISTE DE RÉFLEXION

AU-DELÀ DU SYSTÈME DE PENSÉE BINAIRE

Vous êtes-vous récemment senti·e coincé·e dans une situation qui favorisait l'exclusion, où les seules options qui s'offraient à vous étaient de faire soit une chose, soit son opposé, par exemple rester ou partir, vous reposer ou travailler ? Remarquez-vous des changements si vous essayez d'appliquer la pensée inclusive à cette situation ? Si tel est le cas, quelle forme prennent ces changements ? Si vous avez déjà recours à la pensée inclusive et à la pensée intermédiaire dans votre vie, qu'est-ce que cela change pour vous ?

POSSIBILITÉS ET LIMITES

Revenons aux débats, conflits et prises de décisions où les gens se divisent entre **ceux qui ont « raison » et ceux qui ont « tort »**, et opposent **ce qui est « bien » à ce qui est « mal »**. Comme indiqué précédemment, le fait de nous diviser place souvent les autres dans une position qui les pousse également aux extrêmes plutôt que de leur permettre de se rapprocher de nous dans toute la complexité du sujet et de mieux comprendre notre point de vue - et inversement. Nous avons élaboré les questions suivantes afin d'aborder ces problèmes de manière différente et moins binaire :

1. **De quel sujet parle-t-on ?** Comment se définit-il ? Le sujet est-il global ou se compose-t-il de plusieurs sous-sujets ? Dans le second cas, il convient de distinguer et d'aborder séparément chaque élément.

2. **Quelles sont les possibilités qui s'offrent à nous, quelles sont les limites qui s'imposent ?** Cette question est bien plus utile que « Est-ce bien ou mal ? » car elle sous-entend que la plupart des choses peuvent potentiellement être les deux. Elle permet également de rester concentré·e·s sur l'impact des choses qui nous préoccupent.

3. En nous appuyant sur les réponses aux deux premières questions, **comment pouvons-nous aborder le sujet de manière créative**, c'est-à-dire trouver une alternative à une adoption pleine et entière (« bien ») ou une tentative d'éradication pure et simple (« mal ») ?

Dans son livre intitulé *The Psychology of Sex*, MJ utilise cette structure pour analyser certains « débats » courants sur le sexe et la sexualité. Par exemple, iel présente une façon très utile d'analyser la complexité des débats autour du porno. Le premier point nous aide à comprendre que le porno n'est pas « un » en soi, mais qu'il se compose de nombreuses ressources dont le but est de créer de l'excitation : films érotiques, magazines pornos grand public, films pornos pour queers féministes, vieilles photos érotiques, diffusion de vidéos en ligne, etc. Il n'est pas logique de regrouper tous ces éléments et de se demander s'ils sont « bons » ou « mauvais » pour les gens ou la société. Le deuxième point nous rappelle que le porno (ou l'une de ces formes de porno) ouvre la voie à certaines possibilités et ferme la porte à d'autres – comme la plupart des choses. Par exemple, **Alan McKee** indique que les jeunes apprennent beaucoup de choses utiles en regardant du porno (ils peuvent notamment découvrir des pratiques qu'ils sont susceptibles d'apprécier et parler ouvertement avec leur partenaire de celles auxquelles ils aimeraient s'adonner ; ils apprennent que le sexe peut procurer du plaisir et doit être agréable), mais aussi que le porno présente ses limites (entre autres parce que la plupart des contenus pornographiques excluent toute conversation sur le consentement et donnent une idée peu réaliste de la façon dont le sexe et le corps fonctionnent). Cela nous amène au troisième point. **Peut-être qu'au lieu d'essayer d'éradiquer le porno ou de prétendre que l'industrie du porno est formidable quand ce n'est visiblement pas le cas, nous pourrions mener des actions créatives.** Nous pourrions, par exemple, proposer des contenus éducatifs sur le sexe et les relations qui n'existent actuellement pas dans cette industrie, développer des formes de porno et d'érotisme qui s'appuient sur le consentement, ou nous intéresser aux dynamiques sociales problématiques qui expliquent pourquoi le porno pose problème (notamment en termes de rôles de genre et de diversité des corps illustrés).

Sur son blog, MJ applique également cette approche aux débats enflammés sur les avertissements au public. Le premier point reflète les différentes façons dont les gens interprètent la notion de « contenu susceptible de heurter la sensibilité du public ». Aux deux extrémités du débat, les gens se concentrent sur certains exemples pour exprimer leur point de vue. Par exemple, les personnes qui se trouvent du côté « pour » mettent souvent en évidence des contenus indéniablement traumatisants tels que le viol, la maltraitance des enfants et les traumatismes culturels, tandis que celles qui se trouvent du côté « contre » mentionnent souvent des choses en apparence insignifiantes comme les injures, des phobies inhabituelles ou des affronts personnels. Il serait préférable que tout le monde envisage l'ensemble des expériences que représente la mention générique « contenu susceptible de heurter la sensibilité du public ».

Concernant les possibilités et les limites, ces **avertissements** peuvent, par exemple, permettre aux élèves d'une classe ou à certains lecteurs de décider s'ils souhaitent ou non lire un livre, et éventuellement responsabiliser les personnes les plus marginalisées ou traumatisées. **Néanmoins, quand ils sont appliqués avec trop de rigidité, les avertissements au public peuvent nous encourager à diviser le monde de façon binaire entre les personnes puissantes chargées de leur publication et les victimes impuissantes auxquelles ils s'adressent.** Il s'agit ici d'un autre scénario opposant « nous » et « eux ». Le postulat selon lequel les personnes « impuissantes » ont besoin qu'on veille sur elles et ne peuvent pas assumer leurs propres expériences les place encore plus dans une situation de faiblesse. De leur côté, les personnes « puissantes » peuvent penser que leurs propres vulnérabilités ne sont pas prises en compte par les autres – et par elles-mêmes si elles s'investissent dans ce rôle.

Une approche alternative consiste à **ne pas déterminer de quel côté nous nous positionnons**, ou à **ne pas décider si les avertissements au public sont une bonne ou une mauvaise chose**. Au lieu de cela, nous pourrions envisager de proposer des avertissements dont le potentiel ouvre le champ des possibilités, tout en gardant à l'esprit qu'ils peuvent également être limitatifs et en admettant que, quoi que nous fassions, tout ne sera pas parfait et qu'il y aura inévitablement des lacunes. Il s'agit d'un processus dynamique et non d'un choix ferme et définitif.

EXERCICE DE RÉFLEXION : APPLICATION DE CETTE STRUCTURE

Après avoir lu ces deux exemples, essayez d'appliquer cette structure à un débat qui vous est familier. N'oubliez pas de vous poser les questions suivantes :

Le sujet est-il global ou se compose-t-il de plusieurs sous-sujets ? Dans la seconde éventualité, devons-nous nous concentrer sur un aspect à la fois ?
Quelles sont les possibilités qui s'offrent à nous, quelles sont les limites qui s'imposent ?
Comment pourriez-vous aborder cette complexité de manière créative ?

Qu'avez-vous pensé d'envisager le débat de cette façon plutôt que de tenter de décider qui avait raison ou tort, ce qui était bien ou mal ?

Par conséquent, quand nous sommes tenté·e·s de nous diviser à propos d'une question, d'une personne, d'une décision ou d'une situation, **peut-être devrions-nous nous demander dans quelle mesure celle-ci est multiple, complexe et changeante, plutôt que de l'envisager comme quelque chose d'homogène, de statique et de stable**. Pour ce faire, nous pouvons nous rappeler les différents aspects d'une personne que nous connaissons, envisager les différences et les similitudes entre les individus d'une catégorie ou d'un groupe particulier, ou encore envisager une situation sous tous les angles possibles.

Lorsque nous devons prendre une décision, nous pourrions délibérément chercher à envisager toutes les options qui se situent entre et par-delà celles auxquelles nous pensons déjà, voire mettre toutes les options auxquelles nous pensons par écrit. Il peut être utile d'admettre que nous sommes des êtres pluriels (plutôt que singuliers) et d'accorder une voix à nos différents points de vue sur le sujet. Nous aborderons ce point plus en détail dans la dernière section de ce chapitre. Plutôt que de considérer une option comme **totalement bonne** et l'autre comme **totalement mauvaise**, nous pouvons envisager les **avantages** et les **inconvénients** de chaque choix possible (y compris le choix de ne pas faire de choix) ainsi que les possibilités qu'il offre et les limites qu'il présente.

ACCEPTER L'INCERTITUDE

Revenons au bouddhisme, dont l'une des principales approches pour se détacher de la pensée binaire consiste à accepter l'incertitude. Vous vous souvenez de l'exemple de Martine Batchelor mentionné précédemment, où elle tenait un objet précieux dans la main ? Selon les enseignements bouddhistes, plutôt que de s'accrocher fermement ou de fuir, nous pouvons nous approprier les choses tout en douceur et accepter l'incertitude qui leur est inhérente. Plutôt que de tirer des conclusions et prendre des mesures à la hâte, nous pouvons rester dans un état d'ignorance un peu plus longtemps. Cela peut s'avérer douloureux – précisément parce que nous sommes confronté·e·s à l'incertitude. Néanmoins, cela peut également nous éviter de nous livrer aux luttes intenses induites par la pensée binaire et nous permettre de prendre des décisions avec plus de compassion et de sagesse. Nous pouvons nous entraîner à accepter l'incertitude dans de simples domaines de la vie pour apprendre à appliquer cette approche à des questions plus difficiles. C'est ainsi que procèdent les personnes qui méditent : elles sont à l'écoute des premiers sentiments, sensations et pensées qui leur viennent à l'esprit, tentent de déterminer si elles les interprètent comme positifs ou négatifs, et voient à quoi cela les mène.

Comme l'indique Pema Chödrön dans son livre intitulé *The Places That Scare You* :

« Le fait de s'attarder dans un état intermédiaire nécessite d'apprendre à maîtriser le paradoxe voulant qu'une chose soit à la fois un malheur et une bénédiction, qu'une personne soit à la fois forte et aimante, mais aussi énervée, tendue et avare. Dans ces moments douloureux où nous ne respectons pas les normes que nous nous sommes fixées, nous condamnons-nous ou apprécions-nous réellement le paradoxe d'être humains ? Pouvons-nous nous pardonner et rester à l'écoute de notre cœur tendre et bienveillant ? Quand une personne nous contrarie, cherchons-nous à lui donner tort ou bien nous retenons-nous en nous disant : "Je suis supposé·e être aimant·e. Comment puis-je contenir cette pensée négative ?" L'exercice consiste à rester dans cet état de malaise et à ne pas adopter de point de vue ferme et définitif... La croisée des chemins est un lieu important pour un guerrier en plein entraînement. C'est là que nos points de vue inébranlables commencent à disparaître. Il n'y a aucune bonne façon de procéder. C'est pourquoi la passion et le courage sont essentiels[32]. »

Dans son livre intitulé *Rewriting the Rules*, MJ analyse les implications de cette **approche consistant à accepter l'incertitude**. Iel indique que, dans tous les aspects d'une relation, nous avons tendance à nous accrocher fermement aux règles que nous inculque notre culture ou, au contraire, à les rejeter et trouver des règles alternatives auxquelles nous nous accrochons tout aussi fermement. **On le voit notamment à la façon dont certaines personnes se mettent en quête du partenaire idéal et dont d'autres rejettent toute possibilité de relation amoureuse par cynisme ou parce qu'elles se sont trop souvent brûlé les ailes.** Beaucoup de personnes se raccrochent fermement aux règles de la monogamie. Elles cherchent à éviter tout risque pour leur relation grâce à des règles strictes qui déterminent les liens et relations qu'elles et leur partenaire peuvent nouer avec autrui. D'autres personnes fuient et critiquent la monogamie, mais adoptent des règles tout aussi rigides sur la façon d'entretenir des relations non monogames (voir chapitre 2).

32. CHÖDRÖN (Pema), *The Places That Scare You: A Guide to Fearlessness*, Element, Londres, 2013, p. 189.

Dans le domaine des relations, l'acceptation de l'incertitude implique de relâcher notre emprise sur les règles et les autres, mais aussi d'admettre qu'il n'existe aucun accord – ni ligne de conduite – idéal qui nous préservera de la douleur et que personne ne peut répondre à tous nos besoins en permanence. Une fois de plus, quand nous acceptons l'incertitude, nous avons la capacité d'être réceptif·ve·s aux choses telles qu'elles sont réellement, d'envisager des manières créatives de gérer la situation, de faire preuve de souplesse et de nous accepter mutuellement dans toute notre complexité et notre indépendance.

Le fait d'accepter l'incertitude peut également nous aider à **mieux nous comprendre** et à **mieux comprendre les autres**. Quand nous essayons de ne pas tout répartir en catégories (nous/eux, bon/mauvais, raison/tort), nous pouvons faire preuve de plus d'empathie en cherchant à connaître l'histoire de l'autre et en admettant que nous sommes nous-mêmes des êtres pluriels. Prenons l'exemple de l'opposition entre privilège et oppression qui revient dans les conversations où une personne ou un groupe attire l'attention sur le comportement tyrannique ou marginalisant d'une autre personne ou d'un autre groupe. Comme la plupart des gens, nous nous sommes maintes fois retrouvé·e·s des deux côtés de cette opposition, car – comme la plupart des gens également – nous sommes marginalisé·e·s dans un sens et privilégié·e·s dans l'autre (voir chapitre 4).

Quand nous sommes du côté privilégié de cette dynamique, que se passerait-il si nous nous souvenions des sentiments que nous éprouvons quand nous sommes du côté opprimé ? Nous pourrions nous rappeler ce qu'il nous en a coûté de faire remarquer à une personne privilégiée à quel point ses actions stupides nous avaient blessé·e·s, et considérer les remarques de la personne opprimée comme un acte de confiance de sa part. Nous pourrions comprendre que ce type de comportement fait péniblement partie de son quotidien, ainsi que les raisons pour lesquelles elle exprime de la colère et de la frustration. Nous pourrions nous rappeler que la plupart des gens sont probablement sur la défensive même s'ils s'expriment calmement, et nous engager à ne pas simplement être un oppresseur de plus. À l'inverse, quand nous sommes du côté opprimé, pourrions-nous nous rappeler la **sensation horrible** que nous avons éprouvée quand nous pensions être un·e bon·ne allié·e pour finir par nous rendre compte que nous avions commis une erreur et blessé les gens ? Pouvons-nous avoir conscience du **sentiment de vulnérabilité** que l'on ressent quand quelqu'un nous fait remarquer que nous avons « merdé » ? Pouvons-nous essayer de laisser aux gens le temps de digérer, ou leur accorder une seconde chance si leur première réaction a été d'être sur la défensive ?

Cela n'est pas facile à faire et – bien entendu – les personnes déjà marginalisées ne devraient pas avoir à réaliser un travail sur leurs émotions dans le seul but d'être entendues. **Néanmoins, le fait d'accepter l'incertitude nous invite à faire cet effort difficile qui consiste à nous rappeler ces moments où nous nous sommes retrouvé·e·s de l'autre côté de certaines dynamiques (privilège/oppression, agresseur/agressé...) dans une société non consensuelle où il nous arrive inévitablement d'abuser de nos privilèges et d'agir de manière inacceptable vis-à-vis d'autrui.**

Soyons clair·e·s : il ne s'agit pas ici d'un plaidoyer en faveur de la fragilité émotionnelle que peuvent ressentir les personnes ayant un certain niveau de privilèges dans la culture dominante. Nous pensons qu'il est essentiel que celleux d'entre nous qui ont du pouvoir et des privilèges nous informent et cultivent notre résilience. Notre fragilité ne peut pas être un fardeau supplémentaire pour les personnes impactées par un manque de pouvoir et de privilèges. Toutefois, au sein de nos communautés marginalisées, nous avons également observé que nous pouvions parfois prendre les autres pour cible et penser qu'une personne a plus de pouvoir et de privilèges qu'elle n'en a réellement. Cela se produit généralement quand les gens sont attaqués, quand ils sont dans la souffrance et se sentent impuissants au sein de la société dominante.

Beaucoup d'entre nous développent leurs communautés autour de **traumatismes historiques, culturels, sociaux et intergénérationnels**. C'est un miracle que nous puissions nous sentir proches au milieu de tant de souffrance ! Ce que nous défendons, c'est une culture qui encourage la responsabilité et les pratiques de réparation, plutôt qu'une culture de l'évitement, de l'exclusion et de l'isolement. Nous prônons également une prise de conscience des différentes dimensions de pouvoir et de privilèges qui entrent en jeu dans les diverses situations.

Selon nous, l'activisme en faveur de la justice sociale blanche est particulièrement enclin à la pensée binaire et à l'exclusion (« étranger/familier »). Nous pensons que celles-ci font partie du mode de pensée de la suprématie blanche, qui favorise les notions de perfection et de pureté. Si nous devons déconstruire les systèmes qui nous oppriment, nous ne pouvons pas agir de la même manière ni utiliser les mêmes outils. C'est ici que les travaux sur la responsabilité menés par des activistes de couleur tels que **Mia Mingus** s'avèrent particulièrement utiles. Nous devons imaginer un monde différent, avec des systèmes de justice, de soins et de réparation qui pourraient être peu familiers pour beaucoup d'entre nous (voir la section « Ressources supplémentaires » en fin de chapitre).

PERSPECTIVES « MULTIVERSELLES »

Précédemment dans ce livre, nous avons évoqué la **notion de multiversalité**, c'est-à-dire l'existence de plusieurs réalités, histoires et possibilités[33]. Dans un sens, celle-ci s'oppose à la **notion d'universalité** (une seule façon, un seul monde, une seule histoire). D'un autre côté, un point de vue « multiversel » peut englober la réalité et la possibilité du point de vue universel. Ce dernier est simplement l'une des façons dont vivent certaines personnes. Néanmoins, ce ne doit pas être la seule.

À travers les lieux et les époques, les fripons nous rappellent souvent la notion de multiversalité. La plupart des traditions - qu'elles soient indigènes, néopaïennes ou issues de traditions plus anciennes - comportent des histoires de fripons ou de fripons divins : Loki dans les pays nordiques, Anansi en Afrique de l'Ouest et dans les Caraïbes, Eleguá chez les Yorubas, Éris dans la mythologie grecque, Kokopelli chez les Hopis, Lugh dans la tradition celtique, Wisakedjak chez les Algonquins et les Cris, et Laverna chez les Romains.

33. NdT - Pour en savoir plus sur la multiversalité, consultez la page https://fr.wikipedia.org/wiki/Multiversalité

Beaucoup de fripons – ou de fripons divins – s'affranchissent des frontières, bravent les traditions et contournent ou enfreignent les règles. Il arrive qu'ils soient métamorphes et qu'ils perturbent les rôles de genres. Souvent, ils sont les gardiens des histoires, mais aussi des enseignants. Généralement, ils sont associés au chaos. Les fripons semblent exister pour nous rappeler que nous ne devons pas adopter qu'un seul point de vue ni avoir des pensées et des habitudes trop rigides, aussi louables soient-elles. Beaucoup de fripons sont connectés au monde souterrain – ou au monde spirituel – et à la croisée des chemins. De bien des façons, cette dernière correspond à l'espace-frontière où de nombreuses routes se rejoignent et d'où d'autres partent. Elle peut être le point de départ ou l'arrivée.

Les perspectives « multiverselles » nous rappellent de rester curieux·ses, joueur·euse·s et ouvert·e·s à l'inattendu, à l'incertitude et au changement. Dans une perspective multiverselle, le changement est la seule constante à bien des égards. Les fripons sont indispensables, car nous pourrions oublier de faire preuve de souplesse en ne nous détachant pas des choses et en n'accueillant pas la nouveauté le moment venu. **Le fait de voir les choses sous un angle « multiversel » nous permet d'apprécier toute l'étendue de notre humanité.** Par exemple, pour qu'une famille fonctionne correctement, le point de vue des enfants et des jeunes est nécessaire, tout comme la sagesse des personnes âgées, tandis que les adultes peuvent jouer le rôle d'intermédiaire entre les générations. Aucune personne n'est plus spéciale qu'une autre, mais toutes sont essentielles (un grand merci à **Donald L. Engstrom-Reese** pour ses enseignements à ce sujet ; voir la section « Ressources supplémentaires »).

Pour vivre selon une perspective « multiverselle », nous devons néanmoins apprendre à nous détacher d'une culture du manque - largement promue par la culture colonialiste et capitaliste dominante - pour tendre vers une culture de l'abondance. Nous voulons croire que notre existence - avec toutes ses nuances et dans toute sa magnificence, son envergure et sa puissance - n'empêche pas l'autre d'exister pareillement. Cela signifie également que nous ne devons pas adhérer à une culture de la compétition qui divise et dresse les personnes les plus marginalisées les unes contre les autres, puisque c'est ainsi que les cultures totalitaires prospèrent la plupart du temps.

Les perspectives « multiverselles » nous invitent à faire usage de notre pouvoir au profit et non à l'encontre des autres. Elles sont conformes à l'idée selon laquelle nous sommes nos propres maîtres, se nourrissent des approches relationnelles et systémiques, peuvent nous aider à accueillir les inévitables changements, et nous demandent de nous détacher de la pensée binaire afin que nous puissions nous ouvrir au vaste paysage de possibilités qu'offre une forme de pensée qui se veut différente.

6.4 COMMENT NE PAS PENSER DE FAÇON BINAIRE ?

Alors, pouvons-nous perdre pour de bon cette habitude de penser de façon binaire ? Pas vraiment. Pour déformer une réplique d'un des films préférés de MJ, *Les Copains d'abord*, « je ne connais personne capable de passer une journée sans deux ou trois antagonismes déplorables ». Nous pourrions probablement remplacer le mot « journée » par le mot « heure », voire « minute ». **Nous sommes nombreux·ses à toujours avoir réfléchi de manière binaire. Par conséquent, il n'est pas simple de modifier notre mode de pensée.** Nous devons faire preuve d'indulgence envers nous-mêmes et nous rappeler que le fait de nous qualifier de bons ou de mauvais parce que nous réfléchissons plus ou moins de façon binaire est également antagoniste. Néanmoins, le fait de nous accorder un peu de temps tous les jours pour remarquer à quel point notre pensée peut parfois être binaire pourrait nous offrir la possibilité d'envisager notre vie autrement. En procédant de la sorte, nous pourrions commencer à appliquer ces approches aux grands débats et questions dans lesquels nous nous retrouvons impliqué·e·s.

UNE PRATIQUE RÉGULIÈRE

Pour beaucoup d'entre nous, qui n'ont pas été habitué·e·s à réfléchir de la sorte, adopter un mode de pensée non binaire nécessite de réaliser des **exercices de bien-être quotidiens**. Certains parlent de bien-être personnel. Néanmoins, nous aimerions vous inviter à envisager le bien-être de façon interpersonnelle. L'ami·e d'Alex fut la première personne à nous parler de cette notion. Le bien-être personnel fait endosser la responsabilité des exercices et du changement à l'individu. Or, nous vivons dans une culture dominante où les forces systémiques ne nous aident pas vraiment à prendre soin de nous-mêmes. Le bien-être interpersonnel met l'accent sur la nécessité de développer une éthique de soins à laquelle nous pouvons choisir d'adhérer au niveau collectif.

Quelles sont les pratiques collectives et individuelles qui peuvent nous aider à adopter une pensée non binaire ? À titre d'exemple, nous avons déjà indiqué que nous ne devions pas traiter les terres, les autres et nous-mêmes comme des marchandises. Comment faire ? L'attention et l'intention sont deux moyens d'y parvenir. Nous demandons-nous d'où proviennent notre eau et notre nourriture ? Il ne s'agit pas de consommer des produits biologiques ou élaborés, mais d'éprouver un sentiment de connexion et d'interdépendance dans notre vie quotidienne. Quand une personne nous agace, nous pouvons nous interroger sur les raisons à l'origine de son comportement. Quand nous sommes stressé·e·s ou fatigué·e·s, nous avons l'habitude de nous concentrer sur nous-mêmes ; notre point de vue devient alors étriqué et nous pouvons oublier que nous sommes tou·te·s embarqué·e·s sur le même bateau. Exigeons-nous de nous-mêmes plus que nous ne pouvons en donner au quotidien ? Sur les plans physique, émotionnel, spirituel et social, nous accordons-nous toute l'attention dont nous avons besoin ?

Quand notre éducation nous a appris à accorder la priorité aux besoins des autres, il peut être difficile de se poser ce genre de questions. Parfois, nous ne savons même pas par où commencer ! MJ a créé un fanzine utile sur le bien-être personnel (voir la section « Ressources supplémentaires »), tandis qu'Alex vous dira d'écouter votre corps – comme toujours. Par exemple, l'encart « L'instant pause » de ce chapitre vous invitait à réaliser une activité qui vous procure du bien-être. Avez-vous réussi ? Pour en revenir à l'encart « L'instant pause » du chapitre 3, réalisez-vous l'exercice d'autoconsentement tous les jours ? **L'autoconsentement est probablement l'une des formes de consentement les plus difficiles qui soient, car nous nous efforçons toujours d'en faire plus que nous n'en sommes capables.** Que se passerait-il si nous nous entraînions à répondre davantage à nos besoins et à être plus indulgent·e·s envers nous-mêmes ? En quoi cela changerait-il notre rapport aux autres ?

Les exercices qui peuvent vous aider à détourner votre attention et votre intention sont notamment les suivants : la tenue d'un journal ; le fait de manger lentement et consciemment au moins une fois par jour ; les activités proposées dans les encarts « L'instant pause » de cet ouvrage ; la méditation ; une marche quotidienne en étant attentif·ve à tous vos sens ; la réalisation d'un exercice de pleine conscience dans le cadre d'une ou deux tâches quotidiennes (pendant que vous faites la vaisselle, prenez une douche ou préparez un repas...) ; la danse, le chant ou une activité créative. Globalement, il s'agit de tout exercice vous permettant de lever le pied, de réfléchir et d'être plus attentif·ve à votre expérience et au moment présent, en faisant preuve de curiosité, de bienveillance et de compassion envers vous-même. Il peut également s'agir d'activités qui vous connectent plus profondément à vous-même.

Les **rituels** sont également importants pour développer une pratique régulière en vue d'adopter un mode de pensée non binaire. Vos journées sont-elles structurées ? Si tel est le cas, cette structure vous permet-elle d'avoir plus de temps et de flexibilité ? Nous savons que cela semble paradoxal, mais la structure favorise souvent la créativité. En effet, elle nous permet de ne pas dépenser trop d'énergie dans certaines tâches quotidiennes ou la prise de décisions sans réelle importance. Les rituels quotidiens nous encouragent également à réfléchir au sens que nous voulons donner à nos journées.

Tout cela nécessite d'être patient·e, présent·e et de faire preuve de compassion envers soi-même. Ces exercices deviennent plus faciles quand nous parvenons à accepter l'idée que nous sommes déjà des êtres méritants sans devoir nécessairement en faire plus, que nous avons déjà tout ce qu'il faut en nous et que nous pouvons simplement être. Bien entendu, cette idée peut paraître illusoire. Elle peut également faire l'objet d'une pratique régulière : nous écouter, répondre à nos besoins, nous dire que nous sommes déjà bien tel·le·s que nous sommes, que nous pouvons simplement être, que nous pouvons nous reposer ou travailler quand nous en avons besoin, que nous sommes méritant·e·s et essentiel·le·s parce que nous sommes en vie. Quand nous parvenons à faire cela, nous remettons en question la pensée binaire. Il faut du temps à certain·e·s pour remodeler leur système nerveux afin d'avoir accès à une plus grande amplitude physique, émotionnelle, sociale et spirituelle au quotidien.

Quand nous apprenons à nous accepter, tout change. Nous apprenons alors à nous faire confiance, car nous savons que nous ne nous trahirons pas si nous franchissons nos propres limites. Nous n'avons plus à essayer d'entrer dans « l'une ou l'autre » case, car nous pouvons envisager d'autres possibilités, être vulnérables et nous afficher tel·le·s que nous sommes.

Pour nous aider, nous pouvons nous poser la question suivante : « Existe-t-il une troisième voie, une autre possibilité ? » Dans l'ensemble, le principal exercice consiste à mieux nous connaître. Quand nous connaissons et acceptons notre histoire, nos traumatismes, nos expériences et leur impact sur notre vie actuelle, nous parvenons à nous extirper de la spirale de la pensée binaire. Nous pouvons marquer une pause, respirer et remarquer qu'une troisième option s'offre généralement à nous.

EXERCICE DE RÉFLEXION : CONCEPTION D'UN AUTEL

Dans cet exercice, nous vous invitons à faire quelque chose qui vous paraîtra peut-être un peu étrange ou, au contraire, familier. Si vous le pouvez, n'hésitez pas à le réaliser et voyez ce qui se passe ! Chez vous, trouvez un endroit où créer un autel. Si ce n'est pas possible, envisagez de créer un autel transportable ou numérique. Un autel est un lieu – physique ou virtuel – où vous pouvez placer des objets qui symbolisent quelque chose. Vous pouvez y installer tout ce que vous voulez. Néanmoins, nous vous recommandons vivement d'y ajouter un miroir (si vous n'êtes pas non-voyant·e). Vous pouvez également y ajouter des photos de vous à différentes époques de votre vie, ou des objets qui comptent à vos yeux.

Vous pouvez également y faire figurer vos ancêtres (les aïeux de votre famille, mais aussi vos ancêtres spirituels, culturels ou militants). Étant donné que nous ne vivons pas dans un monde binaire, beaucoup de choses et de personnes ont fait de nous qui nous sommes, y compris nos liens avec nos ancêtres.

Conservez votre autel quelque temps. Vous pouvez le conserver une semaine, un mois, un an ou le temps d'un cycle lunaire. Asseyez-vous devant votre autel quelques instants tous les jours (quelques minutes suffisent). Qu'aimez-vous sur cet autel ? Qu'est-ce qui manque ? Quels sont les objets qui s'y trouvent ? Vous pouvez compléter ou modifier votre autel comme vous le souhaitez. Qu'est-ce que cela vous fait de vous accorder de l'attention, de passer du temps avec vous-même et de vous extérioriser de cette façon ? En observant votre autel, peut-être remarquerez-vous les aspects de votre personnalité dont vous êtes fier·ère et que vous souhaitez conserver, ainsi que ceux par rapport auxquels vous souhaitez prendre de la distance et dont vous voulez vous débarrasser. N'oubliez pas de toujours bien respirer et de faire autant que possible preuve de curiosité, de bienveillance et de compassion envers vous-même. Vous pouvez également coucher vos pensées sur le papier ou les exprimer par le biais d'une activité artistique.

NE PAS PENSER À SOI DE MANIÈRE BINAIRE

Le fait de penser à nous de manière moins binaire peut nous aider à développer notre **bien-être interpersonnel** ainsi que de la **compassion** envers nous-mêmes. Comme indiqué dans les chapitres précédents, la culture dominante nous encourage à nous considérer comme des êtres singuliers, statiques et immuables que l'on peut comparer à d'autres personnes, à des idéaux et à des normes, que l'on peut juger et prendre en défaut. Ce sont là les fondements de la société de consommation (qui nous vend des produits en fonction de prétendues « failles » ou « lacunes ») et de la culture de l'autosurveillance qui nous incite à passer notre temps à nous autocontrôler et – pour le plus grand plaisir de ceux qui ont le pouvoir - nous empêche de voir les problèmes de la société au sens large et d'exiger des changements.

Dans le chapitre précédent, nous avons montré que beaucoup de problèmes de santé mentale s'expliquaient par cette tendance à nous considérer comme des êtres singuliers et statiques. Par exemple, **chez beaucoup d'entre nous, la critique prend la forme d'une petite voix intérieure - ou extérieure - qui nous réprimande sans cesse pour nos imperfections et notre incapacité à répondre à des normes impossibles**.

En décidant de ne pas avoir une perception binaire de nous-mêmes, nous pouvons nous détacher de cette quête de perfection, de cette autocritique et de cette autosurveillance. En admettant être des individus pluriels et changeants, et non singuliers et immuables, nous acceptons plus facilement de prendre soin de nous et de faire preuve de compassion envers nous-mêmes.

DES PERSONNALITÉS MULTIPLES

Qu'entend-on par « personnalités multiples » plutôt que par une « personnalité unique » qui pourrait être perçue de manière binaire par opposition à une « autre » (voir chapitre 3) ? Selon de nombreux courants thérapeutiques, la plupart des gens - sinon tous - présentent tellement de **facettes différentes** que celles-ci peuvent être assimilées à des personnalités distinctes. Citons, par exemple, le surmoi et l'enfant intérieur. Pour comprendre facilement comment ce principe s'applique à vous-même, il suffit de réfléchir à la façon dont vous vous comportez dans vos différentes relations et dans différentes situations : avec un parent et un collègue, quand vous êtes avec vos proches et quand vous êtes seul·e, etc. Les études ont montré que la plupart des gens montrent des facettes très différentes d'eux-mêmes en fonction des relations (ou situations), même s'ils ont l'impression d'être « eux-mêmes » ou « authentiques ».

En grandissant, nous apprenons quelles facettes de notre personnalité sont bien ou mal perçues par notre entourage. Par conséquent, nous finissons par en mettre certaines en avant (par exemple, celles que les autres acceptent ou que les personnes ayant le même genre, la même condition raciale, la même classe sociale, etc. considèrent comme appropriées) et à renoncer à d'autres (celles que les autres rejettent ou que notre culture considère comme inappropriées). En tant qu'adultes, il peut s'avérer utile de nous réapproprier les facettes que nous avions écartées et de les réintégrer à notre moi tout entier.

Par exemple, le fait de rappeler à nous l'enfant apeuré que nous étions peut nous aider à être plus vulnérables, tandis que le fait de laisser s'exprimer notre côté combatif et impétueux peut nous aider à nous défendre et **empêcher les gens de franchir certaines limites**. Une meilleure communication entre les différentes facettes de notre personnalité est essentielle pour que toutes puissent se faire entendre (plutôt que d'en mettre certaines en avant et d'en écarter d'autres).

Si nous nous percevons – et percevons les autres – comme des êtres pluriels et non comme des êtres singuliers, il n'est pas logique que nous nous basions sur notre personnalité dans son ensemble pour nous définir comme bon·ne·s ou mauvais·e·s, accompli·e·s ou inaccompli·e·s, utiles ou inutiles, etc. Nous pouvons également faire plus facilement preuve de compassion envers certains aspects de notre personnalité quand nous ne nous percevons pas comme des êtres singuliers. Par exemple, nous pouvons exprimer de la compassion pour l'aspect de notre personnalité qui se révèle vulnérable en cas de traumatisme, ou accorder une pause à celui qui prend le contrôle pour nous protéger de la souffrance. Si ces idées vous parlent, vous trouverez plus d'informations sur les personnalités multiples dans la section « Ressources supplémentaires » figurant à la fin de ce chapitre.

UNE PERSONNALITÉ FLUIDE

Tout au long de ce livre, nous avons vu qu'il était préférable d'envisager les nombreuses facettes de notre personnalité comme un **processus de développement dynamique** plutôt que comme des **aspects immuables ou statiques de notre identité**. Par exemple, la façon dont les gens expriment, identifient et vivent leur genre et leur sexualité évolue souvent au fil du temps (voir chapitres 1 et 2), tout comme de nombreux autres aspects de notre personnalité (voir chapitre 3).

Une nouvelle fois, le fait de reconnaître que nous évoluons - inévitablement - en permanence peut nous soulager et nous aider à être bienveillant·e·s envers nous-mêmes. Nous vivons dans l'instant présent qui est fatalement voué à évoluer, encore et encore. Par conséquent, nous ne restons jamais coincé·e·s dans le pétrin, la souffrance ou le conflit. Nous pouvons nous imaginer telle une rivière qui coule continuellement, plutôt que comme un verre d'eau prélevé de cette rivière à un moment donné.

L'auteur bouddhiste **Stephen Batchelor** indique que nous devrions envisager notre personnalité comme une histoire qui se déroule au fil du temps et non comme quelque chose d'immuable :

« Ainsi, que sommes-nous si ce n'est l'histoire que nous répétons, rectifions, censurons et embellissons dans notre tête ? Notre *Moi* n'est pas le héros d'un film de série B, impassible face aux intrigues et aux tempêtes de passion qui sévissent autour de lui du début du film jusqu'au générique de fin. Notre *Moi* serait plutôt comme ces personnages complexes et ambigus qui apparaissent, se développent et souffrent au fil des pages d'un roman. Notre *Moi* n'est pas un objet inerte mais plutôt une narration qui se déroule. Quand vous prendrez conscience de cela, vous pourrez alors reprendre les rênes de votre vie. Au lieu de vous accrocher à vos habitudes et vos routines pour vous rassurer sur ce qui fait que vous êtes *vous*, prenez conscience que vous êtes libre de créer ce que vous êtes. Au lieu de vous laisser ensorceler par des impressions, fabriquez vos propres sensations. Au lieu de vous prendre trop au sérieux, découvrez l'ironie amusante d'une histoire qui n'avait encore jamais été racontée sous cet angle[34]. »

34. BATCHELOR (Stephen), *Le bouddhisme libéré des croyances*, Bayard, Paris, 2004.

EXERCICE DE RÉFLEXION : VOTRE PERSONNALITÉ PAR-DELÀ LES OPPOSITIONS

Nous avons découvert une excellente manière d'envisager notre rapport aux systèmes binaires lors d'un atelier animé par nos amis Elizabeth Sune et Mihai Popeti, tous deux thérapeutes gestaltistes. Nous l'avons adaptée sous la forme d'une activité que vous pouvez réaliser seul·e – ou en groupe si vous en avez l'occasion.

Si vous le pouvez, munissez-vous d'une feuille et inscrivez quelques oppositions binaires sous la forme de pôles.

Par exemple :

o———————————————o
Travail — **Loisirs**

o———————————————o
Jeune — **Âgé·e**

Vous pouvez inclure plusieurs oppositions abordées dans cet ouvrage concernant le genre, la sexualité, les relations, le corps et les émotions, par exemple. Une fois que vous avez couché quelques oppositions intéressantes sur le papier, poursuivez l'exercice.

Pour chaque paire d'opposés, prenez un moment pour vous situer par rapport aux pôles, puis indiquez votre position sur la feuille. Vous pouvez vous situer à une extrémité ou une autre d'un spectre, entre les deux, voire aux deux extrémités simultanément – ou dans des contextes différents. Vous pouvez vous situer complètement en dehors du spectre ou osciller en permanence d'une position à une autre. Il est également possible que vous ne vous sentiez pas concerné·e par certaines oppositions et que vous souhaitiez simplement les rayer. Tout est possible.

Une fois que vous avez obtenu un résultat qui semble vous correspondre, vous pouvez poursuivre l'exercice en rédigeant quelques mots – ou en dessinant quelque chose. Qu'est-ce que votre position par rapport à telle ou telle paire d'opposés vous inspire ? Vous pouvez également utiliser un terme illustrant votre position passée, ainsi que celle où vous imaginez vous trouver à l'avenir.

Une fois que vous avez terminé avec une paire d'opposés, bougez, remuez votre corps, respirez, puis passez aux deux pôles suivants.

Si vous avez l'occasion de réaliser cette activité avec un groupe d'amis, déterminez deux points dans la pièce, qui représentent deux oppositions binaires. Chaque personne se place alors à l'endroit où elle se situe entre ces deux points. Vous pouvez bouger ou épouser certaines formes avec votre corps pour indiquer ce que vous ressentez, formuler quelques mots, puis bouger, vous déplacer et passer à d'autres oppositions.

Quoi que vous fassiez dans votre vie pour ne pas penser de façon binaire, il n'y a pas de bon ni de mauvais choix : différentes choses fonctionnent pour différentes personnes à différents moments. Vous trouverez ci-après les témoignages de plusieurs personnes. Tout ce qui fonctionne pour vous est un choix légitime.

EXPÉRIENCES DIVERSES

S'ENTRAÎNER À NE PAS PENSER DE FAÇON BINAIRE

- « **JE TROUVE QUE LES EXERCICES DE MÉDITATION FORMELS FONCTIONNENT BIEN CHEZ MOI.** J'ai lu quelques ouvrages de mon auteur bouddhiste préféré. Ensuite, j'ai pris le temps de me poser pour réfléchir à ma tendance à penser de façon binaire : positif/négatif, demeurer/fuir. Le fait de pratiquer cette activité en groupe dans le centre bouddhiste de mon quartier m'aide énormément à développer ma pratique. »

- « **J'AI BESOIN DE COUCHER LES CHOSES SUR LE PAPIER POUR LEUR DONNER UN SENS.** Je me rends dans un café et sors mon journal. J'y décris tout ce qui me chiffonne sur l'instant jusqu'à ce que tout soit sorti. Ensuite, je réfléchis à la façon dont la pensée binaire peut m'empêcher d'aller de l'avant et je note mes idées dans mon journal. »

- « **JE SUIS UN·E GEEK.** Du coup, j'adore les tableaux et les feuilles de calcul. Quand je dois prendre une décision, je crée un tableau où j'indique toutes les options qui s'offrent à moi. Ensuite, je passe toutes options en revue pour déterminer les possibilités qu'elles m'offrent, les limites qu'elles m'imposent et les mesures à prendre pour chacune d'entre elles. J'essaie d'accepter l'incertitude en faisant vivre ce document tout au long du processus de prise de décision ; j'y reviens régulièrement et modifie les codes couleurs qui représentent mon intérêt pour chaque option. »

- « **J'ADORE LES EXERCICES DE MOUVEMENT CONSCIENT.** Il peut s'agir de véritables mouvements, de Dance Church® ou de Nia. Je peux aussi tout simplement danser en pyjama. Je dois bouger mon corps pour me connecter à mes émotions. Cela m'aide également à me défaire de mes réactions face aux traumatismes et à aller de l'avant. Quand je bouge, il m'arrive de pleurer, de rire ou de me sentir irrité·e. J'adore bouger en compagnie d'autres personnes qui sont là pour les mêmes raisons que moi. Cela me permet de me sentir vivant·e et de surmonter les moments difficiles. »

- « **JE SUIS MÉDIATEUR·RICE BÉNÉVOLE.** J'aime jouer ce rôle dans ma communauté. J'ai appris énormément de choses pendant ma formation, par exemple la façon dont les traumatismes refont surface en cas de conflit et comment apaiser les choses quand la situation est tendue. La médiation m'aide à cultiver la compassion. Parfois, les gens sont en conflit avec d'autres alors qu'en réalité ils sont souvent en conflit avec eux-mêmes. La médiation m'a permis de comprendre à quel point les êtres humains sont complexes et d'apprécier le travail nécessaire pour entretenir de bonnes relations avec autrui. »

- « **JE ME RENDS CHEZ LE THÉRAPEUTE UNE FOIS PAR SEMAINE.** Cela fait des années que je suis une thérapie. Parfois, j'envisage d'arrêter, mais pour moi c'est important d'avoir un espace rien qu'à moi. Je peux lever le pied, réfléchir à ce qui se passe dans ma vie, à ce qui fonctionne et à ce que je pourrais changer. Je peux parfois m'en tenir aux extrêmes ; c'est donc bien que mon thérapeute me rappelle qu'il existe d'autres options. »

- « **QUAND JE PRENDS LE TEMPS DE PRATIQUER MON RITUEL, J'AI L'IMPRESSION DE POUVOIR RESPIRER.** Je commence par me demander quelle est mon intention, de quoi j'ai envie et besoin. Ensuite, je réfléchis à la meilleure façon de l'approfondir : je peux la visualiser, méditer, chanter, avoir recours à la divination, à un sort ou au cheminement spirituel. Les rituels me permettent de faire une pause en dehors du temps. Je peux plonger au plus profond de moi-même et me connecter à la terre et aux esprits pour qu'ils me guident. »

RESSOURCES SUPPLÉMENTAIRES

Liste des ouvrages de MJ mentionnés dans le présent chapitre :

- Barker (Meg-John), *Rewriting the Rules: An Anti-Self-Help Guide to Love, Sex and Relationships*, Routledge, Londres, 2018.

- Barker (Meg-John), *The Psychology of Sex*, Routledge et Psychology Press, Londres, 2018.

Vous trouverez également ses blogs et fanzines traitant de ces sujets aux adresses suivantes :

- http://rewriting-the-rules.com/zines (rubriques « Hell Yeah Self Care », « Plural Selves » et « Social Mindfulness »)

- http://rewriting-the-rules.com/self/trigger-warning-trigger-warnings-towards-a-different-approach

- http://rewriting-the-rules.com/conflict-break-up/privilege-oppression-conflict-compassion

Voici d'autres ouvrages traitant de ces sujets, y compris ceux mentionnés dans le présent chapitre :

- BATCHELOR (Martine), *Meditation for Life*, Frances Lincoln, Londres, 2001. (https://stephenbatchelor.org/index.php/fr)

- BATCHELOR (Stephen), *Le Bouddhisme libéré des croyances*, Bayard, Paris, 2004. (https://stephenbatchelor.org/index.php/fr)

- BROOKS (Charles Van Wyck) et SELVER (Charlotte), *Reclaiming Vitality and Presence: Sensory Awareness as a Practice for Life*, North Atlantic Books, Berkeley (CA), 2007.

- BROWN (Adrienne Maree), *Emergent Strategy: Shaping Change, Changing Worlds*, AK Press, Chico (CA), 2017.

- CHÖDRÖN (Pema), *The Places That Scare You: A Guide to Fearlessness*, Element, Londres, 2013. (http://pemachodronfoundation.org)

- HAGEN (Steve), *Buddhism Plain and Simple*, Penguin, Londres, 1999.

- OKUN (T.) et JONES (K.), *Dismantling Racism: A Workbook for Social Change Groups*, dRworks, Atlanta (GA), 2000.

- PHILLIPS (Whitney), *This is Why We Can't Have Nice Things: Mapping the Relationship Between Online Trolling and Mainstream Culture*, MIT Press, Cambridge (MA), 2015. (http://motherboard.vice.com/en_us/article/vb73zm/

berkeley-doesnt-have-to-choose-between-social-justice-and-free-speech)

- Serano (Julia), *Excluded: Making Feminist and Queer Movements More Inclusive*, Seal Press, Berkeley (CA), 2013. (http://juliaserano.com)

Voici d'autres ressources qui pourront vous être utiles :

- http://thedailybeast.com/how-both-sides-journalism-is-failing-transgender-people

- Conférence TED de Chimamanda Ngozi Adichie intitulée « The Danger of a Single Story » : http://www.ted.com/talks/chimamanda_ngozi_adichie_the_danger_of_a_single_story (Page consultée le 21 novembre 2018.)

- Site Web de Donald L. Engstrom-Reese sur la spiritualité queer, le paganisme queer et plus encore : http://wearewalkinginbeauty.org

- Article de Mia Mingus sur la responsabilité : https://batjc.wordpress.com/pods-and-pod-mapping-worksheet (Page consultée le 21 novembre 2018.)

- Podcast sur la guérison collective et le changement social : https://irresistible.org

- Site Web de Kristin Neff sur l'autocompassion : https://self-compassion.org

CRÉDITS

Les illustrations suivantes proviennent d'iStock (seule la première occurrence est mentionnée) :

p. 6 : enjoynz (fond arc-en-ciel)

p. 7 : Shomiz (triangles)

p. 20 : Shomiz (soleil en pointillés)

p. 27 : S-S-S (lignes)

p. 32 : Rawpixel (soleil)

p. 49 : Devita ayu Silvianingtyas (guillemets)

AVEZ-VOUS AIMÉ *VOUS N'ÊTES PAS BINAIRE* ?

Si vous avez aimé ce livre, nous aimerions vous demander une petite faveur en retour. L'écriture d'un ouvrage représente des mois de rédaction et souvent de longues années de travail en amont pour acquérir les connaissances nécessaires. C'est pourquoi, si vous le voulez bien, nous vous serions reconnaissants de prendre quelques minutes pour parler de ce livre autour de vous, à vos amis, à vos libraires, sur les forums, blogs, sites web, pages, réseaux sociaux, etc., mais aussi pour laisser un avis sur les sites de vente en ligne.

Vos commentaires participent beaucoup à la visibilité du travail de nos auteurs, mais les aident (et nous aident) aussi à mieux cerner vos attentes, à apporter des améliorations à leur travail et à écrire des ouvrages sur d'autres sujets qui pourraient vous intéresser.

Un livre ne vit et n'existe que lorsqu'il se partage et devient accessible à d'autres. Or, cela ne peut se faire que s'ils en entendent parler. Voilà pourquoi votre participation est aussi importante, et pourquoi nous nous en remettons à vous.

OUVRAGES DU MÊME ÉDITEUR

ASEXUALITÉ

COMPRENDRE L'ORIENTATION INVISIBLE

AUTEURE : JULIE SONDRA DECKER

1 %. C'est la proportion de personnes s'identifiant comme asexuelles, c'est-à-dire ne ressentant aucune attirance charnelle pour quiconque. Ramené à l'échelle mondiale, le sujet concerne des dizaines de millions d'individus et mérite une attention toute particulière.

Ce livre est un point de départ pour quiconque s'intéresse à l'asexualité. Il aborde ses principes fondamentaux (ce qu'elle est et ce qu'elle n'est pas), les différentes nuances au sein de cette orientation (aromantisme, demisexuel...), et les problèmes les plus fréquents auxquels les personnes asexuelles sont confrontées. Il inclut également des ressources pour approfondir vos connaissances, ainsi que des conseils bienveillants.

Asexualité. Comprendre l'orientation invisible s'adresse aux personnes touchées de près ou de loin par le sujet : celles qui pensent être asexuelles, leurs ami·e·s, leur famille, leur conjoint, ou tout simplement les curieux désirant s'informer sur le sujet.

Broché 15 × 21 - Illustrations bichromie - 350 pages

À paraître en 2021

INTIME

GUIDE PRATIQUE DE DÉCONSTRUCTION DES TABOUS FÉMININS

AUTEURE : LOUISE BRUNET

Devenez enfin la femme éclairée et accomplie que vous rêvez d'être !

Qu'ils soient liés à notre éducation, notre culture, notre société, nos peurs et même nous-mêmes, les tabous autour du corps féminin ont la peau dure. Pourtant, ils représentent un frein dans notre construction de femme, nous opposent parfois, et alimentent la méconnaissance de notre corps et de notre esprit.

Ce guide, joliment illustré par Marion Blanc, alias Paulina Choleva, a été conçu pour vous aider à avancer, à déconstruire certaines idées reçues. Il vise à mettre à la disposition des lectrices – et lecteurs curieux d'en découvrir davantage ! – les connaissances et informations acquises par Louise Brunet, naturopathe et auteure du blog Sois bio et bats toi.

Menstruations, violences gynécologiques, contraception, sexualités, regard de l'autre, body positive... l'auteure, complice et bienveillante, libère la parole autour de nombreux sujets scindés en 3 parties principales : le corps, la sexualité et les émotions. Le tout saupoudré d'astuces naturelles, exercices de thérapie positive, DIY et quiz pour tout comprendre sur l'intime féminin et ses problématiques.

ⓘ Broché 15 × 21 - Illustrations couleur - 250 pages

À paraître en 2021

À PARAÎTRE PROCHAINEMENT
DANS LA COLLECTION

Pluriel·les

How to understand your gender: A practical guide for exploring who you are - Alex Iantaffi & Meg-John Barker

More than two: A practical guide to ethical polyamory - Franklin Veaux & Eve Rickert

Queer Magic: LGBT+ Spirituality and Culture from Around the World - Tomás Prower

Alliance Magique LE MAG

Nouveautés

Retrouvez tous nos ouvrages dans notre magazine !

- ☆ Nos titres, nos nouveautés
- ☆ Des articles de fond
- ☆ Des recettes
- ☆ Des astuces
- ☆ Vos horoscopes
- ☆ Des interviews
- ☆ Nos événements
- ☆ Un index détaillé

Disponible en librairie ∾ 3 magazines par an

Distribution Sodis/Diffusion Geodif